Une histoire à chanter

UNE HISTOIRE À CHANTER

Historique du 100 NONS

par
Antoine Gaborieau

*avec la collaboration des
membres du 100 NONS
anciens et actuels*

LES ÉDITIONS DU BLÉ

Les Éditions du Blé
remercient fort chaleureusement
le Conseil des Arts du Canada
et
le Conseil des Arts du Manitoba
pour leur appui financier et autres

maquette de la couverture : Marcel Gosselin
conception graphique : Antoine Gaborieau et le 100 NONS
mise en pages : Appeal Graphics Inc.

Les Éditions du Blé
C.P. 31
Saint-Boniface (Manitoba)
R2H 3B4

Données de catalogage avant publication (Canada)

Gaborieau, Antoine, 1926-

   Une histoire à chanter

   ISBN 2-921347-12-1

1. 100 NONS (Organisation) – Histoire. 2. Musique
populaire – Manitoba. I. Titre.

ML3484.G32 1992 781.63'006'07127 C92-098136-4

*Aux jeunes, aux parents
et aux éducateurs,
à tous ceux qui ont oeuvré
à faire connaître la chanson française
dans le milieu franco-manitobain*

Remerciements

Pour accueil et service de documentation
>   Le 100 NONS, particulièrement son directeur, David Larocque
>   Le Centre culturel franco-manitobain
>   Le journal *La Liberté*
>   Le Collège universitaire de Saint-Boniface
>   La Société historique de Saint-Boniface

Pour recherches et renseignements
>   Les membres du 100 NONS, anciens et actuels

Pour dactylographie
>   Constance Bradet

Pour photos
>   Hubert Pantel
>   Le journal *La Liberté*
>   Le 100 NONS

Pour révision de texte
>   Soeur Marie-Louise Gaborieau
>   Claudette Journé
>   Marie-Blanche Gaborieau

Ce projet de l'historique du 100 NONS a été rendu possible grâce aux subventions des organismes suivants :
>   Le Secrétariat d'État du Canada
>   Francofonds

Avant propos

Il est des événements que l'on aime raconter tout simplement pour les beaux jours qui ont été vécus. Or, à mon avis, au cours de ses 25 ans d'existence, le 100 NONS a connu des moments de joie qui, bien qu'entremêlés de défis et d'épreuves, n'en ont pas moins laissé le souvenir de temps heureux qui méritent qu'on les fasse revivre.

Il est des histoires importantes à écrire avant que le temps et les rumeurs n'en viennent effacer la juste mémoire. Or, que ce soit par le biais du 100 NONS, par celui des boîtes à chansons itinérantes, ou par tout autre manifestation d'ordre musical, la chanson française a apporté à notre milieu manitobain une contribution culturelle qu'il nous importe de retenir.

Dans la mesure ou nous nous intéressons à notre culture et à notre langue, c'est une histoire à retenir parce que le rôle qu'a pu jouer cette chanson dans la vie des jeunes, comme nous le verrons au dernier chapitre de cet ouvrage, pourrait être pour nous source d'inspiration lorsque nous songeons à notre avenir.

Dans cet ouvrage qui se propose de faire l'historique du 100 NONS, le lecteur voudra bien ne pas être surpris de me voir mentionner des artistes, des activités et des succès qui semblent parfois ne posséder aucun lien avec l'organisme. En incluant ici ces derniers, mon intention n'a pas été de les englober avec le 100 NONS ou encore d'attribuer à la boîte permanente tous les succès qu'a connus la chanson française dans notre milieu au cours des 25 dernières années. Nombre d'artistes se sont fait connaître sans avoir jamais fait partie du 100 NONS. D'autres encore, tout en étant passés par cette boîte ne lui doivent peut-être pas leur formation ou leurs réussites subséquentes. Ainsi en est-il des «boîtes à chansons itinérantes», comme les appelle Onil Dépôt, qui ont eu lieu un peu partout, fruits d'initiatives locales ou individuelles, dont certaines ont précédé le 100 NONS.

Si j'ai cru devoir mentionner ici ces artistes et ces activités, c'est qu'à juste titre il faut reconnaître leur contribution au succès qu'a connu la chanson française chez nous. Qui plus est, ce sont ces artistes, ces boîtes à chansons, qui non seulement ont permis la création du 100 NONS, mais qui, tout au cours des années, l'ont nourri et l'ont inspiré.

Ceci dit, des liens étroits se sont souvent formés entre les artistes, les boîtes à chansons itinérantes et le 100 NONS. Ce dernier s'est maintes fois donné comme mandat de prêter main-forte aux soirées de chansons et de musique organisées un peu partout dans la province et ailleurs. Et, comme le remarquait Onil Dépôt, initiateur des boîtes à chansons itinérantes, «les jeunes venaient souvent au 100 NONS trouver inspiration pour la création de leurs propres spectacles».

Après avoir fouillé dans les dossiers du 100 NONS et dans les éditions du journal La Liberté des trente dernières années, et être entré en contact avec plus de cent anciens de l'organisme, j'ai tenté de dresser un portrait aussi fidèle que possible du 100 NONS et de la chanson française chez les jeunes. Ayant été témoin des débuts de la boîte permanente, j'ai pu m'étendre plus longuement sur cette époque. J'aurai sans doute malheureusement oublié des noms et des contributions qui méritaient d'être soulignés. Il est également possible que certaines photos d'artistes ou de spectacles qui auraient dû apparaître ne m'aient pas été disponibles. On voudra bien pardonner ces lacunes, et bien d'autres qui n'ont pas été volontaires.

Ce n'est pas sans une profonde émotion que j'ai pris connaissance des «souvenirs du 100 NONS» qu'ont bien voulu partager avec moi les anciens de la Boîte. Parce que ces témoignages constituent à mon avis le legs le plus précieux de l'historique du 100 NONS, j'ai cru devoir les rassembler au dernier chapitre. On voudra bien encore me pardonner d'avoir dû, à regret, abréger tout en m'efforçant de conserver l'essentiel.

A. Gaborieau

CHAPITRE I

Prélude

«C'est une histoire que l'on ne saurait taire»

Pendant combien de décennies les Franco-Manitobains ont-ils chanté avec émotion ces paroles qui étaient pour ainsi dire devenues leur hymne de ralliement:

> Si nous parlons la langue de nos pères ...
> Si nous chantons les chansons de nos mères...
> C'est que jadis vous eûtes l'âme fière...
> Tirouli rataplan...

Si nous avons entonné ces paroles avec tant de ferveur, c'est qu'elles répondaient bien à notre goût d'exprimer notre être par le biais privilégié qu'est la chanson. Nous manifestions en effet notre joie de vivre, la fierté de nos origines, l'amour de notre langue et de notre culture.

Une tradition de chez nous

Cet engouement naturel que nous possédons pour la chanson, nous le devons tout d'abord à nos parents, à nos éducateurs, à notre milieu social. Dès le berceau, nous avons entendu notre mère nous fredonner ces paroles apaisantes et affectueuses:

> Dors mignonne, dors ma chérie,
> Ne crains rien, Dieu veille sur nous...

À une époque où la radio n'existait pas et encore moins la télévision, la musique et la chanson venaient égayer nos soirées d'hiver. Les uns s'initiaient à l'harmonica, d'autres au violon. Nous nous groupions autour du piano pour «turluter» nos plus beaux airs folkloriques:

Il y a longtemps que je t'aime,
Jamais je ne t'oublierai.

Les mariages, le temps des fêtes, qui réunissaient la parenté et les amis, les soirées sociales, les parties de cartes, les séances, toutes les réunions familiales et paroissiales servaient de prétexte à des chansons de groupe ou en solo:

Auprès de ma blonde
Qu'il fait bon, fait bon, fait bon,
Auprès de ma blonde qu'il fait bon dormir.

Les Voyageurs et les Raquetteurs

Cette tradition d'exprimer nos sentiments et notre être par la chanson remonte d'ailleurs aux premières pages de notre histoire alors que les Voyageurs de l'Est, à la cadence de leurs rames, en parcourant nos rivières et nos lacs, égayèrent nos con-

trées encore sauvages du folklore de la douce France.

Plus tard, au début de notre siècle, le Club des Raquetteurs, en quelque sorte les précurseurs du Festival du Voyageur, voulant renouer avec la tradition, reprirent ces chansons auxquelles nous demeurons attachés:

Bonjour le maître et la maîtresse
Et tout le monde de la maison;
Pour le dernier jour de l'année
La Guignolée vous nous donnez.

Le Festival de la chanson

Puis, encouragées par les autorités ecclésiastiques et par l'Association d'Éducation, toutes deux soucieuses de promouvoir l'attachement à la culture et à la langue françaises, les écoles, alors surtout placées sous la direction de religieux et de religieuses, nous ont fait apprécier «La Bonne Chanson». Ce fut une belle époque. Les Festivals de la chanson, organisés dans toutes les écoles de langue française de la province sous l'inoubliable direction du

Festival de la bonne chanson; la chorale sous la direction du père Caron

Père Martial Caron, s.j.

Marcien Ferland

père Martial Caron, jésuite franco-manitobain «pure laine», débutèrent dans les années 40 pour se perpétuer au moins jusque dans les années 60. Ces festivals, d'abord organisés sur les plans local et régional, rassemblèrent parfois des milliers d'élèves et de spectateurs pour les finales provinciales dans nos grandes salles de la capitale, l'auditorium de Winnipeg ou le théâtre Playhouse. On chantait:

> Sur les bords du Saint-Laurent vit une autre France,
> Tout un peuple jeune, ardent, rempli de vaillance…

Les Intrépides

En 1957, pour la première fois dans l'histoire, à l'initiative de Paul Régnier, Marcien Ferland et Irénée Breton, les éducateurs de langue française, réunis durant un cours d'été à l'Université du Manitoba, présentèrent aux anglophones du campus un spectacle composé de chants chorals, tous en langue française. De là est née la chorale des Intrépides qui, sous l'habile direction de Marcien Ferland, s'est perpétuée depuis lors pour atteindre une enviable renommée et faire aimer la chanson française.

Combien d'autres groupes encore faudrait-il mentionner, tels que la Société lyrique de Saint-Boniface sous la direction de Marius Benoist, les Mélo-Manies créées dans les années 60, les Blés au vent avec Guy Boulianne, autant de manifestations de notre attachement à la chanson d'expression française. Mais nous devons ici nous en tenir aux organisations plus étroitement reliées au domaine de l'éducation.

Fondation de la Relève

En janvier 1961, à l'initiative de l'Association des Instituteurs de langue française du Manitoba, se tenait au Collège de Saint-Boniface un rassemblement de quelque 160 élèves et enseignants de nos écoles. Trente-trois centres y étaient représentés. Cette grande rencontre avait pour but la discussion des moyens à employer pour refranciser nos milieux scolaires de plus en plus menacés par l'assimilation. Les discussions de la journée conduisirent à la formation d'un mouvement de jeunes qui prit le nom de Relève Franco-Manitobaine. Dès sa création, fortement appuyé par les éducateurs d'abord, mais aussi par

Lauréats, concours provincial de bonnes expressions françaises, avril 1961. de g. à dr. : Antoine Geirmaert, Jacqueline Comeault, Georgette LeGal, Laurette Legault, Gabrielle Péloquin et Agnès Morin

l'Association d'Éducation, par le journal *La Liberté*, par le poste de radio CKSB et par les parents, cet organisme scolaire entreprit toutes sortes d'activités à caractère culturel et éducatif. Ce furent tour à tour des concours de bonnes expressions, des débats, des séances avec saynètes, des concours oratoires, des spectacles de chants chorals et de danses folkloriques. Ces activités étaient souvent organisées sur le plan local tout d'abord, ensuite au niveau régional («divisions scolaires»), pour enfin être présentées au cadre provincial. On publia des livrets de «Bonnes expressions» et de «Nos plus belles chansons»; on obtint de CKSB qu'il diffuse pendant une demi-heure par semaine un programme de chanson française à l'intention des écoles. Ce programme intitulé «Nos plus belles chansons» était animé par un éducateur.

Si l'organisme La Relève mérite d'être mentionné ici, c'est que pendant les cinq années à suivre il a déployé maints efforts de refrancisation, il a su rallier les énergies, valoriser le français et, par la recherche constante d'initiatives nouvelles destinées à rejoindre les jeunes, il a conduit en 1966 à la création de boîtes à chansons.

Origine des boîtes à chansons

Le concept des «boîtes à chansons» qui se popularisera au Manitoba en 1966 remonte assez loin dans l'histoire. En effet, c'est dès la fin du XVIIIe siècle, exactement en 1773, que s'ouvrirent à Paris les premiers cafés-concerts, appelés cafés chantants. Ce n'est qu'au XXe siècle cependant que, grâce à la radio et au disque, devaient se faire connaître les grands artistes qui popularisèrent la chanson. Ainsi, un Maurice Chevalier, ayant fait ses débuts dans les cafés chantants, parvint à se hausser avec l'éclat que l'on sait vers les grands triomphes du music-hall. C'est lui qui contribua le plus au lancement de Charles Trenet qui devait si bien marquer l'essor de la chanson française.

C'est depuis lors qu'apparut en France toute une panoplie de grands noms de la chanson tels qu'Édith Piaf, Yves Montand, Georges Brassens, Juliette Gréco, Charles Aznavour, Jacques Brel et Gilbert Bécaud.

Au Québec, le signal de départ devait être donné par La Bolduc dans les années 30. Elle sera suivie par des artistes tels que Félix Leclerc, Gilles Vigneault, Pauline Julien, Raymond Lévesque, Claude Léveillé et Jean-Pierre Ferland.

Ce sont Les Bozos (Hervé Brousseau, Jacques Blanchet, Claude Léveillé, Clémence Desrochers et Jean-Pierre Ferland) qui, en inaugurant une «boîte» sur la rue Crescent à Montréal au début des années 60, donnèrent le coup d'envoi à cette époque merveilleuse qui vit le Québec littéralement envahi par les boîtes à chansons et leurs artistes.

La chanson moderne arrive chez nous

Le Manitoba français, deja friand de chanson folklorique, devait sans tarder s'éprendre de ces artistes modernes. Le poste CKSB joua ici un rôle d'initiative et d'appui de tout premier ordre. L'animateur Christian LeRoy en particulier sut  intéresser les jeunes auditeurs à la chanson française. Des programmes tels que «Tous les garçons et les filles» connurent au cours des années 60 une grande popularité. Monsieur LeRoy recevait

Christian LeRoy

les jeunes au poste et les aidait à enregistrer des chansons. Il participa également à leurs premiers spectacles de chansons françaises ou «boîtes à chansons itinérantes» selon l'expression du frère Onil Dépôt.

L'Association Québec-Manitoba

En 1965, probablement à l'initiative d'André Tremblay, Québécois venu s'installer au Manitoba, fut fondée l'Association Québec-Manitoba, organisme culturel qui se proposait de faire connaître les artistes québécois aux Franco-Manitobains. Pendant presque trois ans, des personnalités bien connues dans notre milieu, telles que Marie Benoist-Martin, Hubert Préfontaine, Raymond Hébert, Bruno Lagacé et André Martin, oeuvrèrent au sein de l'AQM. Ainsi, entre 1965 et 1968, Saint-Boniface et certains autres centres de la province firent connaissance avec des artistes de renom: Gilles Vigneault, Félix Leclerc, Jacques Labrecque, Jean-Pierre Ferland, Ginette Reno, Donald Lautrec, Claude Léveillé, Marc et André (Français), les Quatre-vingts, Édith Butler (Acadienne), Monique Leyrac et Les Cailloux.

Le goût de chanter

C'est grâce à ces traditions bien ancrées et à ces efforts concertés de maints organismes que les jeunes de chez nous développèrent le goût de chanter. Ainsi, il fut dès lors plus facile aux éducateurs de leur en donner l'occasion en créant les «boîtes à chansons».

CHAPITRE II

Partons, la mer est belle

Blason de la Relève

C'est en 1966 qu'on entendit parler pour la première fois de «boîte à chansons» au Manitoba. En effet, lors de son premier passage dans cette province, Jacques Labrecque, le 28 janvier 1966, donnait un récital au Collège de Saint-Boniface «dont l'auditorium avait été transformé très habilement en boîte à chansons pour l'occasion» (*La Liberté et le Patriote*, 10 février 1966).

«La cave à Onil» – Première boîte à chansons

Ceci dit, si des «Soirées de variétés» avaient déjà été organisées ici et là dans la province au cours des années précédentes, par exemple, le 28 novembre 1965 à La Broquerie où s'était fait entendre le «Club Actif» avec Louis Dubé et «Les Brunettes», c'est aux élèves et aux éducateurs de la division scolaire de la Rivière-Rouge que revint l'initiative de présenter, le 4 février 1966, la première soirée de chansons appelée «boîte à chansons» au Manitoba. Organisée par les membres de la Relève, avec les talents locaux, sous l'habile et dévouée

Frère Onil Dépôt, c.s.v.

direction de l'adulte-conseiller, le frère Onil Dépôt, c.s.v., cette «boîte» réunissait au Collège d'Otterburne dans «La cave à Onil» (dédiée à l'adulte-responsable à son insu) quelque 500 jeunes de Saint-Pierre, Saint-Malo, Saint-Jean-Baptiste, Sainte-Agathe et le Collège d'Otterburne. Animée par Lise Préfontaine, cette soirée connut auprès des jeunes un véritable succès. On y entendit, entre autres, Louis Dubé et «Les Brunettes», invités de La Broquerie, et «Les Bels-Airs» d'Otterburne. L'auditoire se joignit facilement aux artistes dans des «chansons modernes et vivantes». Cette première boîte à chansons devait être le prélude d'une vague qui déferla bientôt sur tous les centres franco-manitobains.

chansons le nom de «La Seine dans le vent». On parle des «Étincelles» comme responsables de la préparation de cette boîte, et on ajoute: «Tout cela rendu possible grâce à l'habile et persévérante ambition de tous les professeurs de la Division» (on oubliait de mentionner que le professeur Annette Saint-Pierre était la grande responsable de l'organisation de cette soirée). Un auditoire de 600 personnes (adultes et jeunes) vint applaudir les 50 élèves (inclus les musiciens) qui firent valoir, en 25 numéros, leurs talents de yé-yé français. À cause d'un reste de timidité sans doute, les jeunes s'exécutèrent beaucoup en groupes. Parmi les participants, on a pu relever les noms suivants: Florence Fiola, Gisèle Bibeau, Carmen Lajeunesse, les Bels-Airs, les Brunettes, Gérard Curé et Louis Dubé. Selon le témoignage des jeunes, ce fut une soirée très réussie. On parle d'entrain, d'organisation, de coopération, de dévouement et de chansons françaises modernes que l'on a beaucoup appréciées, qui «encouragent à aimer notre langue parce qu'elle est si belle».

Dans la Seine – Deuxième boîte

Le 9 mars 1966 se tenait à l'Institut Collégial de Lorette la deuxième boîte à chansons regroupant les cinq écoles de la Division Seine: Saint-Norbert, Sainte-Anne-des-Chênes, Saint-Adolphe, La Broquerie et Lorette, avec quelques invités de la Rivière-Rouge. On donna à cette soirée de

S. Annette Saint-Pierre

Les JFM remplacent La Relève

Le 14 mai 1966, se tenait à Saint-Charles (chez les Soeurs Oblates) le 5e et dernier

Exécutif des JFM, 1966; de g. à dr. : Louis Dubé, Pauline Collette, Georges Prescott et Monique Ducharme

congrès annuel de la Relève. Dans le rapport que le journal *La Liberté* en donna la semaine suivante, on dit que «Les membres du Conseil d'administration de l'Association des Canadiens-Français du Manitoba avaient été invités. Ils furent dignement représentés par M. Hutton, pasteur anglican». On fait remarquer plus loin dans le même rapport que chez les jeunes on n'a pas entendu parler de mort prochaine; jamais enthousiasme ne fut plus grand; jamais on n'a vu tant de joie de vivre, d'humour, de résolution à l'action.

Ce congrès tire son importance du fait que les jeunes constatèrent qu'on associait au nom de «Relève» des activités scolaires trop livresques, alors que l'organisme voulait s'intéresser à des activités parascolaires telles que le théâtre et la chanson. On décida de donner au mouvement le nom de Jeunes-Franco-Manitobains, «ce qui a l'avantage de marquer le renouveau que l'on constate déjà chez nous». Louis Dubé

en était élu président, Pauline Collette, vice-présidente, ainsi qu'un exécutif représentant quelque 20 institutions scolaires.

Première boîte provinciale – «Feu Roulant»

Le même soir, à l'auditorium Notre-Dame de Saint-Boniface, se tenait la première boîte à chansons provinciale des JFM, le «Feu Roulant». Selon le journal *La Liberté* (et également nos souvenirs): «Les jeunes en firent un succès extraordinaire; les adultes et parents en furent les témoins ébahis; une soirée qui manifesta avec éclat la joie de vivre de notre jeunesse au rythme enlevant de la chanson moderne; grand spectacle mémorable qui a su attirer 1000 spectateurs enthousiastes, triomphe de la coopération, *Breakthrough* de la gêne, de tout ce qui a pu nous faire craindre jusqu'ici de passer pour Canadiens-Français».

Au Feu roulant, 1966

Il faut se permettre de donner ici la liste des artistes et techniciens qui participèrent à cette boîte (liste qui manquait pour les deux premières boîtes), d'abord pour rendre hommage à ces jeunes pionniers de la chanson moderne, et aussi pour témoigner de l'ampleur de ce spectacle:

St-Norbert: Suzanne Pelland, Diane Turcotte, Louise Provost, Ricky Vivier, Gérard Labelle, Léo Fontaine, Ronald Lagassé, Paul L'Heureux et Jim Brown.

St-Adolphe: Lina LeGal et Louise Théoret.

Ste-Anne-des-Chênes: Hélène Dufresne, Irène Dufresne, Yvonne Dufresne, Yvette Leclerc, Anita Leclerc, Florence Fiola, Noélline Arbez, Paulette Préfontaine et Nicole Préfontaine.

Lorette: Sylvia Beauchemin, Yvonne Sarrasin, Éveline Sarrasin, Lucille Grégoire, Suzanne Jeanson, Guy Lacroix, Lucien D'Auteuil, Lorraine Saint-Mars, Agathe Dorge et Lynda Hébert.

La Broquerie: Jeannette Bohémier, Antoine Savard, Albert Granger, Roland Laurencelle, Lawrence Kuehn et Louis Dubé.

Collège de St-Boniface: Gérald Allard, Guy Château, Gilles Beaudette, Ronald Lamoureux et Gérald Lavoie.

Académie St-Joseph: Gisèle Vermette, Patricia Chénier, Sheilla Perry et Lorraine Guyot.

Institut Collégial Provencher: Denis Labossière, Ernest Joyal, Raymond Paquin, Robert Grafton, Jean Turenne, David Côté, Marcel Gosselin, Roger Labossière, Richard Fourneaux, Claude Nolin, Bernard Brunet et Gérald Bohémier.

Collège St-Joseph d'Otterburne: Les Bels Airs, Jean Gaudry, Gilbert D'Auteuil, Richard Gallant, Raymond Clément, Pierre Beaudoin et Paul Cheramy.

St-Pierre-Jolys: Élisabeth Dotremont, Diane Préfontaine, Hélène Carrière, Elaine L'Heureux, Régine Dotremont, Yvonne Pilotte, Diane Fontaine, Pauline Pineau, Jacqueline Robidoux et Claire Pilotte.

Ste-Agathe: Rachelle Carrière, Rita Gratton, Marcella Bernardin, Marie Lemoine, Doris Bilodeau, Yvette Gratton et Irène Pilon.

Outre les artistes participants, on devait noter une équipe de 50 jeunes et adultes qui assurèrent le succès de la soirée. Furent mentionnés, entre autres, monsieur Christian LeRoy, maître de cérémonies, Marcel Gosselin, qui avait exécuté le fond de scène, l'abbé Gérard Dionne, soeur Irma Joyal, madame James Stanners et Les Spectres 6, musiciens pour la danse qui faisait suite au spectacle. Un petit cadeau souvenir (bracelet avec inscription) fut offert en guise de gratitude à la centaine de jeunes participants de la soirée.

«Feu Roulant» avait été présenté en hommage au poste CKSB à l'occasion de son 20e anniversaire, et en particulier à Christian Le Roy qui animait le programme radiophonique «Tous les garçons et les filles».

Lorsque l'on songe aux milliers de dollars qu'il peut aujourd'hui en coûter pour monter un spectacle, il est intéressant de prendre connaissance du bilan des revenus et dépenses de «Feu Roulant» 1966, dont voici le rapport financier (*La Liberté*, 26 mai 1966):

Dépenses:

Théâtre (peinture)	12,00 $
Guirlandes	22,00
Cordes, broches, collant	2,00
Fils pour micro	5,00
Publicité	42,00
Projecteur	2,00
Gymnase (loyer)*	8,00
Billets et laissez-passer	2,50
Nettoyage	5,00
Téléphone (St-Boniface)	5,00
Photos	8,00
St-Norbert (organisation)	30,00
Souvenirs - artistes	130,00
Aides: courses, repas, etc.	15,00
Monnaie pour change [sic]	17,00
Total	305,50
Revenus:	**362,50**

Excédent des revenus sur les dépenses 57,00

Ce profit ira à l'organisation d'autres activités pour les jeunes.

*(À noter que Monsieur Gilles Ouelette secrétaire-trésorier de la division scolaire de Saint-Boniface «oubliait» souvent d'envoyer la facture, sa façon sans doute d'encourager les jeunes).

Les jeunes aiment la chanson

Les Jeunes-Franco-Manitobains, dans leurs efforts de rejoindre la jeunesse étudiante par le biais de la chanson avaient visé juste. On trouvait dans les boîtes à chansons un lieu de rencontre, un divertissement et, plus particulièrement pour les artistes, une valorisation, un exutoire à leur trop plein d'énergie.

Aussi, la saison 1966-1967 apporta-t-elle une véritable explosion de ces spectacles faits de chansons, soirées auxquelles on donnait le nom de «boîtes à chansons».

Deuxième boîte à Otterburne

Le 14 octobre 1966 dans une «ambiance japonaise», le Collège d'Otterburne ouvrait la saison. Trente artistes, plusieurs affrontant le public pour la première fois, surent vaincre la timidité et le trac devant une salle pleine à craquer. Plus de 800 personnes! Comme le disait Onil Dépôt, «Nous n'avions pas affaire à des professionnels, ni dans le domaine artistique, ni sur le plan technique, mais même s'ils étaient conscients de certaines imperfections, l'important pour les jeunes c'était d'oser monter sur la scène, de chanter, de faire de leur mieux». Figuraient au programme les artistes suivants:

Pauline Pineau, Jacqueline Robidoux, Annette Parenty, Jacinte Roy, Nicole et Paulette Laroche, Jocelyne Sabourin, Berthe et Annette Lavallée, René Trudel, Marie Chartier, Yvette Clément, Adèle Verrier, Michelle Pelletier, Dorothy Fillion, Diane Vermette, Denis Clément, Joseph Lécuyer, Nicole Lambert, Nicole Forest, Diane et Lise Hébert, Lucille Péloquin, Gérard Guay, Les Champagnes, Élaine L'Heureux, Joanne Gosselin, Gisèle Clément, Béatrice Caron, Marjolaine Arcand, Marcelle Delorme, André Prévost et Jeannine Fillion.

De Saint-Laurent à La Broquerie

Le 21 octobre, l'Institut collégial de Saint-Laurent présentait «Les Citrouilles à Gogo» devant une foule de 300 personnes. Aux talents locaux s'étaient joints 12 artistes de Saint-Boniface. Le même soir, La Broquerie chantait *Paris* avec l'orchestre *Nature's Nephews*. Selon les commentaires des jeunes, boîte bien réussie. Certains cependant auraient voulu avoir des chaises pour s'asseoir, regrettant que les artistes n'aient pas été plus préparés et déplorant le fait que «trop de personnes parlaient pendant les numéros».

1500 jeunes à Folies-Fantômes

Le 29 octobre, c'était Folies-Fantômes, boîte à chansons présentée en hommage à l'Association d'Éducation à l'occasion de son 50e anniversaire. Elle rassemblait 50 jeunes artistes de la ville: Sacré-Coeur, Petit Séminaire, Collège de Saint-Boniface, Précieux-Sang, Juniorat, Académie Saint-Joseph et Provencher, «institutions réunies pour la première fois dans une collaboration qui n'a pas fait défaut. Dans un contexte bruyamment jeune et moderne, 1500 jeunes et adultes remplissaient à craquer

À Folies Fantômes, 1966

---

l'auditorium Notre-Dame». Au programme:

Gisèle Vermette, les frères Dandeneau, les demoiselles Ayotte, Bohémier et Toupin, Gérald Allard, Denis Beaudette, Guy Château et Ronald Lamoureux, le quatuor Savard, Garand, Laurin et Ferland, Marcel Gosselin, Mlles Château, Desrosiers, Havens, Pelland, Rondeau et Sala, MM. Constant, Drobot, Landino, Morin, Patenaude et Rajotte, Mlles Chénier, Guyot et Perry, André Léveillé, Mlle Proteau, le groupe Dufault, Prince et Vermette, et Paul DeGagné. Les membres de l'orchestre Les Opportunistes: Gérald Lavoie, Philippe Kleinschmit, Gérald Bohémier et Bernard Brunet.

De Somerset à Saint-Lazare

En novembre 1966, pas moins de cinq centres organisaient leurs propres boîtes à chansons. Le 4 novembre, les Jeunes Franco-Manitobaines de l'Académie Saint-Joseph présentaient avec grand éclat le Gala 16 - 66 à l'occasion duquel des jeunes filles, en solo ou en groupes, ont chanté les étapes de l'Association de 1916 à 1966. La soirée se termina par une danse aux sons accentués des Fugitifs de Sainte-Agathe. Le 11 novembre, on présentait à la salle communautaire de Somerset «Le Café Parisien». Au programme, on remarque «l'orchestre des Fugitifs avec Gérald Paquin et plusieurs autres artistes». Le même soir, à Saint-Lazare, petit groupement «perdu au loin à quelque 225 milles à l'ouest de Saint-Boniface», les jeunes présentaient leur première boîte à chansons en 22 numéros.

À Saint-Pierre

À la même date, à Saint-Pierre, 500 personnes assistaient à la boîte à chansons dont le thème était «Élucubrations fantasmagoriques» le tout organisé par Ronald Dandenault et Elaine L'Heureux. Quatre écoles de la Division Rivière-Rouge, ainsi que les artistes invités, Monique Ducharme, Suzanne Jeanson et Les Trianons, firent les frais de la soirée. On mentionne le jeune Gérard Curé et Les Champagnes - «groupe anglais qui aime de plus en plus la chanson française, qui apprit en deux semaines les accompagnements de 18 chansons et qui en chanta trois à lui seul». On regrette «les bruits discordants de ceux qui n'étaient pas intéressés à la chanson, mais brûlaient d'impatience de commencer la danse». Et on se demande s'il faudrait supprimer cette partie pourtant intéressante des soirées des jeunes.

À Sainte-Anne

Le 25 novembre 1966, Sainte-Anne-des-Chênes présentait «Au Blé d'Or à Go-Go» à la salle du Blé d'Or. (Nous n'avons malheureusement pu obtenir aucun rapport de cette soirée).

Au Collège de Saint-Boniface

Au début de décembre, c'était la soirée de variété Parasco 66 au Collège de Saint-Boniface. Outre les saynètes présentées, figuraient au programme: Marcel Verrier, pianiste talentueux, Gérald Paquin, interprète de Claude Léveillé et d'Aznavour, Les 123 (Ronald Lamoureux, Gilles Beaudette et Guy Château) avec *La Mer*, *Pourquoi*, et *La fameuse poupée qui fait non*, ainsi que Charlotte Bélanger qui chanta *The House of the Rising Sun*.

«Au Donjon de la chanson»

Devant les succès que remportait un peu partout la chanson française, l'ambition gagna peu à peu les adultes comme les jeunes. Pourquoi nos artistes manitobains ne pourraient-ils pas participer au «Concours 28 jours» de «Jeunesse Oblige» organisé annuellement par Radio-Canada de Montréal? Après tout, les Franco-Manitobains comme les Québécois ne payaient-ils pas leurs impôts? C'est en raisonnant ainsi qu'un beau jour l'auteur se rendit à Montréal, frappa à la porte de Radio-Canada et obtint que quatre candidats de chez nous fassent partie du prochain concours qui devait se tenir dans la métropole canadienne en février 1967. Il fallait donc organiser une boîte à chansons provinciale qui réunirait les meilleurs talents de la province parmi lesquels cinq juges choisiraient nos représentants pour

Jeannine Aubin et Marjorie Leclerc au Donjon

Léo Dufault, Diane et Gisèle Vermette au Donjon

ce concours. Ce fut alors le «Donjon de la chanson», présenté à l'auditorium Notre-Dame de Saint-Boniface le 3 décembre 1966 avec «1200 copains et copines en provenance d'Otterburne, Saint-Pierre, Lorette, Saint-Claude, Saint-Adolphe, Sainte-Agathe, La Broquerie, Saint-Jean-Baptiste, Saint-Norbert, Saint-Boniface et Winnipeg».

Le décor de scène, oeuvre originale et spectaculaire de Raymond Brunet, représentait un double donjon avec pont-levis qui s'abaissait pour laisser passer les artistes. On ne peut passer sous silence l'énorme travail de collaboration qu'exigeait l'organisation de ces boîtes à chansons présentées un peu partout. À titre d'exemple, qu'il nous soit permis de présenter ci-dessous le programme du «Donjon» et de nommer les personnes et les institutions (au risque d'en oublier certaines) qui contribuèrent au succès de la soirée:

1 Louis Dubé: *La scène*; acc: Guérard Jean (Ziz) [sic]
2 Jeannine Aubin, Marjorie Leclerc: *Dis-moi*; acc: Les Neveux de la nature

Les Opportunistes : Bernard Brunet, Gérald Bohémier, Philippe Kleinschmit et Gérald Lavoie, au Donjon

3 Michelle Pelletier, Dorothée Fillion, Diane Vermette: *En blue jeans*; acc.: Les Neveux de la nature

4 Suzanne Jeanson: *Partir, il nous faut*; acc: Les Neveux de la nature

5 Gisèle Vermette: *Ce qu'on décide*; acc: Diane Vermette

6 David et Denis Dandeneau et Paul Dubé: *Dès que le printemps revient*; acc: Les Opportunistes

7 Paul DeGagné: *Mes mains sur tes hanches*; acc: Les Opportunistes

8 Sheila Perry, Lorraine Guyot, Patricia Chénier: *L'amour n'attend pas*; acc: Les Opportunistes

9 Marcel Gosselin: *Ma chambrette*; acc: Les Opportunistes

10 Yvonne Asselin; acc: Claudette Sala

11 Monique Philippe et Irène Oliviéro: *Toi, je ne t'oublierai pas*; acc: Beaudette-Lamoureux

12 Gilles Beaudette, Guy Château, Ronald Lamoureux: *Comme une fleur*

13 Jacinthe Roy, Pauline Pineau et André Provost: *Fais-toi donc croque-mort*; acc: Les Champagnes

14 André Léveillé: *Gloria*; acc: les Opportunistes

15 Gérald Paquin: *Non, rien de rien* et *Il faut savoir*; acc: Les Fugitifs

16 Monique Ducharme: *St-Tropez*; acc: Monique Ducharme

17 Albert Saint-Mars: *À votre bon coeur*

18 Louis Dubé: *Lara*; acc: Guérard Jean(Ziz)

19 Sheila Perry, Lorraine Guyot, Patricia Chénier: *Tout doucement*; acc: Les Opportunistes

20 Fleurimont Vivier: *Amour perdu*; acc: Les Opportunistes

21 Lina LeGal: *Feuille de gui*; acc: Guérard Jean

22 Marcel Gosselin: *Viens dans la lumière*; acc: Les Opportunistes

23 Paul DeGagné: *Je veux crier ton nom*; acc: Les Opportunistes

24 Le Trianon(Léo Dufault,Diane et Gisèle Vermette); *La nouvelle autoroute*, Santiano; acc: Les Opportunistes

25 Gilles Beaudette,Guy Château, Ronald Lamoureux: chanson thème des JFM (Lauréats)

Les jeunes surent reconnaître les nombreuses contributions qui étaient venues assurer le succès de la soirée dont celles de l'Union Nationale Française qui avait bien voulu offrir un prix aux «123», lauréats de la chanson thème des JFM; de CKSB, qui avait diffusé la deuxième partie de la soirée; de M. André Martin, «notre animateur

Louis Dubé et Diane Landry (Miss Canada 66) au Donjon

dynamique»; de Mlle Diane Landry (Miss Canada 1966), «pour avoir eu la gentillesse de nous honorer de sa présence au Donjon» et ce, à l'initiative de madame James Stanners qui, depuis des années, se dévouait sans compter auprès des jeunes et qui encore pour cette soirée sut penser «à tous ces petits détails qui nous échappaient»; du père André Nogue, o.m.i. qui s'était occupé de la publicité; de soeur Paul-de-la-Croix qui, avec son équipe de l'Académie Saint-Joseph, avait entre autres assuré «le bon fonctionnement de l'entrée et des bons goûters»; de Louis Dubé, président provincial des JFM «qui trouve le temps d'être toujours derrière les rideaux pour rendre service»; de Denis Collette, président régional des JFM «toujours disponible, capable de toutes les tâches»; de l'équipe du Juniorat et du Petit Séminaire «pour le travail de minuit»; de l'école Provencher (Gérald et Roland Bohémier, Raymond Brunet, Claude Lussier, Patrick LeMadec, Aimé et Denis Muller, Léo-Paul Tremblay, Gérard Huot, Jacques Chartier et Robert Ducharme) pour le décor, le son, l'éclairage et l'aménagement de la salle; du père Ouellette «qui trouve toujours ce qu'il nous faut»; de Pierre Monnin «un collaborateur précieux"; de soeur Marguerite Yvonne et de Mademoiselle Bernier «pour le bel article dans le *Tribune*»; de monsieur Perrin, «notre photographe attitré»; et enfin des professeurs adultes-conseillers «qui avaient assuré la bonne marche, la qualité de notre soirée». Tout compte fait, plus de cent personnes avaient uni leurs forces pour assurer le succès de cette soirée, et cela au coût de quatre cents dollars seulement.

À Saint-Norbert

Le 10 décembre 1966, les jeunes de Saint-Norbert présentaient leur première boîte à chansons sous le thème «Malko». Apparaissaient au programme: les 123, Gérald Paquin et Les Fugitifs, Suzanne, Louise et Denise Thorimbert, Gerry Van Ginkel et cinq élèves du Sacré-Coeur: Claudette Havens, Suzanne Desrosiers, Annette Fontaine, Maurice Rajotte et Joseph Constant.

Gérald Paquin et «Les Fugitifs» à Saint-Norbert, 1966

Les Lauréats manitobains

Le 17 décembre 1966 avait lieu à l'Académie Saint-Joseph une audition pour tous les participants du Donjon qui n'avaient pas eu l'occasion de chanter seuls. Le jury était composé de Georges Paquin, de Marie Laurencelle, de Claudette Sala, du père Pierre Tremblay, S.J. et de Marcien Ferland. Le lundi 19 décembre, on annonçait au programme Jeunesse Oblige de Radio-Canada le nom des quatre candidats qui représenteraient le Manitoba au Concours 28 jours à Montréal. Il s'agissait d'Yvonne Asselin, Louis Dubé, Michelle Pelletier et Marcel Gosselin.

Au premier concours national

Ces quatre jeunes artistes, accompagnés de l'auteur, alors adulte-conseiller des JFM, se rendirent donc au Québec le 19 février 1967 pour y vivre trois jours d'aventure, de travail et de joie. Louis Dubé prit note du séjour: «Après nous être installés à l'Hôtel Colonnade qui nous avait été réservé par Radio-Canada, nous partons tous les cinq en balade à la recherche d'un restaurant; Place Ville-Marie, Le Carrignan; au menu: Beaujolais, moules, ratatouille

Yvonne Asselin au Concours 28 jours, 1967

niçoise, tourtière et …du lait pour Marcel. À l'invitation du violonniste qui veut bien s'arrêter à notre table, Yvonne Asselin chante *J'attendrai*… La salle fait silence pour entendre cette belle voix… applaudissement des

Michelle Pelletier au Concours 28 jours, 1967   *Marcel Gosselin au Concours 28 jours, 1967*

convives! Pas trop mal pour notre premier soir dans la métropole.

C'est ensuite la rue Sainte-Catherine, le nouveau métro, puis le dodo car demain nous réserve du boulot. Le lundi 20 février, nous nous rendons très tôt à Radio-Canada pour rencontrer le grand chef, monsieur Claude Saint-Denis, dont l'accueil est des plus chaleureux. Il organise avec nous notre emploi du temps et nous remet de l'argent de poche. Répétition tout d'abord à la Palestre Nationale où tout est calculé, analysé et vérifié. Après le souper, visite de discothèques où nous sommes transportés dans un monde merveilleux. Le lendemain, encore de longues répétitions, visite de la ville et magasinage. Nous avons le temps de jouer une partie de quilles, Manitobains contre Montréalais. Les jeunes de chez-nous ont été frappés de la gentillesse des Québécois qui ignoraient à peu près tout de la langue anglaise. Aussi, ont-ils vite pris la bonne habitude de s'exprimer dans leur langue, le français.

Puis, à 20h., c'est l'enregistrement. Sous les puissants projecteurs, la tension monte rapidement. On réussit à oublier le concours pour ne penser qu'à faire de son mieux, pour faire honneur à son petit coin de pays. Très bonne performance de la part de tous. Ce programme terminé, on s'en va souper à La Crêpe Bretonne, puis les jeunes finissent la soirée à la Métrotèque en compagnie de leurs nouveaux amis québécois.

La nuit est courte. Il faut se lever à 5h30 pour revenir au Manitoba. On quitte Montréal, le coeur lourd de laisser derrière soi de si doux souvenirs».

Louis Dubé aux finales

La semaine suivante, Louis Dubé était rappelé à Montréal pour participer à la grande finale du concours.

Louis Dubé au Concours 28 jours, 1967

Les JFM ne manquèrent pas de remercier ceux et celles qui avaient bien voulu contribuer aux frais de ce déplacement: M. et Mme James Stanners, Christian LeRoy, les élèves du Sacré-Coeur et de Saint-Lazare, la Commission scolaire de la division Seine et le poste CKSB. Les contributions se chiffrèrent à 130,00$ sans compter un don de 200,00$ de la part de l'Association d'Éducation.

Les jeunes artistes franco-manitobains étaient apparus au réseau national de Radio-Canada. Ce ne devait être là qu'une première aventure. Nos talents commençaient à se faire connaître.

À Sainte-Anne

Le dimanche 26 février 1967, à Sainte-Anne-des-Chênes, plusieurs jeunes artistes

Suzanne Jeanson à Ste-Anne-des-Chênes, février 1967

participaient au programme musical marquant le couronnement de la Reine du Carnaval 1967. On a retenu les noms de Lina LeGal, Gilbert Tougas, Alfred Benoit, Guy Lacroix, Lucien D'Auteuil, Albert Saint-Mars, «qui a particulièrement inséré au programme la note yéyé avec une joie de vivre communicative», et Suzanne Jeanson, «qui s'est révélée l'émule des grandes vedettes de la chanson française».

Albert Saint-Mars à Ste-Anne-des-Chênes, février 1967

Au Collège d'Otterburne

Le 10 mars 1967, les JFM de la Rivière Rouge fêtaient le 1er anniversaire des boîtes à chansons au Manitoba en présentant «Les Chantiers en marche» au Collège d'Otterburne. La soirée était dédiée au frère Onil Dépôt, c.s.v., adulte-conseiller, qui avait un an auparavant créé la première soirée du genre «boîte à chansons».

Le gymnase du Collège avait été transformé pour l'occasion en cabaret avec petites tables de quatre places chacune. Un immense écran de télévision permettait à

Les Fugitifs; de g. à dr. : Gérard Jean, Léo Nolette, Gérald Paquin, Noël Joyal et Gilbert Dorge à Otterburne, mars 1967

tout le monde de suivre le programme dans les moindres détails. Les organisateurs avaient tenu à bien distinguer «chansons» et «danses» et le programme ce soir-là ne comptait que des chansons. «Ce fait explique pourquoi cette 5e boîte de la division Rivière-Rouge put jouir d'un auditoire (300 personnes) plus silencieusement attentif...».

Afin d'en assurer la qualité, on avait apporté le plus grand soin à l'organisation de cette soirée. Pour souligner une fois de plus la popularité que connaissait la chanson chez les jeunes, nous nous permettons encore de présenter la liste des artistes participants:

Jeannine Fillion, Gérard Curé, Nicole Lambert, Nicole Forest, Louis Hébert, Gérard Guay,

Noëlla Clavelle, Jacqueline Robidoux et Jacinthe Roy à Otterburne, mars 1967

Monique Collette, Diane Lécuyer, Arlette Comeault, Jacinthe Roy, Jacqueline Robidoux, Lynette Forest, Élaine L'Heureux, Pauline Pineau, Les Fantaisies (Lorraine Guyot, Patricia Chénier et Sheila Perry), Gérald Paquin, Les Fugitifs (orchestre qui accompagnait les artistes: Gérard Jean, Léo Nolette, Noël Joyal, Gilbert Dorge, Raymond Dorge et Aurèle Dorge), Gisèle Forest, Lucille Péloquin, Claudette Proteau, Aline Dubois, Gisèle Clément, Diane Fontaine, Noëlla Clavelle, Louise Collette, Michèle Pelletier, Joanne Gosselin et Les Cinq Fiasco: André Prévost, Hubert Simard, Guy Rozière, Louis Bouvier et Gérard Guay.

Six de ces participants purent par la suite entendre leur voix sur les ondes de CKSB au programme «Tous les garçons et les filles».

Les jeunes à Gravelbourg

Le 15 avril 1967, la chanson française connaissait un autre beau succès alors que cinq jeunes artistes franco-manitobains se rendaient en Saskatchewan pour participer à une boîte à chansons à la demande du comité du festival de Gravelbourg. «Le virus est officiellement inoculé aux jeunes du sud de la Saskatchewan par des spécialistes du Manitoba, spécialistes en bonne humeur et en bonnes chansons comme la jeunesse les aime». Les cinq artistes: Louis Dubé, Suzanne Jeanson, Monique Ducharme, Guy Lacroix et Léo Dufault, accompagnés de leur chauffeur Gilbert Rosset, furent royalement accueillis par les gens de Gravelbourg. Environ 500 personnes vinrent les applaudir à l'auditorium de l'école secondaire.

Panorama 67

Enfin, le 27 mai, les JFM, aidés d'adultes-conseillers, ne manquèrent pas d'audace en présentant au Théâtre Playhouse «les meilleurs chansonniers du Manitoba». Le spectacle «Panorama 67» attira un auditoire qui atteignait bien le millier.

Lorsqu'on présente un «grand spectacle» dans le plus beau théâtre de la ville, on s'expose aux commentaires des critiques. Dans les jours qui suivirent, les jeunes artistes et les adultes-conseillers s'attirèrent donc certains reproches dans les colonnes de *La Liberté*. On parla d'espace scénique mal utilisé, de préciosité du geste, de décors parfois un peu fripés, de robes non appropriées, de gestes monotones ou trop brefs, d'absence d'originalité, de sorties hideuses, d'entre-chansons avortées et de rupture entre la chanson et le spectacle. Ces remarques faites, la critique signée «J.R.L.» ajoutait que «Ces notes demeurent marginales, d'autres numéros étant très bien réussis, elles ne veulent pas cacher le succès de la soirée... Il y a du talent. Ce fut un plaisir». Par ailleurs, les compliments ne manquèrent pas. On parla du duo Monique Ducharme et Gérald Allard dont le chant fut rendu professionnellement, d'étoffe professionnelle aussi chez Suzanne Jeanson, de simplicité et de décision chez David Dandeneau (qui était

Pat Chénier, Lorraine Guyot et Sheilla Perry à Panorama 67

Ronald Lamoureux, Guy Château et Gilles Beaudette à Panorama 67

accompagné de Claude Boux) dont *La Manic* fut vigoureuse et émouvante, de poésie et de sensibilité dans les deux compositions de Gérald Allard, et comme dessert, de véritable poésie chez les 123 (Ronald Lamoureux, Gilles Beaudette et Guy Château) avec *Générations d'aujourd'hui* dont le rythme et l'interprétation endiablés surent gagner tout l'auditoire, d'assurance chez Marcel Gosselin, d'interprétation impeccable du point de vue musicale, de diction et de gestes appropriés chez «Les Fantaisies» (Lorraine Guyot, Sheilla Perry et Patricia Chénier), du dynamisme de Paul DeGagné, de la simplicité qui donne une personnalité à Léo Dufault, de la bonne tenue et de l'interprétation de valeur chez Louis Dubé, d'exactitude, de discrétion, de sensibilité, de sens rythmique, de musique souvent inventive de la part de l'orchestre composé de Gérald Bohémier (guitare), de Gérald Lavoie (orgue et saxophone), de Philippe Kleinschmit (batterie) et de Bernard Brunet (guitare). Le décor, exécuté par Marcel Gosselin, fut jugé «adéquat», c'est-à-dire qu'il «devait avoir une présence sans éclipser les artistes, rôle qu'il a très bien rempli».

Un jeune critique, Roger Boulet, souligne le «dynamisme évident, l'énergie débordante, le désir de communiquer, de s'exprimer avec franchise et sincérité, librement, qui caractérise la génération actuelle et qui fut l'esprit de Panorama 67, spectacle vraiment supérieur». Ne serait-ce pas ce même Roger Boulet qui sema l'idée du futur 100 NONS lorsque dans le même article il osait suggérer que «Il serait opportun de songer sérieusement à l'établissement d'un club-discothèque pour favoriser l'épanouissement de tout ce talent...»?

Un Québécois, Jean Arnaud, écrit dans le même journal: «Je fus ravi de voir et d'entendre des jeunes s'exprimer si facilement dans la langue du vieux Molière [...]. Ce qui est français au Manitoba n'est pas autre chose que des saphirs et des émeraudes. Ne soyez pas timides, Franco-Manitobains, vous avez des batailles à gagner. Venez nous visiter au Québec...». C'était déjà fait! Et les jeunes devaient souvent y retourner.

Pour sa part, le rédacteur de *La Liberté* qui prodiguait un appui constant aux jeunes, faisait la réflexion suivante:

En écoutant tous ces jeunes gars et filles nous dire que c'est beau la vie, nous crier leur nécessité de l'amitié vraie et profonde, leurs convictions patriotiques et même 'politiques' au sens humain du mot, leur entrée comme membres de la génération d'aujourd'hui dans 'un monde nouveau' [...] plusieurs se demandaient en silence si ce 'Panorama 67' n'est pas un signe que les boîtes à chansons et autres activités culturelles de notre jeunesse sont en train de produire leurs premiers et excellents fruits[...]. Ceux qui craignaient de disparaître avant cette époque, calculant avec la sécheresse habituelle, doivent maintenant se reprendre à espérer devant la plantation vaste et abondante.

Enfin, voici la réflexion que fait aujourd'hui Claude Boux, alors jeune participant au spectacle: «Panorama 67, c'était la première grande manifestation dans le domaine de la musique francophone au Manitoba. Je me rappelle que ça nous avait fortement impressionnés». Il ne se rappelait pas les festivals de la chanson.

Engueulades, menaces et taxes

L'organisation de ce genre de spectacles ne se faisait pas sans rencontrer maintes difficultés, inconnues du public. Comme exemple, ce ne fut qu'après une bonne «engueulade» que les employés techniciens du Playhouse se soumirent aux directives des organisateurs quant aux changements de décors à effectuer. Certains participants, menaçant de jeter des oeufs pourris et des tomates pendant le spectacle, voulurent imposer aux JFM tel maître de cérémonies. Enfin, à la dernière minute, on dut payer une taxe pour droits d'auteurs à une association d'artistes du Québec qui menaçait de faire arrêter le spectacle. C'est que les jeunes artistes puisaient en effet beaucoup dans les oeuvres québécoises.

Il semblerait que les JFM savaient bien tenir leurs livres de comptes. Ainsi, Denis Collette, président du JFM de Saint-Boniface, put répondre aux personnes qui voulaient savoir ce que nous ferions avec les profits de notre grande soirée du 27 mai, en donnant dans *La Liberté* du 8 juin 1967 le compte rendu suivant:

Dépenses:

Décor	70,00 $
Piano (loyer)	35,00
Orgue (loyer)	75,00
Accessoiristes	104,00
Éclairagiste	24,00
Permis	12,50
Orchestre	150,00
Théâtre Playhouse	340,00
Secrétariat	30,00
Publicité	43,00
Billets	25,00
Amplificateurs	20,00
Téléphones	10,00
Son	90,00
Photos	5,00
Voyageurs	15,00
Menues dépenses	26,00
Taxe	25,50
Total:	1,100,00

Revenus:

Vente de billets (1$ du billet)	970,00
Déficit	130,00

Un phénomène qui se perpétue

Ces spectacles dits «boîtes à chansons» que connaissait alors le Manitoba français ne s'arrêtèrent pas aux années 1966-1967. Ils devaient se perpétuer, tout en connaissant un ralentissement progressif au cours des deux décennies suivantes. Aujourd'hui encore, quelques centres organisent de temps à autre ces soirées de chansons. Nous ne pourrons ici en faire l'histoire complète. Si nous avons cru devoir faire état des premières, c'est non seulement pour en marquer le caractère phénoménal, mais aussi pour bien illustrer, par l'enthousiasme qu'elles déclenchèrent, comment se prépara le terrain à la création de la première boîte à chansons permanente dans l'Ouest canadien, le 100 NONS.

Rôle des éducateurs

Nous avons voulu également souligner le rôle prédominant que jouèrent ici les éducateurs, soit en initiant leurs élèves à la chanson française, soit en exerçant un leadership au sein de la Relève et des Jeunes-Franco-Manitobains, plus particulièrement dans l'organisation des spectacles de chansons. Quelques noms ont été mentionnés comme celui d'Onil Dépôt, pionnier des boîtes à chansons, qui sut pendant combien d'années se dévouer ainsi auprès des jeunes et mériter leur plus haute estime et leur affection. Mais combien d'autres oeuvrèrent souvent dans l'ombre, et ils furent nombreux, ces religieux et laïques qui, par leur dévouement et leurs initiatives, surent susciter l'enthousiasme chez les jeunes et, ce faisant, contribuèrent au succès que connut alors la chanson dans le milieu franco-manitobain.

Ces éducateurs mériteraient tous d'être nommés, leurs contributions soulignées, mais nous risquerions d'en oublier un grand nombre.

Père André Surprenant, s.j.

André Surprenant

Qu'il nous soit cependant permis, à titre d'exemple, (et que les ouvriers anonymes se reconnaissent en lui), d'en mentionner un autre qui joua un rôle déterminant dans l'enthousiasme dont les jeunes firent preuve à l'époque à l'égard de la chanson française. Il s'agit du père André Surprenant, jésuite. Si nous pouvons parler de lui, c'est qu'il fut un collègue et un ami. Si nous devons le mentionner, c'est que les témoignages de ses étudiants ont été trop éloquents pour les passer sous silence. C'est peut-être au cours de son dernier stage au Manitoba de 1964 à 1968, alors qu'il était professeur de littérature en Belles-lettres au Collège de Saint-Boniface, qu'il sut marquer le plus ses étudiants. Ce sont ces derniers qui savent le mieux parler de son influence, de l'inspiration qu'il fut pour eux: «Un grand humaniste» - «Un ardent nationaliste» - «Un homme très sensible, épris de sa culture, de la poésie, de la vie» - «En consacrant à la chanson (poésie d'aujourd'hui) une large part de son enseignement, il nous l'a fait aimer» - «Il a su provoquer, motiver, enjôler et séduire des jeunes qui trop rapidement peuvent trouver l'étude du français ennuyante» - «Il a su nous pousser à la création littéraire» - «Nous réalisons mieux aujourd'hui qu'alors la grandeur d'un bonhomme comme lui».

Si les jeunes ont répondu

Encouragés et appuyés par les éducateurs, par des animateurs comme Christian LeRoy, par des institutions telles que le poste CKSB et le journal *La Liberté*, les jeunes ont répondu. Trouvant identification et valorisation dans ce mode d'expression qu'est la chanson, ce sont ces jeunes qui, en retour, grâce à leur enthousiasme et leur énergie communicative, poussèrent et motivèrent les adultes à aller de l'avant, de telle façon que nous pouvons dire que des projets toujours plus audacieux se sont réalisés grâce à un heureux «partenariat» entre jeunes et adultes. Ce fut là sans doute la raison du succès qu'avaient connu les boîtes à chansons dans notre milieu et que devait bientôt connaître le 100 NONS.

CHAPITRE III

Le vent dans les voiles

Premier logo du 100 NONS

Une salle de classe vacante

Lors de l'été de 1967, alors que le nouvel Institut Collégial Louis-Riel allait ouvrir ses portes aux garçons et aux filles de Saint-Boniface nord, l'Académie Saint-Joseph devint vacant. Les soeurs des SNJM décidèrent de louer à la paroisse Cathédrale les locaux de cette institution pour la somme dérisoire d'un dollar par année. Selon les souvenirs de Denis Collette, alors président des JFM de Saint-Boniface, l'idée première des religieuses était de voir leur édifice transformé en centre paroissial. Plusieurs organismes et groupes culturels, dont le Cercle Molière, occupaient à l'époque de petits locaux humides au sous-sol de l'ancienne cathédrale. On avait besoin d'espace.

Le Centre culturel de Saint-Boniface

Le curé d'alors, l'abbé Deniset-Bernier, accepta l'offre généreuse de la congréga-

Le Centre culturel de Saint-Boniface où logea le 100 NONS à partir de 1967

tes et servir pour leurs répétitions. L'idée fut bien reçue. Nos démarches auprès des autorités responsables du Centre furent fructueuses. Les JFM avaient maintenant un local bien à eux qui devait surtout servir aux artistes de la chanson. De là à transformer ce local, une ancienne classe située au rez-de-chaussée de l'Académie, non plus en un lieu de rencontre pour les répétitions, mais en une boîte à chansons, il n'y eut qu'un pas.

tion et vit à faire nommer un conseil chargé d'administrer ces nouveaux locaux qui devinrent le Centre culturel de Saint-Boniface, en réalité le premier centre culturel franco-manitobain. Le premier président de ce Conseil fut Clément Benjamin. Le premier gérant du Centre fut Marcel Marcoux, celui qui devait rendre à notre futur 100 NONS d'inestimables services.

Marcel Marcoux, premier gérant du Centre culturel, 1967

À une réunion des JFM, tenue vers la fin de l'été 1967, soeur Paul-de-la-Croix (Marcelle Lemaire) nous faisait part de cette entente entre sa congrégation et la paroisse. Pourquoi les JFM ne tenteraient-ils pas d'obtenir un local dans ce Centre? Il pourrait devenir le lieu de rencontre des jeunes artis-

La création du 100 NONS

Pour aménager les lieux, ne manquèrent ni enthousiasme, ni main-d'oeuvre, ni idées, de sorte que, au fil des jours, nos projets devinrent de plus en plus ambitieux: petite estrade amovible; banquettes qui s'emboîtaient les unes dans les autres pour assurer plus d'espace lors des discothèques; bancs rembourrés le long des murs; petits tabourets également rembourrés, à placer ici et là lorsqu'il y aurait foule; le tout

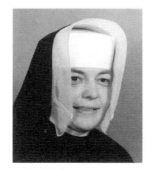

S. Paul-de-la-Croix

Intérieur du 100 NONS

24

construit par des jeunes tels que Roger Auger, Gérald et Gilbert Bohémier et Denis Collette, et capitonnés par Jeanne Demers; faux plafond quadrillé de fils de fer sur lesquels on fit reposer du gros papier noir goudronné (qui dut être traité par Christian Schmitt pour le rendre à l'épreuve du feu); plus de mille petites rondelles découpées à la main (avec combien de maux de pouces) dans du gros carton argenté pour embellir ce nouveau plafond; murs peints en noir et blanc, genre «pop art», représentant ici et là l'historique de nos boîtes à chansons, par Marcel Gosselin (maître d'oeuvre de tout le décor), aidé surtout de Paul DeGagné; fontaine illuminée, oeuvre de Raymond Brunet et de Marcel Marcoux; colonne surplombée d'un projecteur de diapositives, lequel, dans un mouvement circulaire, faisait miroiter sur les murs des chefs-d'oeuvre de toutes couleurs; pour la scène, comme toile de fond, de grands rideaux blancs (confectionnés par madame Adrien Gosselin) cachaient les larges fenêtres de l'ancienne classe. Combien d'autres jeunes faudrait-il nommer qui travaillèrent à l'aménagement de cette salle!

Intérieur du 100 NONS

Lights flash». *The St. Boniface Courier* la décrivait comme «une boîte permanente, une vraie, une belle aussi [dont] le décor n'a rien de banal...». Le journal *La Liberté* pour sa part félicitait les jeunes d'avoir su «transformer une salle de classe... en un lieu prédestiné».

Un bijou de local

Les jeunes ouvriers (et les moins jeunes) avaient raison d'être fiers de leur travail. Ils devaient bientôt recevoir de toute part des éloges les plus flatteurs. Le *Winnipeg Tribune* parlait de la Boîte comme «absolument fantastic [sic]. *There is a special feeling about this place, one of warmth and welcome...*».

Le *Free Press* lui consacrait un espace généreux sous l'en-tête à l'encre rouge: «*The Mood is Psychedelic, the Language is French*» et la critique parlait d'un «*disco with a difference...Walls undulate. Water bubbles.*

Au coût de 2 500$

Le coût de cet aménagement, en y ajoutant d'autres menues dépenses telles que l'achat d'un piano usagé, de projecteurs et d'un micro, s'élevait à 2 433,55$. Certaines rumeurs circulèrent depuis lors voulant que ce projet d'aménagement ait été réalisé à l'occasion du Centenaire du Canada grâce à une subvention du Secrétariat d'État. Tout à fait faux. Les jeunes empruntèrent cette somme à l'adulte-conseiller des JFM, ce dernier étant heureux de se laisser prendre à leurs rêves et de devenir, sans mandat formel, directeur de la nouvelle Boîte, alors que Roger Auger en était élu président, que Maurice Auger agissait comme trésorier et que Gérald

Allard assumait la responsabilité de la direction des programmes. Cet emprunt fut d'ailleurs réglé au cours des deux années suivantes, l'orchestre et les artistes consentant à ne recevoir aucun cachet jusqu'à ce que la dette soit effacée.

Cent fois Non

Il fallait maintenant donner un nom au nouveau-né. On se rappelle que les intéressés, une trentaine, réunis à cet effet, ne manquèrent pas de suggestions. Cent noms furent proposés. Ce furent cent fois «non!» On se trouvait donc sans nom. De là l'idée lumineuse, de Gérald Allard croyons-nous, d'appeler la Boîte «Le 100 NONS», et ce, aux applaudissements de tous les membres. Malgré les tentatives que feront plus tard certaines personnes pour le corriger et écrire «Les 100 NONS» ou encore «Le Cent non» (étant donné que l'adverbe «non» est invariable), nous avons maintenu l'épellation «100 NONS». Comme disait Pilate: «Ce qui est écrit est écrit».

Projets de programmation

Tel qu'annoncé dans un article de *La Liberté*, le 100 NONS se disait vouloir servir «tour à tour de boîte à chansons, de jazzothèque, de salle de danse avec orchestre, de discothèque et de classicothèque». Les jeunes artistes donneraient deux spectacles de chant le vendredi soir (à 8h et à 10h15) et des soirées en musique le samedi. On promettait un service de cafétéria. On ne servirait que des boissons non alcoolisées. La salle n'était autorisée à recevoir que 60 personnes (certains soirs, l'équipe d'artistes sera plus nombreuse que

Intérieur du 100 NONS

les spectateurs); par contre, d'autres soirs on accueillera jusqu'à 120 personnes, l'auditoire moyen se situant à environ 60 (surtout des jeunes de 16 à 30 ans). Les billets d'entrée coûteraient un dollar.

Ouverture du 100 NONS

Les deux soirées d'ouverture eurent lieu les vendredi et samedi soirs, 13 et 14 octobre 1967. Dans le but de prélever des fonds, ces deux soirées étaient réservées à deux groupes d'invités spéciaux: chefs de file, parents et amis des jeunes – cent dix adultes répondirent à l'invitation. Ces derniers étaient accueillis par Rita Gosselin et Lucille Cenerini, qui agirent comme réceptionnistes tout au long de la première saison.

Les premiers artistes

Au programme inaugural, tel que rapporté et commenté par *The S. Boniface*

Suzanne Jeanson au 100 NONS, 1967

Randy Raban et Philippe Kleinschmit (bien soutenu).

Ces jeunes artistes vivaient alors des heures très importantes. Pour Suzanne Jeanson, «Dans notre petite tête, le 100 NONS représentait alors la Place des Arts de Montréal». Même sentiment de la part de Daniel (Gérald) Lavoie: «Je suis certain que j'étais moins excité et heureux le soir de ma première à l'Olympia».

Courier, figuraient les artistes suivants: Gérald Allard (auquel on accorde les talents de chansonnier avec bonne voix), les Fantaisies (chant entraînant), Michelle Pelletier (voix développée, bon souffle), Marcel Gosselin et Paul DeGagné (phonétique élégante), Albert Saint-Mars (a su tenir l'auditoire à ses lèvres et a même épaté), les 123 (supérieurs à leur numéro du Panorama), Suzanne Jeanson (Petula Clark manitobaine, voix contrôlée), Louis Dubé (remarquable comme chanteur) et l'orchestre composé de Gérald Lavoie, Bernard Brunet,

Ces deux soirées furent un succès. L'enthousiasme des jeunes, la chaude atmosphère, la magie de la boîte, un auditoire sympathique, rien ne manqua. Le premier pas était franchi. Le 100 NONS était créé.

Louis Dubé

Spectacle chaque fin de semaine

Dans les deux mois qui suivirent, comme le rapporte notre premier publicitaire de l'époque, Réal Lévêque, les artistes suivants, presque toujours accompagnés de l'orchestre, se présentèrent à tour de rôle devant le public: Suzanne Jeanson et les 123 le 20 octobre, Louis Dubé et Gérald

Gérald Lavoie, Philippe Kleinschmit, Bernard Brunet et Randy Raban, premier ensemble musical du 100 NONS

Albert Saint-Mars   Léo Dufault

Allard le 27 octobre, Les Fantaisies, Marcel Gosselin et Paul DeGagné le 3 novembre, Michelle Pelletier et Albert Saint-Mars le 10 novembre, David Dandeneau et Léo Dufault le 17 novembre. Le 24 novembre, le 100 NONS faisait relâche, Ginette Reno et Donald Lautrec présentant le 25 novembre un spectacle au gymnase Notre-Dame. Le lendemain, ces deux artistes eurent d'ailleurs la gentillesse de se rendre au 100 NONS et furent les premiers à griffonner sur nos murs leurs voeux de succès. Gérald Allard accompagné de Norman Paul, Kenneth Woodley et Lynne Dupas chantèrent le 1er décembre. Marcel Gosselin, Paul DeGagné et Jean-Guy Roy accompagnés à la guitare par André Martin se produisirent le 8 décembre, et Suzanne Jeanson, Louis Dubé et Les Electras le 15 décembre.

On accueille les débutants

À ces artistes plus chevronnés s'ajoutaient chaque semaine un ou deux débutants, donnant ainsi à des jeunes venant d'un peu partout, tant de la campagne que de la ville, l'occasion de s'initier à la scène, assurant en même temps au 100 NONS une relève. Parmi ces nombreux débutants,

nous nous devons de mentionner Gérald (Daniel) Lavoie qui devait plus tard connaître une renommée internationale. Nous nous rappelons sa modestie («Vous croyez que je devrais chanter ça?»), sa timidité souriante, le naturel avec lequel il passa sur scène la première fois en auteur-compositeur. Selon les bons souvenirs de Gérald Allard, il nous avait alors présenté *Ma mère avait rêvé* et *Marie*. D'emblée il avait conquis l'auditoire.

Gérald Allard en spectacle

Nous voudrions avoir retenu le répertoire de chacun de ces spectacles, ainsi que

Gérald Allard

les critiques des média, pour illustrer ce que cela demandait d'efforts et d'initiatives à chaque artiste pour occuper la scène pendant environ 45 minutes. Nous avons retrouvé le compte rendu de la présentation de Gérald Allard du 1er décembre. Nous le donnons à titre d'exemple. «Le maître de cérémonies habituel, Gérald Allard, nous interprète onze chansons de compositeurs variés, ainsi que deux de ses propres compositions. Il alla de Claude Dubois à Gilles Vigneault, de Raymond Lévesque à Hughes Auffray, sans oublier Jacques Brel. Ce qu'il y a de remarquable chez Gérald, c'est qu'il prend les chansons les plus piquantes du répertoire des compositeurs chansonniers et les fait siennes: *Ma petite vie très tranquille, Ma vampire, Hollis Brown, Ne me quitte pas, Bozo les Culottes* (chanson pas séparatiste!), *Là-bas, On n'a rien qu'une famille.* Gérald disparaît mais revient pour un encore afin de répondre aux applaudissements assourdissants de l'auditoire. C'est la *Danse à Saint-Dilon.* Gérald a remporté un autre triomphe au 100 NONS».

Les JFM aiment la Boîte

Au congrès annuel des JFM tenu à Saint-Norbert à la fin d'octobre 1967, les jeunes étudiants et travailleurs parlèrent beaucoup des boîtes à chansons, et plus particulièrement de cette boîte permanente que l'on venait d'ouvrir à Saint-Boniface. «Cette forme de loisir plaît aux jeunes; elle leur permet de se rencontrer, d'écouter la chanson française, favorise la découverte et l'épanouissement de talents locaux. Les jeunes aimeraient que leurs compagnons de régions éloignées ou moins organisées puissent eux aussi faire l'expérience de la boîte à chansons et font remarquer qu'ils aimeraient être représentés aux réunions des associations adultes [rêve qui devait plus tard se réaliser lorsque sera créé le Conseil Jeunesse Provincial]. W. Boulet est élu président des JFM, succédant à Louis Dubé, alors que le père André Surprenant, s.j. remplace A. Gaborieau comme adulte-conseiller; ce dernier, après avoir occupé ce poste pendant sept ans, devant maintenant consacrer son énergie à la direction du 100 NONS».

À Lorette et au Collège

En plus des soirées présentées au 100 NONS, les jeunes surent conserver assez d'énergie au cours de cette fin d'année 1967 pour participer à toutes sortes d'activités à travers la province.

À la fin d'octobre, Suzanne Jeanson et Albert Saint-Mars étaient artistes invités à Lorette lors d'une grande soirée organisée à l'occasion de l'ouverture officielle de la nouvelle école. À la mi-novembre, au Collège de Saint-Boniface, se tenait la soirée annuelle des Parascos. Certains artistes du 100 NONS, dont Gérald Allard, David Dandeneau et Gérard Jean (au piano) firent honneur à la chanson française.

Boîte à Saint-Claude

À Saint-Claude, le 25 novembre, devant un auditoire de 400 personnes, en collaboration avec le professeur Onil Dépôt, les jeunes présentaient leur première boîte à chansons «Haut Voltage». Là comme ailleurs, les talents ne manquèrent pas d'étonner. Une panoplie d'artistes en herbe défilèrent sur la scène:

Gisèle Philippot, Les Electras (sous la conduite de Henri Dupasquier), Sharon Leland, Diane Bellec, Irène Oliviéro, Yolande Gautron, Léa Delaquis, Marilyne Martel, Jacqueline Philippot et Éveline Martel.

C'est donc dire que, peu importe la région, lorsque les adultes apportent le

Diane Bellec, Éveline Martel, Marilyne Martel, Léa Delaquis et Irène Oliviéro, 25 novembre 1967

leadership nécessaire, les jeunes savent répondre. Le 26 novembre, les artistes du 100 NONS participaient à l'ouverture officielle du premier Centre culturel franco-manitobain de la province. D'ailleurs, comme le disait Daniel (Gérald) Lavoie, «Le 100 NONS et le Cercle Molière étaient l'âme de ce Centre culturel». Lorsque sera construit un nouveau centre culturel en 1973, on ne tiendra pas suffisamment compte du rôle principal qu'avait joué le 100 NONS dans l'ancien centre, et les jeunes auront souvent l'impression d'être relégués au grenier, eux qui avaient donné vie au premier Centre.

Marcel Gosselin, lauréat national, 1968

À Saint-Adolphe

Le 8 décembre, Saint-Adolphe présentait sa première boîte à chansons sous le thème de «Terre des femmes». Plusieurs centaines de personnes, adultes et jeunes s'y rendirent pour applaudir les jeunes artistes, dont Irène Oliviéro de Saint-Claude et un charmant trio de La Broquerie. Un autre franc succès.

Irène Oliviéro, 8 décembre 1967

Marcel Gosselin, lauréat national

Le 7 janvier 1968, sous les auspices de Radio-Canada se tenait à la Salle académique du Centre culturel de Saint-Boniface le 2e grand concours annuel de la chanson française auquel participaient 20 jeunes concurrents franco-manitobains. Les quatre juges étaient: l'abbé Léo Couture, madame Monique Hébert, soeur Antoinette Bergeron et Georges Paquin. Les quatre lauréats qui devaient par la suite se rendre à Montréal pour participer au Concours 28 jours furent les suivants: chez les filles interprètes, Suzanne Jeanson avec *Le Coeur qui bat*; chez les garçons interprètes, Marcel Gosselin qui chanta *Les Vieux*; pour les auteurs-compositeurs masculins, Daniel Lavoie présentant *J'ai le sang espagnol*; pour auteurs féminins, Jocelyne Labossière (seule concurrente) avec *Kaléidoscope*. À la fin de février, sous l'en-tête «Un jeune Franco-Manitobain gagne le Concours 28 jours à Montréal», on apprenait par le journal *La Liberté* que le 100 NONS et les JFM venaient de mériter un nouvel honneur puisque l'un des leurs, Marcel Gosselin, ancien élève de l'Institut Provencher, avait été proclamé gagnant à ce concours organisé par Radio-Canada. Marcel avait été «jugé le meilleur chanteur interprète dans les grandes finales nationales comprenant quelque trente concurrents venus de dix régions du Québec, de l'Ontario et du Manitoba». Radio-Canada lui offrait ainsi qu'à neuf autres lauréats un voyage des plus éducatifs aux Antilles françaises. Il eut «l'occasion de paraître à la télévision française, de faire de la pêche en haute mer, de visiter des ruines historiques, etc.».

Comme le disait J-P. Aubry dans le journal *La Liberté*, quand on sait que deux ans à peine s'étaient écoulés depuis la naissance de nos boîtes à chansons, nous pouvions être fiers de voir déjà un de nos artistes représenter le Canada français.

Deuxième partie de la saison

Après une relâche au temps des fêtes, le 100 NONS reprenait sa programmation régulière le 9 février 1968. Ce fut d'abord Marcel Gosselin avec du Ferrat, du Bécaud, du Brel et ses propres compositions. «Pré-

Joanne Gosselin, 1968

sentation simple et convaincue». Il glissa sur la scène son petit frère Léo à la guitare. Puis, un débutant, Hubert Fouasse, «voix magnifique» dont on a surtout retenu *Fais la rire*. Enfin, Suzanne Jeanson, «qui ne cesse de nous charmer».

Le 16 février, Louis Dubé nous revenait à son meilleur avec du Ferrat et du Léveillé. Réal Lévêque, débutant, nous présenta du Gilles Vigneault. En deuxième partie, Les Impacts: Paul Rémillard (directeur), Edwin et Richard Prince, Alan MacDonald, Robert Lafrenière, Gabriel Masse et Georges Beaudry, surent interpréter de façon vivante Auffray, Antoine, les Aristocrates et les Sultans. Pour s'assurer un auditoire et intéresser les jeunes à la chanson, le 100 NONS lançait chaque semaine une invitation spéciale aux élèves de différentes écoles. Ainsi, pour la boîte du 16, on avait particulièrement invité Saint-Malo, Saint-Laurent et Élie.

Le 23 février, Gérald Allard accompagné de deux artistes débutantes, mais déjà appréciées du public, Joanne Gosselin et Suzanne Goebel, présentait un troisième spectacle.

Boîte à Sainte-Agathe

À cette même époque, les boîtes à chansons continuant à se produire en province, un grand spectacle monté à Sainte-Agathe rassembla les artistes de Saint-Pierre, Saint-Jean-Baptiste, Aubigny et Sainte-Agathe, accompagnés par Les Avengers d'Otterburne ainsi que par Les Impacts de Saint-Boniface. Comme presque toujours, Christian LeRoy, animateur à CKSB, était présent pour encourager les jeunes et enregistrer une partie du programme.

Gérald Lavoie et David Dandeneau

Selon le publicitaire de l'époque, Réal Lévêque, le 1er mars, devant une salle comble, se tenait un spectacle un peu spécial au 100 NONS. Tout d'abord, Kenneth Woodley et Lynne Dupas, «habitués à la chaleur et à l'ambiance de la boîte nous présentaient des chansons douces et amoureuses». Ensuite vint Gérald Lavoie, «débutant (professionnel) de la soirée qui s'était rendu à Ottawa pour le Concours de Radio-Canada. Ses chansons se déroulèrent autour d'un thème principal, son village de Dunrea. Présentation simple et vraie. Tout son spectacle consista en ses propres compositions: *Mon petit village*, *L'Auberge*, *Wilfrid Lafournaise*, *Chanson sans titre*». Puis ce fut David Dandeneau «le seul au 100 NONS à recevoir une ovation debout», accompagné au violon par son frère Edmond. On se souvient de *Une boîte à chansons*, *Le bal chez Jos Brûlé*, *Québec mon pays*. «Tous tapent des pieds et des mains! L'auditoire le rappelle et c'est un chef-d'oeuvre: *Un Indien* de Monique Brunet. L'auditoire est debout. Ce sont des hourrahs et des bravos de tous les coins! C'est que chez David il y avait âme et rythme envoûtant!».

David Dandeneau, 1968

Le but du 100 NONS

On n'a malheureusement pas gardé les programmes des spectacles qui suivirent au 100 NONS. Ainsi, pour le 8 mars, dans le journal *La Liberté*, le publiciste se contenta de noter «Il n'y a qu'un spectacle ce vendredi». Un phénomène à signaler cependant. C'est qu'au printemps de 1968 fut créé le Club social du Centre culturel de Saint-Boniface. Si nous devons en parler ici, c'est que ce Club débuta en prenant sous ses ailes les artistes du 100 NONS lors de ses soirées sociales. Il pouvait être intéressant d'une part pour le Centre de trouver ainsi matière toute prête pour agrémenter ses soirées sociales et, d'autre part, les jeunes artistes étaient heureux de s'assurer ainsi un cachet plus substantiel qu'au 100 NONS. D'ailleurs, si nous ne nous abusons pas, ce phénomène devait devenir chose normale dans les années qui suivirent et jusqu'à présent. Le 100 NONS allait chercher les jeunes talents, les initiait à la chanson, à la scène et, par la suite, le Centre culturel et d'autres organismes se chargeaient, à leurs frais, et à leurs profits, de les présenter au grand public. Et ce fut sans doute bien ainsi. Les éducateurs qui avaient créé les boîtes à chansons et le 100 NONS s'en tenaient aux buts qu'ils s'étaient proposés dès le début: valoriser auprès des jeunes la culture française par le biais de la chanson, n'ayant jamais la prétention de lancer des carrières.

Des artistes au Centre culturel

Ainsi, le 2 mars, se tenait «une soirée du tonnerre», alors que le Club social du Centre culturel recevait «la talentueuse et jolie Suzanne Jeanson» qui était venue

Gérald Lavoie, 1968

«réchauffer l'atmosphère avec ses chansons et sa pétulance...». Le 16 mars, «Compte tenu de la qualité du tour de chant qu'a offert Gérald Lavoie aux fidèles des soirées récréatives du samedi soir au Club social, l'événement fut des plus réussis. Gérald n'a pas été affecté du fait que plusieurs membres du Club brillaient par leur absence et ses chansons ont été interprétées avec brio. Tous ont goûté le talent de ce jeune Manitobain dont l'avenir présente un aspect des plus prometteurs». Le 20 avril, «Une trentaine de personnes seulement avaient bravé les intempéries» pour se rendre au Club où Suzanne Goebel fut applaudie avec fracas. Le Club termina sa saison régulière le 4 mai avec Gérald Paquin accompagné de Gérard Jean. «Tour de chant plein de brio où alternaient des interprétations d'Aznavour, de Bécaud et de Léveillé... Gérald a fait preuve d'un grand talent... Gérard a fait rendre au piano des sons qu'on ne lui connaissait pas...».

Boîte à Saint-Jean-Baptiste

Entre temps, continuaient à s'organiser ici et là de grandes soirées de chansons. Le 8 mars, plus de 500 personnes assistaient à une boîte à chansons tenue à Saint-Jean-Baptiste sous les auspices des JFM de la division scolaire de la Rouge. Ce fut une «Inondation de vedettes», plus de 20 participants «s'exécutèrent en 50 numéros». On note la présence de:

> Gérald Paquin accompagné de Gérard Jean, Gérard Curé, Suzanne Jeanson, Paul DeGagné, Michelle Pelletier, Hubert Fouasse, les 123, Jocelyne Labossière, Les Impromptus (Claude Boux, Gilles Beaudette, David Dandeneau, Richard Gallant et Ronald Lamoureux), Gisèle Clément, Pauline Pineau et Joanne Gosselin.

À cette occasion, le fidèle chroniqueur, Onil Dépôt, nous rappelle «combien de gens ne croyaient pas que la chanson française puisse susciter de l'intérêt chez la jeunesse qu'on disait irrémédiablement [remarquer le mot «diable»] anglicisée. Après le premier succès, on se plaisait presque à répéter que cela s'éteindrait comme un feu de paille, et pourtant, comme par une traînée de poudre, tous les centres français ont reçu l'étincelle nécessaire au départ». On n'oublie pas de remercier les adultes dont la coopération avait été essentielle au succès de cette soirée: Ronald Valois, soeur Corinne Chartier, Irène Garand, madame E. Roy et André Martin, maître de cérémonies, ainsi que CKSB qui avait retransmis une partie du programme sur ses ondes.

Un bout de planche

Le 21 mars, l'AECFM organisait son grand concours de la chanson thème pour son Rallye du mois de mai. Marcel Gosselin fut proclamé lauréat et reçut comme prix la somme de cent dollars. Un extrait de la chanson racontait notre histoire:

> Ce n'est plus un bateau;
> Il ne reste qu'un bout de planche;
> Et l'on ballotte sur les flots
> De la trop froide Manche...

À Saint-Claude

Le 29 mars, Saint-Claude organisait sa deuxième boîte à chansons. «Les pilotes de ce voyage» furent Marilyn Martin et Robert Magne, appuyés par Onil Dépôt. Nous n'avons pu trouver de plus amples rapports de cette soirée.

«Carrousel 68»

Enfin, pour terminer la saison, le 1er juin, le 100 NONS présentait «Carrousel 68» au gymnase Notre-Dame devant un auditoire de 800 personnes. Ce fut un carrousel psychédélique. Un immense écran translucide servant de fond de scène palpitait et éclatait en barbouillis psychédéliques, effets produits à l'aide d'un système de diapositives (petits sacs de plastique) contenant de l'huile, de la matière colorante, le tout battant au rythme des chansons grâce à une pompe minuscule qui s'introduisait dans chaque diapo (invention de Marcel Gosselin). Comme le raconte notre reporter Claude Boux, «À 20h34 des rayons de lumières inondent l'estrade; l'orchestre fait résonner le thème du 100 NONS; les spectateurs sont esclaves du Beau; c'est la naissance d'un spectacle inoubliable. Le premier chanteur qui a mérité au 100 NONS des ovations assourdissantes, David Dandeneau, crée l'atmosphère avec *Le Bal chez Jos Brûlé*, *Céline* et

l'Indien. Il est suivi de Gérald Allard avec Auffray et *Le Rossignol anglais*. Gérald bouillonne de dynamisme et l'estrade tremble sous le coup de ses bottes. Puis vient Marcel Gosselin avec son accent à la Brel; Gérald Paquin, *La grosse noce*, style incomparable; Hubert Fouasse dont la voix semble cristalliser l'instant; Suzanne Jeanson a *Le coeur qui bat pour L'enfant* qui nous décroche un rêve; Léo Antoine Dufault aux gestes brusques, liberté d'expression et d'action; Suzanne Goebel calme, l'antidote, avec un mélange de Dylan et de Soul. Après l'intermède, l'orchestre qui s'est montré intelligent par son accompagnement discret (ce qui n'est pas toujours le cas aujourd'hui) et soigné, prouve son originalité créatrice par une mélodie de jazz annonçant le retour au monde de l'esthétique, de l'ineffable [Cet orchestre, comme s'en souvient Daniel Lavoie devait se taper le spectacle hebdomadaire en six heures de répétitions avec encore un peu de temps pour un ou deux morceaux pour les entractes. 'Combien nous étions frustrés quand l'artiste s'accompagnait seul et que nous devions passer la soirée derrière les projecteurs']; Suzanne revient en scène avec *Les parapluies de Cherbourg*; bravos et cris perçants; Gérald Paquin et son *Aurevoir* annonce la fin d'un spectacle formidable; Ziz (Gérard Jean) est au piano. Il ne serait pas inutile d'ajouter que ce dernier mérite d'être reconnu comme le plus réussi de tous les musiciens du milieu. Les gens battent les mains et le carrousel». Fin d'une grande soirée, d'une belle année!

Bilan de la première année

Au cours d'une seule saison, le 100 NONS avait réussi un tour de force, celui de rayonner un peu partout à travers la province et se créer bonne réputation. Dans un rapport présenté au Rallye du Manitoba français tenu en juin 1968, Maurice Gauthier le mentionne comme étant «peut-être une des organisations des plus spectaculaires et des plus dynamiques au Manitoba français...». Au cours de 1967-68, 32 boîtes à chansons avaient été présentées au 100 NONS, auxquelles s'étaient ajoutées des jazzothèques et des discothèques. L'organisme avait aussi organisé quelques boîtes à chansons en province; il avait participé à l'ouverture officielle du *Centennial Arts Centre* de Winnipeg; il avait participé au Concours de Jeunesse Oblige à Ottawa et à Montréal; il s'était fait entendre à de nombreuses boîtes à chansons à travers la province, à plusieurs soirées, réceptions et banquets organisés un peu partout; il avait été représenté à la télévision ainsi qu'à l'Exposition de la Rivière-Rouge; il s'était produit dans plusieurs écoles telles que Louis-Riel, Glenlawn Collegiate, Gordon Bell, sans oublier le Collège de Saint-Boniface et l'Université du Manitoba, et combien d'autres activités telles que le spectacle Tic-Tac-Tèque au gymnase Notre-Dame ou encore celui donné dans le grand hall d'entrée des édifices du Parlement du Manitoba au sujet desquelles on n'a malheureusement pas su retrouver de documentation.

Tout cela, grâce au dynamisme de 50 jeunes (artistes, techniciens et administrateurs) et de 4 adultes-conseillers.

Il n'est pas sans importance, croyons-nous, de reproduire ici le rapport financier du 100 NONS pour cette première saison, daté du 2 juin 1968, ne fut-ce que pour témoigner du fait qu'avec bonne volonté, on peut réaliser de belles choses sans que cela demande beaucoup d'argent.

Bilan fiancier 67-68

Dépenses (octobre 67 - juin 68)
- Aménagement du 100 NONS (ameublement, décor, assurances, équipement musical) .... 2433,55 $
- Loyer 584,00
- Orchestre (petits cachets de temps à autre) 662,00
- Publicité 148,45
- Artistes(cachets minimes de temps à autre) 244,88
- Piano (accord) 62,50
- Peinture (protection contre le feu) 50,00
- Téléphone, secrétariat, etc. 36,88
- Disques, transport, imprimerie, etc. ..213,36
- Carrousel (décor,publicité,réception) 293,56
- Autres 83,22
- Grand total des dépenses (octobre-juin) 4 812,40

Revenus
- Location du local 125,00
- Fonds des JFM 250,00
- Deux soirées d'ouverture 498,00
- Boîtes à chansons au 100 NONS 2 040,15
- Concours Radio-Canada 245,00
- Spectacle (Notre-Dame) 321,00
- Carrousel 589,84
- Grand total des revenus 4 068,99

Déficit 743,41
En banque au 1er juin 1968 410,59
Emprunt (non remis) 1 154,00
Dette nette (emprunt-dépôt) 743,41
Valeur mobilière 800,00

Maurice Auger, trésorier
Antoine Gaborieau, administrateur

Impressions d'un Québécois

Un extrait de l'article de Gaétan Dufour dans la revue *L'Actualité* en mai 1968 donne les impressions d'un Québécois en ce qui concerne le 100 NONS:

Un samedi soir, avec quelques amis, nous étions invités au Centre culturel de Saint-Boniface. Dans la salle, des jeunes, des vieux. En commun, la joie, le 'pep' comme on dit. Au programme, une excellente jeune chanteuse, Suzanne Jeanson. Au répertoire, des chansons de Vigneault, de Pétula Clark, et de plusieurs compositeurs dans le vent. On se serait cru dans la boîte à chansons la plus 'swing' de Montréal, la plus 'up-to-date' comme diraient les Anglais. Et l'orchestre! Des jeunes aux cheveux longs, de 16, 17 et 18 ans. Un rythme à faire rougir les orchestres les plus dans le vent de Montréal. Tout ça, dans une ambiance simple, cordiale, pas commerciale du tout.

Autre perception

Ceci dit, si le 100 NONS, dès les débuts, a pu paraître pour certains jeunes comme un lieu de rencontres où l'on se trouvait chez soi comme dans une grande famille, il n'en fut malheureusement pas ainsi pour tous. Certains jeunes, surtout de la campagne, perçurent la boîte comme «presqu'un club exclusif». Un tel, par exemple, regrette qu'à la première grande boîte à Saint-Boniface [sans doute le Feu Roulant] Suzanne Jeanson n'ait pu se servir de ses propres accompagnateurs. Aussi, cet ancien jeune musicien ajoute-t-il: «Nous nous sommes vite aperçus qu'il fallait être du cercle intérieur… ça m'avait laissé un goût amer». Il en fut sans doute ainsi lorsque le 100 NONS fut créé. Initiative des JFM de Saint-Boniface, l'organisme, à tort ou à raison, tout en accueillant des artistes venant d'un peu partout, se servait de «son» orchestre pour accompagner les chanteurs. Il voulait ainsi, en donnant aux musiciens un maigre cachet, s'assurer un service régulier. De plus, l'équipement musical, sauf le piano, était propriété des musiciens. Il pouvait paraître difficile au sein d'un même spectacle de procéder au transfert de cet équipement qui incluait les haut-parleurs mêmes. Par ailleurs, on peut comprendre que, ce faisant, le 100 NONS n'encourageait pas les autres musiciens qui auraient pu vouloir eux aussi «performer» au 100 NONS.

Le président assume ses responsabilités

Parlant d'équipement, on se rappelle que lors du spectacle de Ginette Reno et Donald Lautrec au gymnase Notre-Dame, le système sonore faisant défaut, Bernard Brunet avec l'approbation de l'adulte-conseiller était allé chercher celui de Randy Raban au 100 NONS. Pendant la nuit, ce système fut cambriolé. Par la suite, étant donné que le conseil exécutif du 100 NONS n'avait pas autorisé l'emprunt de l'équipement, le président refusa qu'on dédommage Randy. On dut donc prendre autres moyens pour remplacer l'équipement.

Conseil d'administration 68-69

Le 8 septembre 1968, après les vacances d'été, les jeunes intéressés tenaient au 100 NONS leur deuxième réunion annuelle. Pour la saison 68-69 furent alors élus au Conseil d'administration les jeunes suivants: Gérald Allard, directeur de la programmation; Philippe Kleinschmit, directeur de la publicité; Gérard Jean, président; Bernard Brunet, gérant du local; Marcel Gosselin, décor; Pauline Collette, secrétaire; et Claude Boux, trésorier; l'auteur demeurait directeur de la boîte.

Boîte à Lorette

Dès la fin de septembre les boîtes à chansons reprenaient en province. Le 27, 500 personnes assistaient à un spectacle présenté à l'école Lagimodière de Lorette pour applaudir des vedettes venues de Powerview, de Lorette, de Saint-Adolphe, de Saint-Boniface, de Saint-Claude et d'ailleurs. La soirée était sous la direction de Guy Lacroix, Alain Dufault et Onil Dépôt. Le seul regret exprimé: «Un peu trop long... les goguettes font démodé...». On parle par ailleurs de l'aise, de la variété, des talents qui ont fait de cette soirée un autre succès formidable.

2e saison - 1er spectacle

Pour sa part, le 100 NONS ouvrait ses portes le 12 octobre avec tout un bouquet d'artistes: Réal Lévêque, Lynne Dupas, Ken Woodley, Paul DeGagné, Gérard Curé, Gérald Allard, Léo Dufault, Suzanne Jeanson, Joanne Gosselin, Hubert Fouasse et Gérald Lavoie. À remarquer que les spectacles se donnèrent alors régulièrement les samedis soirs. On ajoutait parfois un deuxième spectacle, soit le vendredi soir, soit le dimanche soir.

Gérald Allard, directeur de la programmation

Nous nous rappelons le dévouement avec lequel Gérald Allard, directeur de la programmation, passait ses fins de semaines à préparer les spectacles hebdomadaires. Gérald se souvient «d'avoir fait venir Roland Mahé à plusieurs pratiques pour qu'il puisse donner des conseils à nos artistes, du désespoir de ce dernier devant l'amateurisme de certains candidats...». Mais Gérald sut tenir le coup. Pour bien marquer la vivacité du 100 NONS à l'époque, nous donnons ci-dessous la programmation pour la saison 68-69.

Le 19 octobre, le 100 NONS présentait Gérald Allard et Réal Lévêque;

le 26 octobre: Suzanne Jeanson, Joanne Gosselin et Léo Dufault;

le 2 novembre: Hubert Fouasse, Gérald Lavoie et Albert Saint-Mars;

les 8 et 9 novembre: Suzanne Goebel, Marcel Gosselin et, comme débutants, Gérard Jean et Cécile LeDoyen;

le 16 novembre: Gérard Curé, les 123, Albert Saint-Mars, Paul DeGagné et Patricia Gagnon;

le 23 novembre: relâche pour faire place à Bécaud;

le 30 novembre: Suzanne Jeanson, Léo Dufault et Louis Dubé;

le 7 décembre: Congrès du Rallye auquel participe le 100 NONS;

le 14 décembre: Gérald Lavoie, David Dandeneau et Hubert Fouasse.

Première subvention du Fédéral

Entre temps, le 25 octobre, quatre représentants de l'AECFM et de la Commission du Rallye franco-manitobain rencontraient à Ottawa le Secrétaire d'État, monsieur Gérald Pelletier et le Premier ministre, monsieur Pierre Elliot Trudeau. L'AECFM préparait alors un grand rallye franco-manitobain et voulait mettre en place un programme d'animation sociale.

Profitant des bonnes dispositions du Premier ministre qui, semble-t-il, était disposé à vouloir faire oublier l'Affaire Rossillon, les Franco-Manitobains allaient demander au gouvernement fédéral son appui financier. Le directeur du 100 NONS, qui faisait partie de la délégation à titre de secrétaire de la Commission du Rallye, en profita pour présenter à monsieur Pelletier une requête de subvention pour cet organisme. Ainsi, lorsque l'AECFM reçut un chèque de 5 000,00$ du Secrétariat d'État, était-il spécifié que de cette somme, 1 000,00$ devaient être accordés au 100

NONS. Sauf erreur, cette subvention accordée par le fédéral à l'AECFM et au 100 NONS était la première du genre dans le domaine culturel.

———————

Gilbert Bécaud chez nous

La saison 1968-1969 devait réserver de grands moments à la population franco-manitobaine et au 100 NONS en particulier. Mentionnons tout d'abord un spectacle inoubliable. Nous étions heureux d'entendre chanter nos plus grands artistes à la radio, voire même de les admirer à la télévision; mais rien ne pouvait égaler le plaisir de les recevoir chez nous en personne. L'Association Québec-Manitoba, tel que déjà mentionné, avait présenté au cours des années précédentes, soit à la salle de théâtre de l'Académie Saint-Joseph, soit au gymnase Notre-Dame, ou encore au théâtre Playhouse, des grands artistes du Québec. À partir de 1968, cette Association maintenant connue sous le nom de «Comité des grands spectacles» composé de Léo Couture, Marie Benoist-Martin, Maxime Desaulniers, André Martin et l'auteur, en étroite collaboration avec le 100 NONS, devait présenter à la population manitobaine des artistes de grande renommée tels que Hugues Auffray, Georges Dor, Mireille Mathieu, Tex Lecor et Adamo. Le premier de ces artistes, celui qui connut sans doute le plus grand succès, devait être nul autre que Gilbert Bécaud. Nous nous rappelons l'incrédulité de certaines gens à l'annonce que celui qu'on surnommait «Monsieur 100 000 volts» serait parmi nous, à la nouvelle Salle du Centenaire de Winnipeg s'il vous plaît, le 11 novembre. À l'époque, c'était peut-être en effet un coup d'audace que de comp-

Les jeunes souhaitent la bienvenue à Gilbert Bécaud

ter vendre 2 300 billets aux Franco-Manitobains (comme il le sera en 1991 lorsqu'on présentera la production française de *Les Misérables*). Au cours des semaines qui suivirent on voulut bien faire confiance au Comité et les billets se vendirent comme par enchantement. Nous nous rappelons l'enthousiasme des jeunes, fous de joie à la pensée d'enfin rencontrer en personne cette grande vedette dont la voix seule les faisait déjà frissonner d'attendrissement. Aussi, le 11 novembre, aux petites heures du matin, quelques-uns d'entre eux en tentant d'éviter la police, s'affairaient-ils boulevard Provencher à escalader les poteaux qui portaient l'enseigne «Bienvenue à Saint-Boniface» pour la couvrir d'une toile souhaitant la «Bienvenue à Gilbert Bécaud». Hélas! à 9h, on nous annonçait de Montréal que Bécaud ne pourrait être avec nous ce soir-là. Pris de mal de gorge, il devait retourner à Paris pour consulter son médecin. Toute une équipe fut immédiatement mise sur pied pour tenter de rejoindre, par téléphone et par radio, les

2 300 détenteurs de billets, leur demandant de garder leur réservation, car Bécaud ne faisait que retarder sa venue parmi nous (ce dont nous n'étions pas très confiants nous-mêmes). Le même soir, les membres du comité organisateur se rendaient à la Salle du Centenaire pour accueillir les personnes qu'ils n'avaient pu rejoindre et leur offrir des excuses. Heureuse surprise! Dixhuit personnes seulement se présentèrent.

Deuxième surprise! Alors que le comité déconfit traînait encore le pas dans l'entrée de la salle, Bécaud appelait de Montréal, annonçant qu'il pourrait être avec nous le 24 novembre si...la salle était libre ce soir-là. Heureuse chance! Elle l'était. Le poste CKSB pouvait donc annoncer dès le lendemain matin que Bécaud serait à Winnipeg le 24 novembre. Trente billets seulement furent retournés.

Bécaud au 100 NONS

Le samedi soir, 23 novembre, deux cents personnes (des jeunes surtout) se rendirent à l'aéroport pour accueillir le grand artiste. Dès qu'il apparut dans le couloir d'entrée, la foule entonna *L'important, c'est la rose l'important*. Bécaud se montra surpris et touché de cette réception chaleureuse. Son premier rendez-vous fut le 100

Gilbert Bécaud au 100 NONS, 1968

NONS où l'attendaient les jeunes. Il s'entretint très simplement avec eux sur les secrets de métier de chansonnier. Il accepta de laisser son autographe sur un des murs de la salle. Monsieur et madame Siegfried Kleinschmit, amis du 100 NONS, avaient eu la gentillesse d'apporter quelque chose à boire. Bécaud, qui semblait se plaire parmi toute cette jeunesse, l'invita à son hôtel, le Fort Garry, pour prendre un verre avec lui, ce qui ne fut pas refusé!

Triomphe inoubliable

Le lendemain soir, 24 novembre, on assista à un spectacle inoubliable alors que, comme le rapportait le journal *La Liberté*, «Monsieur 100 000 volts survoltait 2 300 Manitobains. Dynamique, énergique,

Gilbert Bécaud à la Salle du Centenaire, 24 novembre 1968

On accueille Gilbert Bécaud à l'aéroport

original, Bécaud s'avance sur la scène avec son large sourire [les applaudissements remplissaient déjà la salle], salue gentiment l'auditoire, saisit le micro et s'élance dans sa première chanson *Le jour où la pluie viendra* [Applaudissements dès les premières lignes]. C'est un Bécaud vibrant d'enthousiasme; il se faufile entre les musiciens, d'un bond il revient vers la foule, saute même dans la salle, tient son auditoire dans une emprise qui ne lâche pas. [Il parle] de rêve, d'amitié, du passé, du présent... Il entremêle l'humour, la joie, la tristesse, la souffrance et l'espérance... c'était mon copain, c'était mon ami...».

«Je suis allé chercher une voix toute neuve à Paris» remarque l'artiste dans un aparté avant la fin du concert. «Comme vous le voyez, Paris et le Manitoba, c'est tout proche. Et je vous apporte les saluts de monsieur Rossillon» ajoute-t-il d'un petit air malicieux, aux applaudissements de la foule [On se souviendra de «l'émoi» manifesté par le gouvernement Weir à la

Un auditoire survolté; Salle du Centenaire, 24 novembre 1968

visite de monsieur Rossillon, «agent» du gouvernement français, à quelques communautés francophones du Manitoba].

Au terme de son spectacle, Bécaud entraîne son auditoire à chanter avec lui *L'im-portant c'est la rose* et *Quand il est mort le poète*. Il ne pouvait se déprendre de cette foule qui le retenait avec des olés, des bravos et des applaudissements interminables.

Monsieur Stewart, alors directeur de la Salle du Centenaire, avoua qu'il n'avait jamais vu un auditoire aussi enthousiaste, alors qu'on fit onze rappels à l'artiste. «Qui aurait pu donner un 'baptême' français plus éclatant à la nouvelle salle de concert?» commentait le *St. Boniface Courier* qui ajoutait que cet événement était une étape dans l'obscure révolution tranquille franco-manitobaine. De toute façon, nous avions goûté à un spectacle inoubliable.

Rapport financier - Spectacle Bécaud

Dans le journal La Liberté du 19 février 1969 paraissait le rapport financier de ce spectacle:

A **Total des recettes de la vente des billets** .... **9 778,50 $**

B **Les dépenses:**
1. Cachets de Bécaud et de la Comédie canadienne 6 000,00
2. Location de la salle 1 275,00
3. Publicité 225,00
4. Impression de billets 27,05
5. Dépenses spéciales en vue du spectacle 676,58
6. Maison A. Huot Lté: remise de 5% du montant des billets vendus 389,98
7. Revision et ajustement 25,00
8. Administration générale 250,15
Total des dépenses **8 868,76**

C. **Total des profits** **909,74**

D. **Répartition des profits:**
1. Remis à l'AQM 120,00
2. Remis au 100 NONS 420,00
3. Coussin de fonctionnement en réserve pour prochains spectacles 369,74

Soirée-cabaret, un succès

Le 7 décembre, près de 650 convives remplissaient le gymnase du Collège de Saint-Boniface lors du banquet du Congrès-Rallye des Franco-Manitobains. Suite au repas et aux discours, vingt artistes du 100 NONS présentèrent une boîte à chansons dans la salle académique, spectacle qui dura plus de trois heures. Animée par André Martin, cette soirée quelque peu improvisée se déroula dans une ambiance merveilleuse alors que monsieur et madame James Stanners, aidés de monsieur Jean-Marie Huot, ne connurent aucun repos comme barmen. On devait les retrouver à l'aube en train de faire le ménage du local. Ce n'était pas rare d'ailleurs pour les adultes intéressés, aidés de certains jeunes, de devoir laver les planchers suite aux ébats d'un spectacle. Il n'était pas rare non plus de voir certains adultes encourager le 100 NONS de toutes sortes de façons. Ainsi, après un spectacle, monsieur et madame Alfred Monnin reçurent-ils chez eux tous les artistes de l'organisme. Le juge Monnin qui ne goûtait pas toujours la musique des jeunes n'en appuyait pas moins financièrement le 100 NONS. Il faut mentionner aussi Raymond Bernier, autre Manitobain très attaché à la culture française qui, dans le seul but de rendre service, ouvrit dans les années 60 une boutique du disque «Musicana».

Modèle de collaboration à Somerset

Le 13 décembre, à Somerset, une boîte à chansons portant le thème de «Mon pays, c'est la montagne» faisait salle comble dans une atmosphère tout à fait française. Une soirée très bien organisée par le comité des JFM: Mona Fraser, Irma Labossière, Monique Morin et Jocelyne Labossière, qui avait su rallier la collaboration d'une centaine de jeunes et d'adultes. Parmi ces derniers, on nomme:

Yolande Labossière, Henriette Raine, Fleurette Labossière, soeur Hélène Poiron, soeur Estelle Joyal, soeur Principale [?], madame Orlando Girouard, Roger Sicotte, Guy Boulianne, l'abbé Roland Bélanger (curé), le père Gérald Labossière (du Collège de Saint-Boniface), le frère Onil Dépôt (de Saint-Claude) et autres professeurs, prêtres et parents qui nous ont aidés et encouragés. Les maîtres de cérémonies étaient Mona Fraser et Thomas Raine. Au programme figuraient Joanne Lafrenière, Jocelyne Lafrenière, Paulette Hacault, Denise Geirnaert, Irma Labossière, Donald Girouard, Henri Talbot et un orchestre composé de Lorraine Landry, Vernon Hink, Murray Chalmers et Roger Delvaux (tous de Somerset et des environs). Étaient invités également Gérald Allard et Norman Paul de Saint-Boniface (qui s'étaient perdus dans la montagne) et plusieurs artistes de Saint-Claude: Paulette Delaquis, Joanne Lafrance, Éveline Martel, Louise Gautron, Shirley Jackson, Marilyne Martel, Annette DeRocquigny, Cécile Bazin, Liliane Vandal, Gérald Tétreault, Lesly Demas et Denis Chappellaz. Il faut encore ajouter à cette liste le comité de décors composé des 6e, 7e et 8e années sous la direction de Stella Moulin, Lorraine Girouard et Nicole Girouard.

Cette longue liste vient témoigner de l'intérêt des jeunes qui avaient su unir leurs efforts pour la réussite de ce spectacle.

Au 100 NONS, la demi-saison se terminait le 14 décembre. à l'affiche, trois artistes populaires: Gérald Lavoie, David Dandeneau et Hubert Fouasse. Salle comble, chanteurs très applaudis.

Critique acerbe

Les jeunes artistes-amateurs de la boîte, encore étudiants pour la plupart, consacraient ce qu'ils pouvaient de temps à la préparation de leurs spectacles. Il leur manquait la formation artistique qu'un auditoire de plus en plus averti aurait peut-être été en droit d'attendre. Ils pouvaient donc à l'occasion être l'objet de critiques acerbes de la part de certains jeunes spectateurs. Ainsi, dans l'Aube à l'envers, section de *La Liberté* consacrée aux jeunes, un de ceux-ci tout en gardant l'anonymat n'y va pas de main morte pour condamner le 100 NONS. Il parle de «décadence»; il se dit «las de la même chose, des mêmes voix qui chantent les mêmes chansons de la même manière»; telle artiste «joue certaines chansons au lieu de les vivre»; un autre «n'est pas guitariste, tourne le dos à la foule, son style est pauvre, il manque ses accords»; un tel «est agaçant, ses gestes ne signifient rien»; un autre jeune «a un français affreux, sa voix est médiocre, sa mémoire terrible»; tel artiste «a un choix de chansons affreux»; certains artistes sont nommés «comme valant la peine, mais se présentent trop souvent; il faudrait un plus grand choix d'artistes. Pour cela il faudrait plus d'auditions, ce qui se fait déjà, mais le jeune responsable n'a aucune notion de la musique»; on se demande s'il n'y a pas certains préjugés chez ce comité; on s'adresse au principal organisateur du 100 NONS (qu'on ne veut pas nommer). Telle artiste «à la voix fantastique n'a pas réapparu au 100 NONS au cours de la saison 67-68 depuis l'ouverture. Pourquoi?» D'autres voulaient être payés. «Pourquoi ne pas leur avoir donné les quelques sous qu'elles réclamaient?»; rumeur qu'un autre groupe n'apparaîtra plus au 100 NONS, «peut-être parce que dégoûté de l'organisation tyrannique du 100 NONS»; le jeune critique reconnaît cependant que le style de ce groupe est «trop mélancolique, pas suffisamment folklorique et rythmé»; enfin il accuse le 100 NONS de payer l'orchestre alors que les artistes ne reçoivent rien.

Ces critiques contenaient une part de vérité. Ainsi, il est vrai que certains artistes pouvaient paraître trop souvent sur la scène du 100 NONS. Par ailleurs, dans un petit milieu comme le nôtre, il était difficile de toujours trouver de nouveaux talents. Le 100 NONS devait donc se satisfaire des quelque 30 artistes bénévoles qui acceptaient, en tentant de se renouveler, de participer aux spectacles hebdomadaires. Il est vrai également que les artistes pouvaient manquer de formation, que ce soit dans le domaine de la musique, de la diction, soit encore dans celui de la présentation sur scène, etc. Il faut cependant se rappeler que le 100 NONS ne prétendait pas alors être une école de formation. Ses artistes comme son directeur ayant ailleurs un emploi à plein temps, les activités de l'organisme dépendaient entièrement du bénévolat. De plus, «Le comité» avait peut-être certains préjugés. Ainsi favorisait-il sans doute les artistes qui apportaient au 100 NONS le plus d'enthousiasme, le plus d'énergie. Quant à l'accusation de tyrannie elle doit demeurer sans réponse. Enfin, il est vrai que l'orchestre commençait à recevoir un maigre cachet alors que les chanteurs n'étaient pas payés. Cependant, à l'époque, le 100 NONS ne pouvait se permettre de rétribuer convenablement ni les uns ni les autres. S'il donnait priorité à l'orchestre, c'est qu'il devait s'assurer les services de ce dernier chaque fin de semaine et cela pour tout le spectacle, sans compter que le travail des musiciens se faisait beaucoup plus dans l'ombre que celui des chanteurs.

Nouvelle formule

Ceci dit, peut-être en tenant compte de ces critiques, le président Gérard Jean, dans  le journal *La Liberté* du 5 février 1969, annonce «des changements quant au temps et au contenu des représentations pour la nouvelle saison. Les spectacles auront dorénavant lieu à intervalles de deux semaines pour permettre aux artistes et à l'orchestre de présenter des programmes plus longs et de qualité supérieure. Grâce au nouveau format, nous pourrons voir passer sur scène quatre ou cinq artistes (en plus du débutant). Enfin, il n'y aura plus qu'un spectacle par soir».

Gérard Jean, 1969

Après la longue relâche du temps des fêtes, le 100 NONS reprenait donc ses activités le 8 février en présentant Marcel Gosselin, Paul DeGagné, Gérard Jean, Lynne Dupas, Ken Woodley et un débutant.

Les Fondues bourguignonnes

La nouvelle formule adoptée ne devait cependant donner aucun repos à l'organisme. En collaboration avec le Centre culturel et la SFM, le 100 NONS organisa dans une salle attenante quatre grandes soirées de «Fondues bourguignonnes» les jours où il y avait relâche dans sa propre salle (les 15 février, 1ᵉʳ, 15 et 29 mars). Ces soirées consistaient en des dîners en musi- que (fondue, pain, fromage, dessert; «le tout arrosé à la française»), suivies de spectacles et de danses. Les billets, limités à 120 par soirée, se vendaient à 5,00$ par personne (vin non compris). Ces Fondues connurent beaucoup de succès grâce à l'étroite collaboration que surent témoigner les personnes appartenant aux trois organismes ci-dessus mentionnés. Citons en particulier, Marcel Marcoux (chef cuisinier), Suzanne Prince et Gertrude Mousseau (hôtesses), dix jeunes filles de l'Institut collégial Louis-Riel, ainsi que les artistes du 100 NONS.

Et pourtant, lors de la première Fondue, un malheureux accident aurait pu gâcher les choses. Lorsqu'on alluma les vingt réchauds à fondues, leurs flammes grossirent de plus en plus, incontrôlables, et répandirent bientôt une fumée noire qui empesta toute la salle. C'est que le responsable de ces lampes s'était trompé de combustible! Fort heureusement, dans le calme, les organisateurs, munis de grosses serviettes mouillées, réussirent à éteindre les vingt feux. Les réchauds à fondues ne pouvant fonctionner, les ingénieux cuisiniers passèrent les cubes de boeuf à la poêle et le tour fut joué. Les hôtes eurent la gentillesse de s'amuser de l'incident en buvant un peu plus de vin. De telle sorte qu'à une heure du matin, même lorsque la musique eut cessé, on dansait et on chantait encore de plus belle. L'un des responsables de la soirée dut alors user d'un stratagème pour faire évacuer les lieux. Après s'être placé à la tête d'une longue chaîne que formaient alors les invités dans leurs ébats, il les conduisit dans le grand couloir qui servait de vestiaire, s'étant assuré d'avance qu'une fois la foule rendue là, les portes de la salle se fermeraient derrière elle.. Ainsi se termina la première Fondue. Sauf que, rendu chez soi, après avoir repris un peu ses sens, chacun se rendit compte qu'il était couvert de suie. Qu'à cela ne tienne! Les clients ne manquèrent pas aux trois autres Fondues.

Les spectacles continuent

Entre temps, le 22 février 1969, à l'affiche du 100 NONS: Paul Rémillard, dont le reporter remarque «l'apparence soignée», Joanne Gosselin «voix toujours belle et puissante, gestes plus naturels», Gérald Allard «à son meilleur, a donné un spectacle très solide. Expression prenante, excellente variété, présentation originale; accompagné de Norman Paul, une nouvelle découverte à surveiller...», Joanne Lafrenière et Irma Labossière, débutantes, dont on remarque «les belles voix».

Le 2 mars, sans doute pour répondre à la demande, le 100 NONS revient à la formule de deux spectacles par soirée. Dans *La Liberté* du 23 mars, Suzanne Nolette, de Sainte-Agathe, alors jeune enthousiaste de la chanson française, fait les commentaires suivants au sujet des artistes invités: Léo-Antoine Dufault «entraîne et soulève l'auditoire par ses sauts, ses cris et sa danse... Il faut l'admettre, il est bon !»; Lynne Dufresne reçoit «beaucoup d'applaudissements»; Les 123, «groupe bien connu, déridentl'auditoire avec un numéro comique»; puis arrive Gérald Paquin qui «émeut et charme tour à tour avec Bécaud, Ferland, Aznavour, Léveillé et d'autres enco-

Gérald Paquin, 1969

re... Tonnerre d'applaudissements..., des Bravos et des Encores!». C'était le bon temps, et Gérald a été un des jeunes qui a le plus contribué à faire connaître et aimer la chanson française.

Le 100 NONS à la télévision

Les 4 et 12 mars 1969, le poste CBWFT présentait deux émissions musicales mettant en vedette les jeunes interprètes du 100 NONS. L'ensemble musical de l'organisme qui accompagnait les artistes était composé de Gérald Lavoie à la guitare, de Philippe Kleinschmit à la batterie, de Bernard Brunet à la guitare-basse, de Randy Raban à la guitare et de Gérard Jean au piano. Ce n'était d'ailleurs pas la première expérience des jeunes à la télévision, le poste CBWFT ayant déjà produit une émission spéciale pour Noël 1968 au 100 NONS même.

Le 22 mars, un seul spectacle au 100 NONS avec Louis Dubé, Réal Lévêque, Gérald Lavoie, Éveline Martel, Marilyne Martel, Paulette Delaquis et Albert Saint-Mars.

«La Renaissance»

En mars 1969, on apprenait qu'un «orchestre franco-manitobain vient d'être lancé». Il s'agissait de «La Renaissance» composé de Denis Vouriot, Hubert Fouasse, Gabriel Masse, Alan MacDonald et Pierre Morier. Cet orchestre se disait prêt à accepter des «contrats a/s Christian LeRoy CKSB» (*La Liberté*, 16 mars 1969).

Denis Vouriot, Hubert Fouasse, Gabriel Masse, Allan MacDonald
Pierre Morier

Otterburne chante toujours

Sous le thème «Le Temps des fleurs», Otterburne organisait une autre boîte à chansons le 2 mai. L'organisateur en chef de la soirée était Marcel Raffard alors que Pierre Beaudoin agissait comme maître de cérémonies. Nous ne connaissons pas tous les artistes de cette soirée mais Onil Dépôt, dans *La Liberté* du 7 mars 1969, fait ressortir le degré de perfection de quelques-uns d'entre eux. «Suzanne Jeanson, Joanne Gosselin, Jeannine Fillion, Lina LeGal et Gérard Curé, par leur diction, leurs gestes, leur assurance, procurent une réelle satisfaction à l'auditoire. Gérald Allard a une réputation qui n'est plus à faire. Sa mimique et sa voix puissante déchaînent des applaudissements. Gérard Jean, au piano surtout, est très apprécié. On remarque le sens musical de ces artistes qui viennent du 100 NONS. Les autres musiciens se sont acquittés de leur tâche avec honneur et méritent des félicitations très sincères».

Le 100 NONS au Québec

Puis ce fut pour le 100 NONS le premier voyage-échange avec le Québec. Le jeudi 8 mai, quinze jeunes artistes se rendaient dans la belle province pour rencontrer leurs jeunes «cousins», visiter le pays et présenter un spectacle à Saint-Jérôme. Faisaient partie du groupe:

> Joanne Gosselin, Suzanne Jeanson, Gérald Allard, Norman Paul, Gérald Lavoie, Bernard Brunet, Suzanne Gobeil, Marcel Gosselin, Randy Raban, Philippe Kleinschmit, Léo Dufault, Paul DeGagné, Gérard Curé, Gérard Jean et David Dandeneau.

Dans le choix de ces artistes, le comité exécutif commit un impair regrettable, celui de décider que deux d'entre eux, quoique devant faire partie du voyage, ne participeraient pas au spectacle, et ce, si notre mémoire est bonne, afin de ne pas trop prolonger le programme. Aussi une pétition de protestations parvint-elle au 100 NONS et une lettre de condamnation signée par des membres du Mouvement des Jeunes Travailleurs parut dans *La Liberté* accusant l'organisme d'injustice et d'esprit de clique. Il faut reconnaître qu'en l'occurrence les protestataires avaient sans doute raison, et qu'il y avait eu mauvais jugement de la part du comité exécutif.

Le Secrétariat d'État avait bien voulu octroyer 1 250,00$ pour ce voyage, la ville de Saint-Jérôme, 500,00$, et six Franco-Manitobains y avaient contribué en versant 81,00$. Les jeunes avaient apporté leur quote-part en organisant une journée de «lave-auto». Mais cela ne suffisait pas. Plusieurs jeunes acceptèrent donc de voyager par train, sans couchette, apportant leurs sandwiches pour un trajet de 37 heures. Enfin, le vendredi 9 mai, à 11 heures du matin, les Manitobains se retrouvèrent tous à Montréal au rendez-vous où les attendaient les voitures de Saint-Jérôme sous la conduite du père André Surprenant, co-organisateur de ce voyage-échange, qui avait quitté le Collège de Saint-Boniface pour le CEGEP de Saint-Jérôme l'année précédente.

Une demi-heure d'autoroute et c'étaient les Laurentides. Tout un groupe de jeunes étudiants du CEGEP Lionel-Groulx de Saint-Jérôme reçut les jeunes de l'Ouest avec toute la chaleur que l'on réserve à la parenté.

Après un bon dîner à la cafétéria de l'institution et une tournée de la Maison des étudiants, ce fut la conférence de presse sous forme de discussion.

Les Manitobains se montrèrent conscients de la situation minoritaire dans laquelle ils vivaient. Les Québécois parlèrent alors d'assimilation. Certains jeunes du Manitoba voulurent montrer les avantages du bilinguisme, la langue française étant une source supplémentaire de richesse et de culture. Ils dirent ne pas se sentir étrangers chez eux. D'autres d'admettre qu'au Manitoba il n'y avait aucun moyen de vivre en français. Parmi les «insatisfaits», on rencontrait des soumis et des contestataires. «Si le Québec faisait la même chose aux Anglais d'ici [que le Manitoba fait aux francophones] on entendrait les Anglais chialer d'un bout à l'autre du Canada...». La réaction des Manitobains devant la possibilité d'un Québec indépendant fut assez bonne. Le reportage d'Yves Chartrand dans le journal étudiant *Choc* se termine par le jugement suivant: «Globalement, on voit donc une minorité francophone qui tente de nager dans une mer pleine de remous. Je ne vois que deux choix possibles: s'assimiler ou s'exiler au Québec». Entre parenthèses, il est intéressant de noter que cinq sur quinze des jeunes artistes manitobains alors présents à cette discussion vivent maintenant au Québec.

Après une bonne heure d'échange qui ne fut pas de tout repos pour les Franco-

Manitobains, on passa à la pause-café suivie de la répétition. Selon le reporter du journal *Choc*, ce qui fit la réussite du spectacle donné le même soir et présenté devant une salle presque remplie, c'est la simplicité et la spontanéité avec lesquelles les Manitobains s'exécutèrent. Suivit une réception offerte par la Société Saint-Jean-Baptiste. Puis on se rendit à l'hôtel Lapointe où les jeunes chantèrent et dansèrent au son de la musique bavaroise jusqu'aux petites heures du matin. Le lendemain, on eut le plaisir de visiter Sainte-Agathe, l'école secondaire de Mont-Rolland, le village de Séraphin, Sainte-Adèle, de prendre un bon repas à la québécoise Chez Jos Maltère et d'assister à un spectacle de Tex Lecor à la Butte à Mathieu. Dimanche, il fallait déjà dire au revoir à tout ce monde auquel on s'était déjà attaché.

De retour à Montréal, les jeunes passèrent l'après-midi à visiter les plus beaux sites de la ville. Le soir, rendus à l'aéroport, grande déception. Air Canada était en grève. Comment trouver 16 places auprès d'une autre compagnie alors qu'il y avait une longue queue partout? Fort heureusement, tout à fait par hasard, l'adulte-conseiller qui accompagnait les jeunes rencontra un ancien élève, Henri Ragot, alors employé de CP Air. Ce dernier très aimablement se chargea du transfert des billets et, une heure plus tard, le groupe s'envolait vers Winnipeg. Juste avant l'atterrissage, on crut remarquer une forte secousse de l'avion, mais on n'y porta pas trop attention. Ce ne fut que le lendemain par la voix de presse que l'on apprit que l'avion, un Boeing 737, était entré en collision avec un vol d'oies migratrices à une altitude de 3000 pieds, à quelque distance seulement de la piste d'atterrissage; les deux moteurs ainsi que le métal recouvrant les ailes de l'avion avaient été endommagés!

Le Québec au Manitoba

La semaine suivante, du 16 au 18 mai, une vingtaine de Saint-Jérômiens étaient les hôtes du 100 NONS et des jeunes Manitobains. Visites de la ville, dîner «barbecue» chez la famille DeGagné, réception au Centre culturel et «parties». Le tout se passa très bien. Les jeunes Québécois donnèrent deux spectacles fort appréciés. Les spectateurs furent particulièrement impressionnés par le dynamisme, l'entrain, le mouvement d'ensemble et la qualité de présentation de ces jeunes interprètes de l'Est. Ainsi se terminaient deux voyages-échanges des plus fructueux pour les deux groupes.

La saison 68-69 se terminait également pour le 100 NONS, sauf pour les discothèques qui continuaient à avoir lieu chaque vendredi soir.

CHAPITRE IV

En pleine mer

Deuxième logo du 100 NONS

Pleine responsabilité aux jeunes

Alors que s'ouvrait la saison 1969-70, «le nouveau 100 NONS» (tel que le publicitaire nomme alors l'organisme), le vent dans les voiles, entrait en effet dans une ère nouvelle. L'auteur, ancien adulte-con-seiller, avait jusqu'alors assumé la direction de l'organisme. Comme il reprenait maintenant des études, il se déchargea alors de la responsabilité de la boîte, tout en demeurant conseiller. Selon le rapport de l'assemblée générale du 100 NONS tenue le 17 octobre 1969, les jeunes acceptèrent les différentes tâches réparties de la façon suivante:

Présidence - Paul Larivière
Direction de la programmation - Paul Larivière et Bernard Brunet
Organisation générale - Suzanne Jeanson (surtout chargée des tournées)
Secrétariat - Michelle Couture
Trésorerie - Lucille Cenerini
Relations extérieures - Georgette LeGal-Ferland
Publicité - Denis Beaudette, avec la collaboration de: Georgette LeGal-Ferland, Maurice Arpin, Yves Lord et Régis Gosselin

Orchestre - Gérald Lavoie et Claude Boux
Rénovations et décor - Marcel Gosselin
Service des tables - Paulette Jubinville et Suzanne
    Bohémier
Éclairage - Georges Beaudry et Thomas Ivory
Entretien - Lucille Moquin et Denis Hébert
Bar - Pauline Rémillard

Transformation du local

Dans le but de renouveler le 100 NONS et de lui donner une image toujours plus attrayante, tout en se donnant plus de temps pour reprendre son souffle, le nouvel exécutif, au moment de la planification, décida d'effectuer plusieurs modifications. Les plus importantes furent les suivantes: rénovation du local avec service de cantine; nouveau système de haut-parleurs stéréophoniques; organisation de tournées dont la préoccupation première serait le recrutement; de là, nombre réduit de spectacles au 100 NONS même; plus de variété au sein de la programmation; cachet aux artistes comme à l'orchestre. Ce devait être une saison qui réserverait des aventures aux participants et qui se terminerait en grandeur.

On procéda d'abord par la rénovation du local. La fontaine et le phare disparurent. Pour agrandir la salle, on fit également disparaître le vestiaire en abattant un mur (travail d'Adrien Gosselin). À l'arrière, on construisit un bar pour servir du café et des boissons gazeuses. Une quinzaine de petites tables (entourées de chaises) avec nappes et bougies remplacèrent bancs et tabourets. Le tout créa une atmosphère de café-concert.

Premiers spectacles

Le samedi 25 octobre, la saison débutait par un seul spectacle avec Léo Dufault

comme artiste en vedette, suivi de quelques débutants. La soirée se terminait par une danse. Salle comble.

Le 1er novembre, un groupe d'artistes présentait en première au 100 NONS un grand spectacle qui fut ensuite repris dans une tournée en province. Au programme figuraient: Gisèle Fréchette, Gérard Curé, Lorraine Guyot, Gérard Jean, Joanne Gosselin, et Lina LeGal, accompagnés des musiciens Gérald Lavoie, Claude Boux et Alan MacDonald. André Martin, avec son humour coutumier, agissait comme maître de cérémonies. Spectacle qui sut présenter du «raffiné» et qui fut hautement apprécié de l'auditoire.

Boîte à Sainte-Anne

Le 2 novembre, ce fut la «Boîte dans l'Su» à Sainte-Anne-des-Chênes. Aux chanteurs ci-dessus mentionnés se joignaient des artistes locaux: Nicole Desrosiers, Isabelle Fiola, Agathe Desrosiers, Nicole Magnan, Diane Fiola, Jeannine Chaput, Lise Bruyère, Diane Bruyère et Jocelyne Arbez. Gérald Bohémier était maître de cérémonies. Salle comble, spectacle touchant à l'excellence!

Les talents de La Broquerie

Le 9 novembre, c'était au tour de La Broquerie. À la troupe du 100 NONS s'ajoutaient encore plusieurs talents locaux dont: Lucille Jolicoeur, Diane Leclerc, Paulette Girard, François Tétreault, Claudette Taillefer et Marcelle Fournier. Le directeur de l'école locale, Joseph Desrosiers, agissait comme maître de cérémonies. Le comité de publicité se plaint de «siffleurs trop excités et de 'caquetage' peu camouflé». Soirée par ailleurs bien réussie.

Le 15 novembre, le 100 NONS présentait une soirée-réception au Centre culturel de Saint-Boniface. On ne possède aucun rapport de cette soirée sinon qu'un «nombre encourageant d'adultes s'est rendu». Il s'agissait sans doute du même spectacle présenté en province.

À Saint-Pierre

Le 16 novembre, Saint-Pierre recevait la même troupe du 100 NONS. Le publicitaire parle de «salle remplie», de «remarquable attention» et de «potentiel débordant» chez les artistes locaux: Diane Gobeil, Colette Péloquin, Louis Latour, Lisette et Gisèle Gagné, Lise Marion, Michèle Gosselin et Jacqueline Pilotte.

Puis à Somerset

Le 21 novembre, les JFM de la Montagne présentaient à Somerset une boîte à chansons très réussie sous le thème «Zodiac». Il faut souligner le nombre de jeunes et d'adultes qui participaient à ce genre de manifestations culturelles, en tant qu'artistes ou comme organisateurs. Au programme, pas moins de 30 figurants:

Monique Fiola, Marielle Gevaert, Francine Martel, Nicole Hébert, Jacqueline Picton, Lise Lafrenière, Marilyn Lussier, Colette Hébert, Denise Labossière, Sonia Ostrowski, Monique et Françoise Lesage, Jeannine Fillion, Janet Desrochers, Jeannine Rheault, Louise Gautron, Dianne Dedieu, Shirley et Nancy Jackson, Paulette Hacault, Norbert, Jacqueline et Fernand Picton, Gérald Tétreault, Suzanne Chatel, Guy Boulianne (professeur), Donald Girouard, Diane Toupin et Annette DeRocquigny. Thomas Rains agissait comme maître de cérémonies.

On remercie quantité de gens pour leur collaboration, dont:

Soeur Corinne, Fernand Nadeau, Edgar Rondeau, Norman Pittet, Richard Lafrenière, Jocelyne Lafrenière, Nicole Hébert, Vivianne Thévenot, Murray Chalmers, Allan Mauws, Gérald Tétreault, Lionel Bourgoyne, Rachel Vigier, Shirley Cabernel, Yvonne Simoens et Bibiane Boisvert.

De retour au 100 NONS

Le 22 novembre, on était de retour au 100 NONS. «Arlette Comeault de Saint-Jean-Baptiste, Diane Leclerc de La Broquerie, Gérald Lavoie de Saint-Boniface et Lina Legal de Saint-Adolphe, ainsi que 80 auditeurs emballés composaient la soirée chantante». La critique mentionne Gérald Lavoie qui «présente toujours du raffiné. La raison pourquoi il colle tant c'est que ses chansons sont de lui». Elle louange aussi Lina Legal, «vedette de la soirée,... quel dessert... physionomie expressive... introductions appropriées... qui sut capter l'admiration d'un auditoire exigeant».

Soirée-Cabaret au Rallye

Le 6 décembre, après relâche d'une fin de semaine, l'équipe du 100 NONS présentait une «boîte de nuit genre cabaret» à la Salle académique du CUSB à l'occasion du Congrès-rallye de la SFM. Véritable gala auquel participaient Gérald Lavoie, Gérard Jean, Claude Boux, Alan MacDonald, Gisèle Fréchette, Arlette Comeault, Gérard Curé, Lina LeGal, Lorraine Guyot, Joanne Gosselin et Gérald Paquin. «Ils ont su divertir la masse des francophones dans une atmosphère des plus chaude».

Artistes de partout

Une salle comble applaudissait les artistes au 100 NONS le samedi soir 13 décembre. À l'affiche: Suzanne Jeanson, Évelyne Martel, Suzanne Chatel, Gérard Curé et, comme débutants, Gilbert Gaudet et Gérald Tétreault. On remarque donc le souci qu'avait le 100 NONS d'attirer des jeunes de la campagne à sa boîte.

Éveline Martel au 100 NONS, 1969

Ottawa au 100 NONS

Les 20 et 21 décembre, le 100 NONS présentait en spectacle Gérald Paquin et Michelle Pelletier. Ce fut une soirée spéciale. Notre boîte éprouvait alors (comme presque toujours d'ailleurs) quelques difficultés financières. La SFM avait bien voulu plaider notre cause auprès du Secrétariat d'État. Pour juger sur place du mérite de cette demande de subvention, Ottawa avait délégué auprès de l'organisme deux experts dans le domaine, messieurs Philippe Sauvageau et Guy Maufette. Leur visite tombait à pic puisqu'elle coïncidait avec l'un de nos spectacles. Était-ce l'esprit de Noël ou parce qu'on avait été averti qu'y seraient présents des gens d'Ottawa? Toujours est-il qu'artistes, musiciens et chanteurs se surpassèrent. Salle bondée! Atmosphère électrifiante! Soirée indescriptible! À un moment donné au cours du spectacle, monsieur Maufette de confier à l'adulte-conseiller: «Écoutez cette musique! Rien de plus beau! Vous pouvez avoir confiance. Nous recommanderons une subvention». Le spectacle fut suivi d'un bon goûter. Les jeunes avaient donné le meilleur d'eux-mêmes. Ils étaient dans la joie. Peu après, le 100 NONS recevait effectivement une subvention de 3 000,00$.

«On a chanté sur la lune»

Le 14 janvier 1970, dans son fabuleux décor d'espace cosmique, Saint-Claude présentait une boîte à chansons sur le thème de «On a chanté sur la lune» devant un auditoire de 500 personnes. Parmi les 25 artistes, le reporter mentionne les noms suivants: Gérald Tétreault, Suzanne Jeanson et Gérald Lavoie. Certains professeurs ont même osé monter sur scène.

Première Tournée aux U.S.A.

«Le jour le plus froid de l'histoire du 100 NONS»

Puis, la fin de semaine du 17 janvier ce fut la fameuse «Tournay» chez nos voisins du sud pour répondre à une invitation qui avait été adressée au 100 NONS de la part de francophones de Bismark (Dakota-Nord) et de Roseau (Minnesota). Nous laissons Thomas Ivory raconter l'aventure:

Il y avait Gérald Paquin, Claude Boux, Gérard Jean, Suzanne Jeanson, Alan MacDonald, Raymond Gauthier [et combien d'autres encore, puisque dans le journal La Liberté *du 28 janvier, p.5, on parle d'une quinzaine de jeunes artistes et techniciens] et moi-même. Nous* devions partir très tôt le 24 janvier pour une fin de semaine 'culturelle' aux États-Unis. Cependant, nous avons tout d'abord rencontré des pépins au plan transport.

[Selon un reportage dans La Liberté, «Énoncer toutes les mésaventures du troisième véhicule serait inutile parce qu'incroyable».] On dut se résoudre à louer une fourgonnette. Ces véhicules étaient malheureusement conçus pour transporter des marchandises et non des êtres humains. À l'avant, il n'y avait que deux sièges uni-place. À l'arrière, nous étions assis sur la tôle; de fait, nous étions entourés de tôle. Aucun confort, aucune chaleur. La seule source de chauffage suffisait à peine à circuler dans l'espace restreint du conducteur. Nous avons dû passer des heures à observer notre haleine. Quelque dix longues heures plus tard, nous avons dû constater que le froid avait fait éclater le vernis d'une guitare toute neuve [celle de Claude Boux]. Pour le retour, une âme charitable avait donné à Gerry Paquin un ancien manteau de fourrure pour dames, deux fois trop grand pour lui. S'il paraissait ridicule, emmitouflé dans ses fourrures, il n'en suscitait pas moins notre envie.

Quelqu'un eut l'idée géniale d'acheter des briquettes de charbon pour barbecue, de les déposer dans un couvercle en métal et d'en faire un brasier à l'intérieur de la fourgonnette. En soufflant ardemment nous avons réussi à produire un peu de chaleur et quantité de fumée. Quel spectacle lorsque nous sommes descendus de la voiture! La fumée s'échappait en épais nuages alors qu'un être poilu sortait en se dandinant du poêle improvisé. Une odeur de bois brûlé nous précédait en tout lieu. Ce que l'on peut endurer au nom de l'Art!

Pour compenser cette pénible aventure, les jeunes furent bien reçus et bien appréciés par les Américains. À Bismark, notre premier arrêt, le 100 NONS devait présenter son spectacle dans la salle de concert d'un grand collège. Celle-ci était parfaite à tout point de vue mais personne ne savait se servir du panneau électrique à rhéostats linéaires. Le rideau automatique s'ouvrait au complet ou pas du tout. Le spectacle dut commencer une heure et demie en retard étant donné la condition des musiciens et des instruments (tous gelés). Somme toute, le spectacle manqua de chaleur. Malgré tout, l'auditoire de 100 personnes a paru ravi. Très bon accueil! Les repas, les

chambres et la réception n'auraient guère pu être meilleurs.

À Roseau, le 100 NONS devait divertir 150 adultes qui ne savaient pas plus que ceux de Bismark à quoi s'attendre. Ce fut un spectacle qui approchait de la perfection. «Il était animé d'une chaleur bien typique du 100 NONS. La foule, si l'on en juge par les applaudissements, était de cet avis». Un article, paru dans le Roseau-Times fait foi de cette appréciation:

Those young people who attended the «Le 100 Nons» Concert, Sunday, January 18, were captivated by their outstanding performance. The audience, the older as well as the young, was inspired by their talents, both instrumental and vocal. Although they sing in French, one need not understand the language in order to comprehend the emotions portrayed in the songs. In the future we hope to have them return to a larger audience that can appreciate more fully their interpretation of music as it was especially designed for the youth.

Susan Fredrickson,
Melinda Kenwortrhy,
Roseau Times Region,
February 5, 1970

Merci «Le 100 Nons» de cette charmante veillée passée en votre compagnie! Bravo et à bientôt!

Sincèrement,
Mme Carmelle Pinsonneault
Roseau, Minnesota
le 7 février 1970

Les jeunes devaient bientôt retourner aux États-Unis, mais dans des conditions plus agréables.

Les JFM -Toujours vivants

Le 24 janvier 70, lors d'un colloque organisé par la SFM, se forma un comité provisoire des JFM. S'agissait-il du mouvement fondé en 1966? Cet organisme dont on avait peu entendu parler depuis 1967 aurait donc toujours existé en 1970. Furent élus membres de ce comité les jeunes suivants:

> Jean-Pierre Parenty (Saint-Pierre), Denis Boulet (CSB), Denis Beaudette (Saint-Jean-Baptiste), Yves Lord (La Broquerie), Adèle Verrier (Louis Riel), Paulette Hébert (Saint-Norbert) et Maurice Auger (CSB).

Si nous mentionnons ici les JFM, c'est que ce mouvement avait présidé au lancement des premières boîtes à chansons et du 100 NONS. Il devait encore être actif dans certaines institutions scolaires.

Les Intrépides ont un accent !

Le 24 janvier 1970, le 100 NONS lançait la deuxième partie de la saison en présentant un spectacle d'un genre différent. Tout d'abord des chansons folkloriques animées par la chorale des Intrépides. «Après une entrée très remarquée, douze Intrépides nous ont entraînés dans un tourbillon de chants folkloriques. Ce groupe nous a charmés par sa chaleur, son entrain et ce petit accent canadien qui a quelque chose de savoureux dans ce genre de chansons...». [Ce commentaire, paru dans *La Liberté* du 28 janvier, et signé Jean Pierre Bonnancourt, un Français, est pour le moins amusant et révélateur. Nous trouvons toujours étrange qu'un Français puisse s'étonner de «ce petit accent canadien» des Canadiens-Français. C'est un peu comme si nous, Canadiens-Français, étions étonnés lorsque nous allons à Paris d'y remarquer un petit accent parisien savoureux chez ses habitants]. En deuxième partie, la salle se transforma en mini-salle de danse, l'orchestre La Renaissance se chargeant de la musique, «musique électrique amplifiée, distortionnée,

recuite et réamplifiée à la Mayall Hendrix, freak-out, happening. De fait, c'était à prendre ou à laisser, mais il fallait qu'au moins une fois le 100 NONS s'ouvre à un genre nouveau». Cet orchestre accompagnait «le sympathique chanteur Hubert Fouasse. Bon spectacle. Le batteur Pierre Morier et le guitariste Denis Vouriot exécutèrent des solos très remarqués».

Au Carnaval de La Broquerie

Le 24 janvier également, dans le cadre du «Grand carnaval du centenaire» tenu à La Broquerie, les jeunes présentaient une boîte à chansons. À l'affiche: Yves Lord, de La Broquerie, Diane Leclerc, de Saint-Boniface, Michel Boucher, de Sainte-Anne, Paulette Gérardy, de Saint-Labre, et Arlette Comeault (le clou de la soirée), de Saint-Jean-Baptiste, accompagnée de «La Renaissance».

La poésie du nouveau

Le 31 janvier, à l'affiche au 100 NONS: Marcel Gosselin, Patricia Chénier et Ken Woodley, devant un auditoire de 60 personnes. On avait «repensé la disposition des meubles et de la plate-forme qui servait de scène. Au dire de plusieurs, changements heureux ne fût-ce que pour la poésie du nouveau».

Troisième spectacle de la saison

Le 7 février figuraient au 100 NONS les artistes suivants: Paul DeGagné, Lina LeGal,

Michelle Pelletier et Suzanne Jeanson. Le 7 février également, lors d'une fondue aux crevettes, organisée par le Centre culturel de Saint-Boniface, Suzanne Jeanson donnait «un très bon tour de chant».

On voudrait plus de consultation

À un moment donné en février 1970, le 100 NONS convoqua une assemblée générale. Nous ne possédons ni rapport de cette réunion ni documentation ou souvenir du «pourquoi» de cette convocation. Une seule lettre parue dans *La Liberté* du 25 février 1970 et signée par Suzanne Nolette de Sainte-Agathe, nous laisse soupçonner que l'organisme éprouvait alors certaines difficultés financières et autres: «Depuis le début du 100 NONS, les rapports des spectacles donnés ont tous été élogieux, ce qui ne fut pas toujours le cas et sans doute que les jugements étaient justifiés, mais il n'y a pas que le côté spectacle à regarder. Ayant assisté à l'assemblée générale, j'ai pu me rendre compte des problèmes qui peuvent survenir [...] J'aurais une suggestion à faire à l'exécutif: d'avoir une réunion plénière plus qu'une fois l'an [...], d'inviter les intéressés à venir constater le travail fait, de donner des suggestions si nécessaire et d'étudier la question financière. Cela permettrait aux responsables de remédier à temps aux difficultés et d'aller de l'avant avec plus de confiance».

Le 100 NONS au ralenti ?

Situation précaire? Cela expliquerait peut-être le fait que nous ne pouvons rele-ver aucune activité du 100 NONS entre le 7 février et le début de mai 1970. Il est par ailleurs possible, quoique peu probable, que le 100 NONS ait poursuivi des activités pendant trois mois sans publicité aucune dans le journal franco-manitobain *La Liberté*. Du 14 au 21 février, Pierre Calvez, artiste québécois, faisait une tournée dans les centres franco-manitobains.

Trop de monde

Le 24 février, dans le cadre du Festival du Voyageur, le comité des Grands Spectacles, en collaboration avec le Festival, présentait Tex Lecor au gymnase Notre-Dame. «Ce chansonnier québécois et séparatiste se vit en face d'un auditoire d'une bonne humeur indescriptible». C'était peu dire. On ne put retenir la foule qui se pressait à la porte. Si bien que le gymnase, plein à craquer, offrit au chansonnier un auditoire si bruyant que Lecor abrégea de beaucoup son spectacle, à la déception des organisateurs et de ceux qui avaient payé leur entrée. C'est à l'occasion de ce Festival du Voyageur 70 que Gérald Lavoie composa les paroles de la *Chanson du voyageur*.

Aznavour et Adamo

Le 3 mars 70, Aznavour présentait un spectacle à la Salle du Centenaire, suivi d'Adamo le 19 avril, toujours sous les auspices du Comité des Grands Spectacles.

Cinq artistes à l'aventure

Entre temps, cela n'empêchait pas les jeunes de nourrir des rêves. De tous côtés on demandait aux uns et aux autres de participer à des rencontres ou à des soirées en tous genres. Certains commencèrent à voler de leurs propres ailes. Et pourquoi pas ? Donnons comme exemple les aventures que connurent alors certains d'entre eux, telles que racontées par Gérard Jean:

Nous avons quitté le Manitoba, cinq anciens du 100 NONS au printemps de 1970: Gérald Paquin, Daniel (Gérald) Lavoie, Norman Paul, Philippe Kleinschmit et moi-même, pour faire 'fureur et fortune' dans la musique au Québec. Depuis quelques mois déjà ce groupe d'amis couvait l'ambition de faire de la musique à plein temps. Compte tenu de nos compétences dans les deux langues et de notre bagage culturel assez unique, le Québec nous parut être un tremplin logique pour lancer une carrière. Est-ce le hasard ou le destin qui a voulu qu'un certain agent-gérant québécois se trouva à ce moment-là à la recherche d'un groupe bilingue pour remplacer un autre groupe qui venait de se dissoudre? J'ignore toujours comment ce gérant est tombé sur nous, petit groupe de Saint-Boniface, mais l'affaire semblait parfaite (L'homme en question, Réjean Rancourt, se trouve être encore aujourd'hui le gérant de Daniel Lavoie). Par contre, petit inconvénient: le nom. Les contrats avaient été établis entre divers hôtels et le groupe Les dieux de l'amour; nous devions adopter ce nom pour pouvoir démarrer, nom que nous trouvions prétentieux et ridicule, nom qui nous répugnait malgré toutes les assurances que 'ça marcherait'. C'était notre première rencontre avec une certaine réalité québécoise, notamment la 'quétainerie'.

Que d'aventures, de découvertes et de déceptions nous attendaient: Nous avions 'tourné' dans ce que j'aime appeler le circuit 'Z'. Tous les hôtels dans lesquels nous avons joué ont peu après passé au feu! Il y en a même un qui a brûlé deux fois! Notre répertoire n'avait rien pourtant de si incendiaire. Quelques Beetles, des Doors, du Bécaud, du Aznavour, du Guess Who, du Chicago, du Ferland; non, le problème était plutôt l'acabit des clubs dont nous étions en quelque sorte le dernier espoir. Ce fut une année où se sont succédé de petits succès, des contrats brisés, des problèmes de véhicules, des économies épuisées, des peines d'amour et des découvertes de gens et de paysages extraordinaires. Au bout de l'année, le rêve était en déconfiture mais les

amitiés étaient soudées. Tous, à l'exception de Daniel Lavoie, nous réintégrions Saint-Boniface pour nous remettre d'aplomb et fouetter d'autres chats.

Au Précieux-Sang

Les 20 et 21 mars, les jeunes de l'école Précieux-Sang présentaient une boîte à chansons intitulée Café Parisien. Nous ne possédons aucun rapport de cette soirée.

Deuxième voyage-échange

Le samedi 2 mai, le 100 NONS mettait en vedette quinze artistes de Saint-Jérôme, Québec. Deux cents personnes environ (salle comble) assistèrent aux deux présentations d'une durée de deux heures. «Les voir, nous disait un spectateur, nous donne l'impression de voir le Québec avec ses problèmes, ses complexes, ses qualités, ses défauts...». Ils chantèrent le nationalisme québécois et l'anticléricalisme de tout leur coeur. Ce qui frustra certains auditeurs dont quelques-uns quittèrent même la salle au beau milieu du spectacle. Selon le reporter «Que l'on dise ce que l'on voudra, les artistes du 100 NONS ne surpasseront pas en chaleur humaine ces jeunes du Québec».

Grâce à une subvention du Secrétariat d'État, le 100 NONS put encore une fois se rendre au Québec, surtout à Saint-Jérôme, pour un séjour de quatre jours. Quinze jeunes participèrent à ce voyage-échange:

Joanne Gosselin, de Saint-Malo, Gérard Curé, de Saint-Pierre, Michèle Freynet, de Sainte-Anne, Lina LeGal, de Saint-Adolphe, Paul Heppenstall, de Norwood, Claude Boux et Bernard Brunet, de Saint-Boniface, Arlette

Comeault, de Saint-Jean-Baptiste, [et d'autres encore qu'on ne nomme pas].

Accueil très chaleureux de la part des Pères Jésuites, des jeunes de Saint-Jérôme, des Chevaliers de Colomb. Belles randonnées! Bonne bouffe, spectacle bien présenté! Le 100 NONS n'oublie pas de remercier Saint-Jérôme «pour ces jours de joie. Merci à tous ceux qui nous ont permis

Spectacle dans les ruines de la Cathédrale, juillet 1970

cette expérience. Sans oublier cette dame qui nous écrit une gentille lettre: 'Je suis pauvre mais je veux quand même offrir ma contribution au 100 NONS. Aussi je vous envoie un dollar'. Merci madame. Ce fut notre plus beau don».

Magie dans les ruines

Le 1er juillet 1970, dans le cadre de la Fête du Canada et du Centenaire du Manitoba, la SFM, alors sous la présidence d'Étienne Gaboury, en collaboration avec le comité du Centenaire de la ville de Saint-Boniface, organisait une grande célébration dans les ruines de la Cathédrale. Les rues Taché et Cathédrale étaient pour l'occasion fermées à la circulation des voitures. «Les murs de la Cathédrale ainsi que le long trottoir qui conduit à la rue Taché étaient décorés de flambeaux. Près de la rivière, les gens purent manger des 'moutons-burgers' et savourer une petite bière». Des milliers de personnes étaient présentes à cette soirée. Les artistes du 100 NONS ainsi que la chorale des Intrépides se chargeaient du spectacle présenté à l'intérieur

des ruines alors qu'à l'extérieur un orchestre du bon vieux temps battait la mesure et que la musique électronique de La Renaissance et les chants des Ménestrels de Sainte-Anne résonnaient à travers le cimetière. Tout à coup, comme le rapporte *La Liberté*: «Dans la foule on commença à chuchoter: 'Est-ce vraiment lui? Mais oui, c'est lui!' Les applaudissements montent de toute part. Des jeunes se mettant à scander: 'On veut Charlebois!' Le visiteur se fait prier. La foule insiste... Robert Charlebois se lève. Un peu contre son gré, il monte sur

Charlebois au Spectacle dans les ruines de la Cathédrale, juillet 1970

l'estrade, empoigne une guitare, l'accorde, s'assoit, ajuste un micro récalcitrant. Une courte pause et il se met à chanter *Sensation*. Les jeunes sont électrisés. Les adultes se laissent peu à peu prendre par le chanteur 'rock' du Québec».

Claude Boux résumait peut-être bien les sentiments de chacun lorsqu'il parle de cette soirée comme possédant «une poésie, une chaleur, une ambiance que je n'ai jamais pu retrouver ailleurs. C'était tout simplement magique!».

Ainsi se terminait avec grandeur la troisième saison du 100 NONS.

Première directrice employée par le 100 NONS

La saison 1970-71 avait apporté au 100 NONS de nouvelles structures et des modes d'opération différents. Si certains changements ne furent pas sans causer quelques problèmes quant au mandat précis de certains postes, ils devaient par contre donner au 100 NONS une nouvelle image. Au cours du mois de juin, par la voix des journaux, l'exécutif avait fait appel à tous ceux qui s'intéressaient au poste de directeur. Il n'y eut qu'une seule candidature.

Ainsi, le 23 juin, lors de la réunion annuelle de l'organisme, le président Paul Larivière, annonça que Suzanne Jeanson était nommée directrice du 100 NONS. C'était un heureux choix. Cette can-

Suzanne Jeanson, directrice du 100 NONS, 1970-1971

didate, quoique très jeune encore, apportait à ses nouvelles fonctions non seulement tout un ensemble d'expériences acquises au cours des trois années où elle avait oeuvré (peut-être plus que tout autre) au sein de la Boîte, mais encore le leadership, l'énergie, la créativité et l'attachement dont le 100 NONS avait besoin. Il demeure cependant que les nombreuses responsabilités que l'on voudra lui voir assumer comme seule employée viendront peser lourdement sur les épaules de la jeune directrice.

La directrice aura le dernier mot

Selon un article paru dans *The St. Boniface Courier* en date du 1er juillet 1970 «La structure du 100 NONS se composerait [dorénavant] de trois comités: administatif, artistique et exécutif. Le directeur (la directrice) aurait le dernier mot dans toute décision prise par ces trois comités [chose qui peut paraître étrange]. On a voté et cette constitution fut acceptée à voix unanime [sic]».

Composition des comités

À une réunion plénière tenue le 8 septembre suivant, tous les postes furent comblés. Au Conseil d'administration furent élus: Paul Larivière, président; Lina LeGal, vice-présidente; Michèle Couture, secrétaire; Lucille Cenerini, trésorière. Le comité artistique se composait de la présidente, Suzanne Jeanson, du conseiller, Antoine Gaborieau, et du responsable des relations extérieures, René Thuot. Enfin, le comité exécutif était formé de jeunes qui, à la demande de la directrice, se portèrent volontaires pour assumer la responsabilité des domaines suivants: formation des artistes - Jeannette Arcand; orchestre - Paul Heppenstall; technique (éclairage et son) - Georges Beaudry; bibliothèque - Adèle Verrier; publicité - Gisèle Fréchette; réception - Michèle Couture; discothèque - Suzanne Bohémier; conciergerie - Michelle Freynet.

Programme proposé pour 70-71

À la même réunion du 8 septembre, la nouvelle directrice annonçait que pour la première partie de la saison 70-71 le 100 NONS projetait de présenter un spectacle mensuel dans son local, spectacle qui par la suite se répéterait dans les régions rurales et dans les écoles de la ville. Pendant qu'un groupe d'artistes serait en tournée, un autre groupe préparerait le prochain spectacle. De là la nécessité d'avoir deux orchestres.

De plus, le 100 NONS tenterait de se faire mieux connaître en présentant ses artistes un peu partout tels qu'à des ralliements, à la télévision, dans les clubs ou dans les restaurants. On se proposait également de présenter des spectacles de genre varié tels que «jazz band», soirées en collaboration avec le Cercle Molière, spectacle pour enfants, soirée de Noël.

Ceci dit, le 100 NONS réaffirmait son mandat premier, celui de promouvoir chez les jeunes la culture française grâce à la chanson. Il se proposait encore de demeurer une école de formation dans les domaines artistique, social et administratif.

Enfin, on annonçait que la boîte offrirait au cours de la saison des cours de diction, d'improvisation et de mouvement. C'était là se donner un programme qui serait difficile à réaliser.

Premier spectacle de la saison

Précédé de discothèques les 3, 10 et 17 octobre, le «Spectacle ouverture» de la saison 70-71 eut lieu les 23 et 24 octobre au local du 100 NONS, et le 25 octobre à la salle de théâtre du Centre culturel. Neuf artistes figuraient au programme: Suzanne Pelletier, Claude Hébert, Lina LeGal, Marc Allard, Mona Gauthier, Gisèle Fréchette, Adèle Verrier, Jocelyne Moquin et Michel Boucher. Les anciens musiciens étant partis pour la plupart chercher fortune au

Québec, un tout nouvel orchestre accompagnait ces artistes. Il était composé de Norman Dugas (chef d'orchestre, pianiste, organiste et également guitariste), Paul Heppenstall (batteur),

Norman Dugas, chef d'orchestre, octobre 1970

Paul Heppenstall et Marcel Verrier membres du nouvel orchestre, octobre 1970

Cam MacLean (guitariste) et Marcel Verrier (bassiste, qui jouait également du piano). Tous ces musiciens apportaient au 100 NONS une longue expérience dans le domaine de la musique.

Malaise autour du nouveau Centre culturel

Début novembre 1970, le secrétaire d'État, monsieur Gérard Pelletier, était l'invité d'honneur du Centre culturel de Saint-Boniface à la cérémonie de la pose de la première pierre du nouveau Centre culturel franco-manitobain, cérémonie à laquelle assistait également le Premier ministre du Manitoba à l'époque, monsieur Edward Schreyer. Cependant, selon un article paru dans *La Liberté* du 28 octobre intitulé «Malaise autour du futur Centre culturel», on semble ne pas savoir où on en est vraiment. «Quels en sont les plans? Certains soupçonnent un petit jeu politique qui vise à retarder le projet... ». Les organisations qui faisaient partie de l'ancien Centre culturel ignoraient complètement ce qui se passait. Les directeurs du 100 NONS, du Cercle Molière et des Intrépides voient un centre culturel «strictement pour les arts: théâtre, musique, art plastique». Selon le président du Centre culturel, Lucien Loiselle, on n'avait pas encore établi de contact auprès des groupes tout simplement parce que la consultation n'avait pas commencé. Cependant, le comité du Centenaire dont faisait partie le juge Monnin, avait examiné une étude préliminaire et Lucien Loiselle avait affirmé que le Centre dépendrait des organisations déjà existantes. Tout ce que l'on connaît à ce moment-là est l'emplacement du nouveau centre (le juniorat des Oblats), le nom de l'architecte (Étienne Gaboury), ainsi que le fait que les gouvernements fédéral et provincial ont consenti à part égale à une subvention d'un million de dollars.

Un 100 NONS très actif

Entre temps, au cours du mois de novembre, le 100 NONS avait été très actif. Il était présent à la soirée en l'honneur du secrétaire d'État, monsieur Gérard Pelletier. Il répéta son premier spectacle à La Broquerie et à Somerset. Il participa au Rallye de la SFM en communiquant son entrain à la Soirée-cabaret au Centre Saint-Louis. Il présenta un spectacle lors de la collation des diplômes au Collège de Saint-Boniface. Il rendit visite à l'école anglaise R.B. Russel et participa à une boîte à chansons à Sainte-Anne. Ses musiciens s'exécutèrent à l'occasion d'un banquet donné en l'honneur des employés les plus anciens à l'Hôpital de Saint-Boniface. Enfin, le groupe Renaissance était responsable de la musique lors d'une discothèque présentée au local du 100 NONS.

Jocelyne Moquin, Michèle Freynet et Adèle Verrier au Centre Saint-Louis, novembre 1970

Deuxième spectacle de la saison

Les 4, 5 et 6 décembre 1970, le 100 NONS présentait «Spectacle 2» dans son propre local. À l'affiche: Albert Saint-Mars, Lise Fréchette, Roger Rey, Michelle Freynet, Louis Dubé et Jeannine Fillion. Un deuxième orchestre avait été formé au cours du mois de novembre pour accompagner ces artistes. Il se composait de Claude Gauthier, de Roger Fontaine, de Claude Forest et de Robert Fréchette. On présenta par la suite ce 2e spectacle de la saison à l'Institut collégial Louis-Riel. Salle comble!

Suzanne Gobeil à CBWFT, décembre 1970

Lise Fréchette à CBWFT, décembre 1970

Gisèle Fréchette à CBWFT, décembre 1970

Michel Boucher à CBWFT, décembre 1970

Nouvel ensemble musical du 100 NONS, movembre 1970 : Claude Gauthier, Roger Fontaine, Claude Forest et Robert Fréchette

Le 100 NONS à la Télévision

Enfin, les 24 et 31 décembre, pour terminer la saison 70, le poste CBWFT offrait à ses spectateurs deux émissions spéciales de variétés au 100 NONS. Les douze artistes invités, «choisis parmi une vingtaine d'autres» lors de deux séries d'audition, étaient Suzanne Goebel, Marc Allard, Paul DeGagné, Liliane Domagalski, Hubert Fouasse, Alan MacDonald, Roger Rey, Lise Fréchette, Gisèle Fréchette, Mona Gauthier, Michel Boucher et Léo Dufault.

Ces artistes étaient accompagnés par l'orchestre de la CBC sous la direction de Mitch Parks. Les deux émissions furent enregistrées au local même du 100 NONS et Rudi Gijzen de la CBC en assura la réalisation.

Activités du 100 NONS - 2e partie de la saison

Tel que déjà mentionné, nous possédons très peu de comptes-rendus détaillés des activités du 100 NONS pour

Jocelyne Moquin au 100 NONS, janvier 1971

la seconde partie de la saison 70-71, surtout en ce qui concerne celles qui ont pu se dérouler au local même de l'organisme. On fait simplement mention dans un bref rapport annuel de «présentations à la boîte elle-même, d'octobre à avril».

Le 8 janvier 71, le 100 NONS visitait Lorette, puis, le lendemain soir, il avait l'honneur de s'exécuter à la résidence du Lieutenant-Gouverneur à l'occasion d'une grande réception. Le 10 janvier, le groupe se rendait à Saint-Pierre. Le 23 janvier, le 100 NONS présentait son 3e spectacle de la saison. À l'affiche: Léo (Antoine) Dufault (interprète dynamique qui possède un style personnel); Jocelyne Moquin (entrain et enthousiasme - style jazz); Marcel Gosselin (compositeur-interprète talentueux). Pour ce spectacle s'est ajoutée à l'orchestre Lorraine Sala, flûtiste.

Le 28 janvier, le comité des Grands Spectacles présentait Mireille Mathieu à la Salle du Centenaire.

Le 7 février, le 100 NONS participait à une soirée organisée par les Scouts de Saint-Boniface au gymnase Notre-Dame.

«WOW 71» à Louis-Riel

Les 9 et 10 février, l'Institut collégial Louis-Riel présentait une boîte à chansons intitulée «WOW 71». Étant donné la présence d'élèves anglophones, on dut présenter des chansons dans les deux langues. Il demeure que les artistes francophones surent faire honneur à la langue française.

Au Festival du Voyageur

Dans le cadre du Festival du Voyageur, le 100 NONS proposait un spectacle les 26, 27 et 28 février. La liste d'artistes comprenait Paul DeGagné, Diane Leclerc, Mona Gauthier, Michel Boucher et deux nouveaux artistes. L'orchestre était composé de Roger Fontaine (chef d'orchestre, au piano), Robert

Mona Gauthier, février 1971

Fréchette (basse électrique), Claude Gauthier (guitare) et Claude Forest (batterie).

Musique classique

Pour les amateurs de musique classique, le vendredi 12 mars, le 100 NONS présentait un concert avec la participation d'un ensemble sous la direction de Marie-Thérèse Bérubé.

Deuxième voyage aux U.S.A.

Le 21 mars, pour la deuxième fois, les artistes du 100 NONS se rendaient à Roseau au Minnesota, cette fois-ci par une température plus clémente.

Gala Quatre Vues

Le 28 mars, le 100 NONS présentait son grand gala «Quatre Vues» au gymnase Notre-Dame avec la participation de dix musiciens et d'une douzaine d'artistes.

À la radio nationale

À des dates non répertoriées, le 100 NONS participa à une émission de la série «Cent mille chansons», diffusée sur le réseau national de Radio-Canada et présenta une discothèque avec «Fiasco et Cie».

À la fin d'avril, à l'invitation de deux enseignantes, Lucille Lanthier et Agnès Proteau, et d'un directeur d'école, Roger Millier, un groupe de chanteurs et de musiciens du Collège de Saint-Boniface rendait visite aux élèves de quatre écoles du Parc Windsor (1300 écoliers anglophones) pour leur présenter un programme de chansons françaises modernes et folkloriques. Parmi les artistes, on retient les noms de Léo Dufault, Michel Boucher, Mérille Kirouac, Richard et Edwin Prince et Alan MacDonald. «La réaction estudiantine fut la même partout: enthousiasme, participation chaleureuse, applaudissements bruyants, remerciements répétés...».

Au 25e de CKSB

Enfin, du 24 au 28 mai inclusivement, à l'occasion du 25e anniversaire de CKSB, en

collaboration avec ce poste, le 100 NONS présentait chaque soir un spectacle à son local même. Les cinq spectacles furent diffusés en direct sur les ondes de CKSB. Le lundi, le programme animé par Louis Dubé présentait Mona Gauthier, Roger Rey et Lise Fréchette. Le mardi on écoutait «La Troupe du Cinquième Soir» sous la direction de Ronald Lamoureux. Le mercredi, Louis Dubé présentait les artistes suivants: Martial Gaudreault, Marc Allard, Jeannine Fillion et «Tom, Tweet & Hank». Le jeudi, c'était un «Récital en Noir et Blanc» avec Claudette Caron, Lorraine Normandeau, Marc Lavoie (piano) et Alice Bérubé (violoncelle). Enfin, le vendredi, les auditeurs pouvaient entendre Michel Boucher, Louise Mousseau et Albert Saint-Mars.

Albert Saint-Mars au 100 NONS, mai 1971

Un bilan encourageant

Selon la publiciste de l'époque, «la saison 70-71 avait été une année très mouvementée. Jamais dans la [brève] histoire du 100 NONS on n'avait entrepris un si grand nombre de tournées. La liste des membres actifs s'élève à plus de 75, chiffre record. Le local sert chaque jour, soit à des répétitions, soit à des spectacles ou à des discothèques. La formation des divers comités a conduit les jeunes à prendre des responsabilités et ainsi à s'épanouir sur les plans culturel et personnel...».

Conseil exécutif 71-72

À la réunion annuelle de l'organisme, tenue le 4 août 1971, étaient élus (ou nommés) au conseil exécutif les personnes suivantes: Suzanne Jeanson, présidente (elle avait auparavant démissionné de son poste de directrice et avait trouvé un emploi à Radio-Canada. Loin de se désintéresser de la chanson, elle voulait parfaire sa formation en suivant des cours de chant, de pose de voix, de diction, d'expression corporelle, de piano et de théâtre); Louis Dubé, vice-président; Michèle Joyal, secrétaire; Adèle Verrier, trésorière; Antoine Gaborieau, conseiller; Bernard Léveillé, directeur administratif; Norman Dugas, directeur artistique.

Diminution d'activités

Pour des raisons que nous ne saurions préciser, les activités du 100 NONS devaient connaître un déclin marqué pendant la saison 71-72 tout au moins en ce qui concerne les tournées à l'extérieur.

Auditions pour Granby ?

À l'automne de 71, pour la première fois, des auditions devaient se tenir à Saint-Boniface dans le cadre du Festival de Granby. Nous n'avons pu retrouver de documentation au sujet de ces auditions. Peut-être furent-elles annulées.

Atelier pour enseignants

Le 24 août, dans le cadre de la Semaine de perfectionnement professionnel pour enseignants franco-manitobains, le 100 NONS, subventionné par le ministère de la Jeunesse et de l'Éducation, offrait un atelier portant sur l'organisation d'une boîte à chansons. Treize jeunes participè-

Louise Mousseau au 100 NONS, octobre 1971

rent à l'organisation de cet atelier qui touchait à tous les aspects d'une boîte, allant de l'organisation technique jusqu'à la formation artistique. Ce furent: Suzanne Jeanson, Pierre de Margerie, Paulette Jubinville, Jean Loiselle, Raymond Garand, Michelle Freynet, Norman Dugas, Louise Mousseau, Michel Boucher, Lorraine Sala, Thomas Ivory, Philippe Kleinschmit et Norbert Dupasquier.

Budget 71-72

Lors d'une réunion du Conseil administratif tenue le 31 août nous retrouvons pour la première fois depuis les débuts du 100 NONS une projection détaillée du budget pour la saison à venir.

Dépenses prévues pour la saison 71-72
Salaires: directeur administratif -
2 jours par semaine - 8 heures par jour
(30,00$ x 40 semaines) .... 1 200,00 $
directeur artistique - 2 jours par
semaine - 8 heures par jour
(30,00$ x 40 semaines) 1 200,00
musiciens - (15,00$ chacun
par spectacle - 3 000,00
artistes - (pas de cachet mais frais
de dépenses - moyenne de 5,00$
chacun) 1 200,00

techniciens -(10,00$ chacun
par spectacle) .... 800,00 $
Loyer - (1er avril 71 au 30 mars 72) 1 104,00
Publicité 600,00
Entretien 50,00
Dépenses de voyage (et location de salles) 900,00
Secrétariat 100,00
Téléphone 120,00
Son (Nouveau système) 1 000,00
Imprévus 200,00
Dettes de la saison 70-71 700,00

Total des dépenses prévues pour 71-72
avec projection de 40 spectacles 12 174,00

Revenus prévus
5 spectacles (100,00$ par spectacle x 40) . 4 000,00
Subvention du Secrétariat d'État 8 000,00
Total des revenus prévus 12 000,00

Jeunesse talentueuse

Le 100 NONS inaugurait sa 5ᵉ saison par un spectacle à la salle de théâtre du Centre culturel de Saint-Boniface le 15 octobre. Les artistes à l'affiche: Suzanne Jeanson, Michel Boucher, Louise Mousseau, Marc Allard, Jocelyne Beaudette et Diane Collette. Les membres de l'orchestre: Norman Dugas (directeur artistique et organiste); Jean-Pierre Brunet (piano); Philippe Kleinschmit (guitare); Lorraine Sala (flûte); Norbert Dupasquier

(batterie); Robert Fréchette (guitare basse). En charge de l'éclairage, du son et de l'enregistrement: R a y m o n d Garand, Jean Loiselle et Guy Marchand.

Un seul commentaire signé par Gisèle et

Marc Allard au 100 NONS, octobre 1971

Normand Dupasquier paru dans *La Liberté* au sujet de ce premier spectacle: «Nous avons rarement vu un groupe de jeunes aussi talentueux. L'orchestre nous a fort bien impressionnés. Nous encourageons les adultes (parents et professeurs) à prêter main-forte à cette jeunesse exubérante».

Les 16 et 17 octobre, le même spectacle se répétait au local même du 100 NONS. Le 16 octobre également, en après-midi, le 100 NONS présentait un «Tour de chants» aux étudiants de l'Université de Winnipeg.

Le 29 octobre, un groupe d'artistes du 100 NONS chantait au North Star Inn à l'occasion d'un dîner de relance pour le journal *La Liberté*.

Boîte à chansons à Saint-Claude

Le 5 novembre, les jeunes de Saint-Claude organisaient leur boîte à chansons annuelle. «Malgré des difficultés de toutes sortes: distance, tempête, absence de batteur, retard des guitaristes, panne d'électricité, la troupe sut garder son enthousiasme», rapporte Onil Dépôt. «On remarque de l'amélioration chez les chanteurs qui se raffinent, deviennent plus exigeants dans le choix de leurs chansons. Le nombre de participants augmente toujours. Un nombre également de plus en plus grand d'adultes s'intéresse à cette activité des jeunes. Bravo aux gens de Saint-Claude et Haywood».

Monique Leyrac chez nous

Le 14 novembre, le comité des Grands Spectacles présentait Monique Leyrac à la

Salle du Centenaire de Winnipeg. «Salle comble! Spectacle de première classe!».

2ᵉ spectacle de la saison

Les 19, 20 et 21 novembre, le 100 NONS présentait son 2ᵉ spectacle de la saison dans son propre local. À l'affiche: Louis Dubé, Martial Gaudreault, Jeannine Fillion, Georges Couture et Diane Bruyère. L'orchestre était composé de Bernard Boulet (piano et arrangements musicaux), Denis Gendron (batterie), Claude Gauthier (basse), Norman Lussier (guitare électrique) et Norman Dugas (directeur artistique et organiste).

Jeannine Fillion au 100 NONS, novembre 1971 *Georges Couture au 100 NONS, novembre 1971*

En novembre également, les jeunes du 100 NONS présentaient un spectacle au Collège de Saint-Boniface à l'occasion d'une soirée des étudiants. En décembre, les mêmes artistes allaient divertir les prisonniers de Stoney Mountain.

Boîte à chansons à Somerset

Le 10 décembre, les jeunes de l'Institut collégial de Somerset présentaient une boîte à chansons sur le thème de «Univers 71». Parmi les artistes et autres participants, nous retenons les noms suivants: Janine Rheault, Sonia Ostrowski, Ronald Bisson, Roland Pittet, Rémi Decosse, Paul Girouard, Jean-Claude Labossière, Randy Rheault, Joanne Hébert, Roméo Labossière et Norma Rheault.

Subvention à Poète et Cie

À la fin de décembre 1972, le Secrétariat d'État accordait une subvention de 1 500,00$ au groupement manitobain Poète et compagnie dont le président était Ronald Lamoureux pour un projet de formation artistique et de promotion du folklore parmi les Canadiens-Français du Manitoba.

3ᵉ spectacle

Le 100 NONS terminait la première partie de la saison en offrant quatre représentations d'un 3ᵉ spectacle du 17 au 20 décembre à la boîte du Centre culturel. Les artistes en vedette: Lina LeGal - «présence aisée, voix riche» - Normand Lemoing - «Talent, énergie» - Lise Fréchette - «Artiste d'expérience» - Louise Mousseau - «Voix puissante, personnalité charmante».

Pour cette demi-saison, on avait prévu une vingtaine de représentations au 100 NONS. En réalité, on dut s'en tenir à treize.

Explosion des boîtes à chansons

La 2ᵉ partie de la saison 71-72 devait surtout être marquée par une véritable

Poète et Cie à Saint-Jean-Baptiste, janvier 1972

Dubé, Gisèle Landry, Gérard Curé et Gilberte Bohémier.

Parmi la foule, on remarque des jeunes et des adultes de Lorette, La Broquerie, Saint-Jean-Baptiste, Powerview, Saint-Boniface, Saint-Malo et Otterburne.

---

explosion de soirées dites «boîtes à chansons» alors que pas moins de dix de ce genre de manifestation culturelle s'organisaient un peu partout aussi bien en province qu'en ville.

Poète et Cie à l'aide des jeunes

À la fin de janvier 72, la troupe Poète et Cie, sous la direction de Ronald Lamoureux (ancien membre des 123), accompagnait les artistes locaux lors d'une boîte à chansons à Saint-Jean-Baptiste et à La Broquerie.

«Mon pays bleu» à Saint-Pierre

Dans le cadre du «Carnaval Villageois» tenu à Saint-Pierre du 11 au 13 février, on présenta une boîte à chansons dont le thème était «Mon pays bleu». Parmi les chanteurs on remarque:

Diane Gobeil, Madeleine Mulaire, Rhéal Laroche, Monique Roy, Gisèle Gagné, Marthe Forest, Jules Dupuis, Lisette Gagné, Michelle Gosselin, Thérèse Pilotte, Joanne Gosselin, Lina LeGal, Irène Carrière, Colette Dubois, Louis

Ier spectacle 72 au 100 NONS

Les 11, 12 et 13 février, le 100 NONS présentait son premier spectacle de 72. À l'affiche: Michel Boucher, Joanne Boulet, Lorette Cenerini, Mona Gauthier et Denise Kenny. Norman Dugas était le directeur artistique.

Michel Boucher au 100 NONS, février 1972

Le 21 février, le Comité franco-manitobain des grands spectacles présentait Mireille Mathieu à la Salle du Centenaire. Salle comble.

La SFM appuie les jeunes

En février également, les jeunes de Notre-Dame-de-Lourdes organisaient une

---

boîte à chansons. Il faut remarquer l'encouragement que la SFM apportait aux jeunes dans l'organisation de leurs soirées. Ainsi à Lourdes, comme plus tard à Saint-Claude, le président, Roger Collet, remettait aux responsables un chèque de 100,00$ pour les aider à défrayer leurs dépenses.

WOW 72 à Louis-Riel

Au mois de mars, les jeunes de l'Institut collégial Louis-Riel présentaient «WOW 72», boîte à chansons bilingue, qui réunissait les talents de quarante jeunes devant un auditoire de 800 personnes.

Boîte à chansons à Sainte-Anne

Le 3 mars, les jeunes de Sainte-Anne-des-Chênes montaient une boîte à chansons devant un auditoire de 300 personnes.

«Ma plaine à moi»

Les 17, 18 et 19 mars, le 100 NONS présentait son 2e spectacle de 72 sur le

Hubert Fouasse et Monique Ducharme au 100 NONS, mars 1972

thème de «Ma plaine à moi». À l'affiche: Suzanne Jeanson, Hubert Fouasse et Monique Ducharme.

Saint-Norbert - «Début d'un temps nouveau»

Le 21 mars, c'était au tour de Saint-Norbert. Une boîte sur le thème de «Début d'un temps nouveau» remporta «un succès fantastique. Les 300 spectateurs furent transportés par cette soirée». Au programme on retient le nom des artistes suivants:

Jean Loiselle, technicien 1972

Janet Courcelles, Serge Moquin, Carol Atwell, Juliette LeGal et Joanne Lavallée. Les musiciens: Robert Hague, Stephen Khan, Denis Gautron et Carol Atwell.

On remercie «Normand Collet qui prêta main-forte à l'organisation de cette soirée».

Boîte à chansons à Saint-Claude

Les 21 et 23 avril, Saint-Claude s'unissait avec les jeunes de Somerset et de Lourdes pour sa boîte intitulée «Pirates en haute mer». Le vendredi soir était réservé aux jeunes alors que le dimanche l'auditoire était accueilli à une soirée genre cabaret. On n'a pas retenu les noms des artistes locaux de cette soirée. Comme invités spéciaux, on mentionne Nicole Brémault et

Roger Rey. L'orchestre se composait de jeunes de Somerset: Murray Chalmers, Donald Girouard, Bob Beernaerts et René Labossière.

Suzanne Jeanson en récital

Dans *La Liberté* du 24 mai 1972, on annonce «Une première de Suzanne Jeanson», ancienne directrice du 100 NONS, qui présentera un «Récital» les 26, 27 et 28 mai au Centre culturel. À cette occasion paraît dans le même journal l'interview qu'elle accorde à Marie Benoist. Certains extraits de cette interview ne sont pas sans intérêt alors que la jeune artiste, avec toute la franchise qu'on lui connaît, parle de son passé, de ses qualités, de ses ambitions, de ses impressions en ce qui concerne le 100 NONS:

La famille de Suzanne n'est pas une famille de musiciens à proprement parler. Pourtant, on y chantait, on y jouait de la guitare, et son père jouait du violon. C'est sûrement là qu'elle prendra le goût du chant. Mais la famille ne voit pas d'un très bon œil que Suzanne participe aux boîtes à chansons. Son frère lui défendait de chanter en public; mais faisant fi de la défense fraternelle, elle se sauvait pour aller quand même participer à des spectacles.

C'est alors qu'elle est remarquée par le 100 NONS. C'est une étape importante pour Suzanne. Indépendante, entêtée et, avoue-t-elle, orgueilleuse, elle décide de réussir. Le 100 NONS, de l'adolescence jusqu'à 22 ans, c'était mon chez-moi; j'y étais toujours. Mais les débuts n'ont pas été faciles. Nous, les aînés, avons plus ou moins appris seuls; sans aide et avec peu de conseils. Et il faut ajouter qu'on nous couvrait souvent d'éloges immérités qui nous décourageaient...parce que nous étions étiquetés; on nous faisait passer pour tellement mieux que nous étions à l'époque et nous avions ensuite l'impression d'être face à un obstacle qui nous empêchait d'avancer[...].

Mais Suzanne est déterminée. Elle ne perdra pas son temps et s'agrippera à tous les moyens

Suzanne Jeanson en récital, mai 1972

pour s'améliorer; tout y passe: cours de diction, de pose de voix, de chant, de piano, d'expression corporelle, de théâtre, etc. Mais il y a des cours qui coûtent cher et...il faut bien vivre. Elle acceptera donc un emploi à Radio-Canada à l'automne de 1971[...]. Elle se trouve en contact avec des musiciens, des chanteurs; elle participe, mais cette fois en coulisse, à des émissions de variétés. Elle ne peut y chanter...syndicalisme oblige! C'est quand on lui offre une série télévisée pour l'automne qu'elle décide de quitter son emploi [...]. 'Suzanne et moi' verra aussi la participation d'un autre Manitobain, Gérald Paquin; ensemble, [Suzanne et Gérald] recevront à cette émission chaque semaine leurs invités [1972-73].

Décembre, ce n'est pourtant pas très éloigné et il faut prévoir encore plus loin. Suzanne ira participer à un colloque interprovincial organisé par la Fédération des Centres à Ottawa. Et si les Centres culturels ne lui offrent pas de tournée? Eh bien, elle organisera elle-même une tournée [pour 72-73].

Mais soyons réalistes; ne devra-t-elle pas un jour faire certaines concessions pour réussir? Comme chanter en anglais peut-être puisque pour le moment elle n'envisage pas du tout la possibilité de 's'expatrier au Québec'[...]. Elle décide qu'elle a travaillé pour chanter en français. Suzanne a inscrit à son récital une quinzaine de chansons d'auteurs-compositeurs manitobains: Gérard Jean, Gérald Lavoie, Claude Dorge[...].

Elle évoque à maintes reprises le 100 NONS. Elle dira entre autres que la Boîte a besoin de revoir de temps à autre ses anciens et que le gros problème c'est le manque d'argent qui n'a pas permis que des spécialistes viennent aider les débutants. Malgré tout elle pense à la série 'Parallèle 3' qui, si ça n'avait pas été du 100 NONS et des artistes formés à cette boîte, n'aurait pas eu grand'chose. Il faut que le 100 NONS soit une école de formation; mais c'est un problème de manque de personnel [...]. Moi-même, je me trouve trop jeune pour m'attacher. J'ai besoin de toute ma chance, de découvrir ce que je peux faire, de vivre ma vie, quoi [...].

Le 100 NONS à Folklorama 72

Le vendredi 18 août, le 100 NONS clôturait sa saison en présentant un spectacle au pavillon francophone tenu par le Centre culturel de Saint-Boniface dans le cadre de Folklorama 1972. À ces activités du 100 NONS pour la saison 1971-1972 s'ajoutent la participation de l'organisme au Festival des Nations ainsi qu'une tournée à Thunder Bay, activités à propos desquelles nous n'avons pu trouver de documentation détaillée.

Festival-Canada 72

Du 30 juin au 2 juillet, les salles de spectacles d'Ottawa recevaient des chanteurs, des comédiens et des danseurs, tous invités par le Secrétariat d'État à participer à cette expérience unique au Canada. Les amateurs autant que les professionnels étaient présents. Parmi les vedettes qui évoluèrent sur la scène, nous retrouvions Louise Forestier et Denise Filiatrault. Le 100 NONS aussi se retrouvait à Ottawa en cette fin de semaine. Au cours de la soirée du 2 juillet, il présenta un spectacle au théâtre Astro-lab. À l'affiche: Suzanne Jeanson, Louis Dubé et Michel Boucher. Les membres de l'orchestre: Norman Dugas, Lorraine Sala, Cam MacLean,

Philippe Kleinschmit et Norbert Dupasquier. Le directeur technique: Jean Loiselle. La coordonnatrice du voyage: Suzanne Jeanson.

À la fin de la saison 1972, nous avons pu retrouver pour la première fois dans les dossiers du 100 NONS un état de compte complet des dépenses et revenus pour l'année qui venait de s'écouler.

Dépenses et revenus du 100 NONS pour la période allant du 1er avril 1971 au 31 mars 1972

Déboursés:

Déficit de 1970-1971	700,00 $
Cachets aux artistes et techniciens	911,00
Cachets aux musiciens	1 517,00
Salaire des directeurs	2 850,00
Secrétariat	276,47
Technique (éclairage)	39,06
Technique (son)	224,64
Technique (système de son)	1 478,40
Publicité	415,74
Transport et location de salles	482,82
Loyer	1 104,96
Réception	447,35
Service de boissons gazeuses	353,74
Collations/repas	73,75
Divers	206,64
Total	11 081,57

Revenus:

Discothèques et spectacles	2 768,68
Tournées, visites, participation à l'extérieur	849,00
Divers	1 061,82
Réceptions, boissons gazeuses	287,73
Subvention fédérale	8 000,00
Total	12 967,23
Excédent des revenus sur les dépenses	1 885,66

Il semblerait donc que grâce à une bonne gérance (quoiqu'il faille tenir compte d'une diminution des activités et d'une augmentation de la subvention), le 100 NONS, sans doute pour la première fois, terminait l'année avec un surplus financier.

1972-1973 - Une saison sans précédent

Dans son rapport de fin de saison 72-73, Maurice Auger, alors président du 100 NONS, saura dire: «Jamais depuis sa création notre organisme n'a-t-il reçu autant de participants. Notre politique de laisser aux jeunes l'initiative d'organisation a sans doute contribué à ce succès». Il aurait pu ajouter que le 100 NONS n'avait jamais connu autant d'activités ni de rayonnement qu'en cette saison. Comme nous le verrons, bon nombre de facteurs devaient venir contribuer à ce regain de vitalité. Il faut tout d'abord mentionner le leadership que sut assurer le nouvel exécutif. Au cours des cinq années d'existence du 100 NONS, certains jeunes avaient acquis de la maturité et du métier. Et cela devait maintenant porter ses fruits alors que le Conseil d'administration reconnaîtra le besoin d'embaucher pour la première fois des personnes à plein temps afin de mener à bien toutes les activités qu'il entend entreprendre. Il sera pour la première fois en mesure de le faire grâce au Secrétariat d'État, à la SFM (qui met sur pied un programme d'animation culturelle) et au programme fédéral des initiatives locales.

Maurice Auger, président, et Louis Dubé, directeur du 100 NONS, août 1972

seur, François Savoie, saura lui aussi apporter au 100 NONS tout le talent, le dévouement et le sérieux requis pour mener à bien la destinée de l'organisme; le nouveau président, Maurice Auger, jeune homme attaché à la culture française, saura assumer ses responsabilités avec une grande efficacité.

Les talents ne manquent pas

Toute une nouvelle génération de jeunes artistes que l'on découvrira ici et là, moins timide peut-être qu'en 1966, n'attendra que l'occasion pour se lancer dans la chanson.

Un leadership solide

Ainsi, lorsque pour la première fois le 100 NONS se permettra un directeur à plein temps dans la personne de Louis Dubé, il s'assurera les services d'un jeune homme qui apportera à l'organisme tout un bagage d'expérience et d'initiatives. Lorsque ce dernier passera au service du Centre culturel en novembre comme animateur des boîtes à chansons, son succes-

Appui nécessaire

Enfin, la SFM, le Centre culturel et les autorités gouvernementales, oeuvrant de concert avec le 100 NONS, sauront apporter à l'organisme l'appui nécessaire pour l'aider à connaître un rayonnement sans précédent.

Le nouvel exécutif énonce sa politique

Le nouvel exécutif élu le 9 août pour la saison 72-73 était composé comme suit: Maurice Auger, président; Michel Boucher, vice-président; Jean-Pierre Dubé, trésorier; Nicole Sicotte, secrétaire; Suzanne Jeanson, présidente sortant de charge; Michèle Joyal, Suzanne Collette et Antoine Gaborieau, conseillers; Louis Dubé, directeur.

À une conférence de presse tenue le 24 août, le président laissa entendre que «le 100 NONS avait manqué d'organisation dans le passé. Cette année, en embauchant un directeur à plein temps, nous espérons remédier à cette situation». Le nouveau directeur dit vouloir introduire des cours de voix et d'expression corporelle, organiser des tournées en province et diversifier les genres de spectacles.

Le 100 NONS «parachuté» dans un local plus grand

La salle qui avait hébergé le 100 NONS depuis sa fondation ne pouvant recevoir qu'une centaine de spectateurs au maximum, l'organisme décidait de déménager dans une salle deux fois plus spacieuse. Le Centre culturel accordait la somme de 400,00$ en vue de rénover ce nouveau local. Si Gérard Jean pouvait se dire surpris de voir le 100 NONS ainsi «parachuté», c'est que de nombreux parachutes servaient de décor au plafond de la nouvelle salle.

Dorénavant, au lieu de payer un loyer fixe au Centre culturel, le 100 NONS acceptait de lui verser 15% de ses revenus bruts.

Festival de Granby – Première participation

Les 2 et 3 septembre 1972, des auditions se tenaient pour la première fois au 100 NONS en vue d'une participation éventuelle au Festival de Granby. Sur les 13 interprètes qui se présentèrent au concours, le jury en choisit quatre: Annette De Rocquigny, Jeanine Fillion, Hubert Fouasse et Louis Dubé. Ces derniers se rendirent donc au Festival de la chanson de Granby au mois de novembre. Cependant, aucun d'entre eux ne participa à la finale. Selon un des participants: «Rencontrer son accompagnateur seulement quelques heures avant de se produire devant les juges n'est pas très propice au succès. L'an prochain, il faudra trouver les fonds nécessaires pour envoyer avec les interprètes des accompagnateurs de chez nous, permettant ainsi une meilleure présentation». C'est ce qui se fera et avec succès.

Premier spectacle de la saison

Les 13, 14 et 15 octobre 72, le 100 NONS présentait dans son nouveau local «Cinq années de rétrospective», premier spectacle de la saison. À l'affiche: Gérard Curé, Monique Gauthier, Réal Lévêque, Joanne Gosselin et Paul DeGagné. Salle comble les trois soirs. Les artistes sont très applaudis.

Poète et Cie

Un groupe de 12 jeunes musiciens et chanteurs (5 filles et 7 garçons) du Précieux-Sang sous la direction de Ronald Lamoureux, groupe qui s'appelait «Poète

Poète et Cie; Georges Lafrenière, François Gratton, Norbert Gauthier, Richard Morin, Joseph Émond, André Larivière, Liliane Gagné, Michelle Fréchette, Ed. Bélanger, Michelle Carrière, Raymond Bilodeau, Louise Gagnon, Marie Saint-Mars, Jacqueline Desrosiers, Charles Gagnon et Ronald Lamoureux, décembre 1971

et Cie», donnait un récital au 100 NONS les 20, 21 et 22 octobre 72. Ces jeunes artistes n'en étaient pas à leur premier spectacle. Ils s'étaient déjà exécutés comme troupe à Saint-Jean-Baptiste, à Saint-Lazare, à Saint-Norbert, à La Broquerie, au Café de Paris [?] (alors qu'ils se nommaient 'La Troupe du cinquième soir'), à Éclat 71, au Festival du Voyageur, aux fêtes du 25e anniversaire de CKSB, ainsi qu'à diverses soirées à Saint-Boniface. Partout on accueillait «leur fraîcheur et leur simplicité contagieuse».

Leur spectacle se composait «de la chanson folklorique traditionnelle au folk d'Hugues Auffray en passant par les Cailloux, et jusqu'aux compositions originales des membres de la troupe».

«Rallye – Jeunesse 72»

Les 27, 28 et 29 octobre 72, le directorat-jeunesse de la SFM organisait un Rallye-Jeunesse provincial au Centre culturel. Dans le but d'intéresser les jeunes à ce Rallye, le 100 NONS, de concert avec la SFM, présentait le 20 octobre un «Pop rallye» à 150 élèves de l'Institut collégial Louis Riel.

Lors du Rallye, une équipe du 100 NONS présentait un atelier. En se servant des talents de toutes les régions du Manitoba français, on mit sur pied une boîte à chansons qu'on présenta au public le samedi soir au Centre culturel.

Soirée d'Hallowe'en

Le 23 octobre, pour fêter l'Hallowe'en, le Centre culturel organisait une «soirée de rencontre et de détente» à laquelle assistaient 75 personnes. Le 100 NONS participa à cette soirée en présentant un spectacle auquel prenaient part 4 musiciens et 2 techniciens.

«Suzanne et moi»

Le 1er novembre 72, CBWFT annonçait une nouvelle série d'émissions hebdomadaires télévisées «Suzanne et moi», une demi-heure d'humour, de fantaisie et de chanson avec Suzanne Jeanson, Gérald Paquin, Mireille Grandpierre et Georges Paquin.

Suzanne Jeanson et Gérald Paquin à CBWFT, novembre 1972

«Spectacle rétrospectif» en tournée

Au mois de novembre, dans le cadre des rallyes régionaux et en collaboration avec la SFM qui défrayait les dépenses, le 100 NONS redonnait son «Spectacle rétrospectif» dans différents centres ruraux:

le 4 novembre, à Saint-Lazare, devant 150 personnes;
le 17 novembre, à Notre-Dame-de-Lourdes, devant 250 personnes;
le 19 novembre, à Sainte-Rose-du-Lac, devant 300 personnes;
le 25 novembre, à Sainte-Anne-des-Chênes, devant 225 personnes.

Entre temps, le 24 novembre, le 100 NONS présentait un mini-spectacle à une rencontre des professeurs de français et de French organisée par le directorat-éducation de la SFM au Centre culturel.

François Savoie – nouveau directeur

À la mi-novembre 72, Louis Dubé était nommé coordonnateur des boîtes à chansons, au service du Centre culturel. Il quittait donc son poste de directeur du 100 NONS pour être «à l'entière disponibilité des Franco-Manitobains qui [voulaient] mettre sur pied une boîte à chansons. Il assisterait plus particulièrement le 100 NONS dans sa programmation tant à Saint-Boniface qu'à l'extérieur». Le Conseil d'administration nommait alors François Savoie directeur de l'organisme.

François Savoie, directeur du 100 NONS, novembre 1972

Deuxième spectacle au 100 NONS

Les 1er, 2 et 3 décembre, le 100 NONS présentait son deuxième spectacle de la saison (le 2 était une soirée cabaret). À l'affiche: Mona Gauthier, Rose-Marie Jeanson, Joanne Boulet, Georges Couture et Normand Lemoing. L'orchestre était composé de François Savoie (guitare basse), de Roland Roch (guitare électrique), de Mireille Kirouac (piano et orgue) et de Marc Trudeau (batterie). Germain Massicotte agissait comme maître de cérémonies.

Mona Gauthier au 100 NONS, novembre 1972

Joanne Boulet au 100 NONS, décembre 1972

Normand Lemoing au 100 NONS, novembre 1972

«Emmène-moi chez toi» à Saint-Norbert

Les 5 et 7 décembre 72, les élèves et professeurs de Saint-Norbert présentaient une boîte à chansons devant un auditoire de 850 personnes. Participèrent à cette soirée comme artistes:

Joanne Lavallée, Richard Guénette, Jean-Marc Lagassé, Roger Lagassé, Évelyne Girardin, Hélène Boutin, Marilyne Beaudry, Richard Laurencelle, Suzanne Joyal, Nicole Marion, Carol Atwell, Joanne Tellier, Narliss Gibson, Diane Vouriot, Denise Desloge, Gloria Lechysun et Dale Neilson. Les musiciens: Steve Khan, Robert Hague, Carol Atwell et Robert Lagassé.

Ce spectacle sera repris au 100 NONS le 6 janvier 73 devant un auditoire de 130 personnes.

Arrivent Les Louis Boys

Les 15, 16 et 17 décembre 72, Les Louis Boys montaient pour la première fois sur scène en présentant au 100 NONS un spectacle dédié à Louis Riel. Leur présentation comportait un peu de tout: chansons, monologues, poèmes et farces. Faisaient partie du groupe: Paul Heppenstall, Hubert Fouasse, Gérald Bohémier, Paul Bélanger, Edwin Prince, Roger Fontaine, Pierre Morier, Léo Dufault et Richard Prince. Spectacle original très applaudi par l'auditoire.

Les Louis Boys au 100 NONS, 1972

Le 100 NONS s'intéresse aux bambins

Le 22 décembre 72, 250 bambins se présentaient au Centre culturel pour assister à une émission de CKSB qui leur était destinée. Douze chanteurs, un animateur et deux techniciens, tous du 100 NONS, avaient bien voulu animer ce programme et faire chanter les jeunes écoliers.

Suzanne Jeanson - Tournée Ouest

Pendant l'été de 1972, Suzanne Jeanson s'était rendue au Colloque de Sherbrooke. «Elle avait été la première artiste manitobaine à présenter un spectacle à ce genre de rencontres culturelles interprovinciales. C'est ce qui lui valut d'être l'artiste choisie pour une tournée à travers l'Ouest, subventionnée par le Conseil interprovincial de la diffusion de la culture».

Cette grande tournée qui devait durer 3 mois et au cours de laquelle Suzanne et son équipe s'exécutèrent dans 40 centres francophones de l'Ouest (dont 10 au Manitoba) débuta comme il se devait au Centre culturel de Saint-Boniface le 12 janvier 1973.

«Deux cents personnes ont applaudi ce tour de chant merveilleusement bien réussi. [Suzanne] a fait preuve de grand talent. Elle a su rendre ses chansons avec intelligence et naturel... Une présentation fort bien préparée... Suzanne est à l'aise sur la scène... attitude professionnelle... arrangements musicaux excellents. Norman Dugas s'est imposé par ses arrangements sans pour autant voler la vedette à Suzanne. Les autres musiciens étaient également bien disciplinés: Philippe Kleinschmit, Cyril Smith et Norbert Dupasquier. L'éclairage offrait un décor chaud tout en étant réduit à la simplicité. La chanson *C'est ici que je veux vivre* exprime l'unité, le thème de son récital. Suzanne n'est pas québécoise, pas anglaise. Elle est Franco-Manitobaine. Elle chante des chansons manitobaines, québécoises et même anglaises. On ajoute avec réserve que certaines chansons semblaient figurer au programme afin de manifester des effets de voix. Dans l'ensemble les chansons furent bien interprétées...».

La grande tournée à travers l'Ouest ne se passa pas sans incident. À tel endroit, l'équipe dut se contenter «d'un souper de boulettes réchauffées dans le froid d'un sous-sol d'église parce qu'il n'y avait pas de restaurant pour 15 milles à la ronde». Le «Vieux Bill», autobus scolaire qu'on avait acheté pour le voyage, «a toutes sortes de problèmes intestinaux». Un jour, «Philippe et Norman durent passer soixante milles dans la boîte du camion, sans beaucoup d'aération, sans fenêtre, et enfermés de l'extérieur. Ils firent un championnat de tic-tac-toe afin de lutter contre la claustrophobie». En coulisse, et un peu partout, il y a eu les joies et les dépressions inconnues des auditoires. Surtout des joies. Ainsi, partout en Saskatchewan, «on a reçu Suzanne comme une des nôtres. Les gens s'identifient à l'artiste et à ses chansons manitobaines».

Enfin, une tournée très appréciée partout, de Sainte-Anne, au Manitoba, en passant par Zénon-Parc, en Saskatchewan, et Rivière-la-Paix, en Alberta, jusqu'à Maillardville, en Colombie-britannique.

Bouche-trou

Le 13 janvier 1973, se tenait au 100 NONS le premier «Bouche-trou». On entendait par là une sorte de «boîte à surprise» où l'on pouvait s'attendre à un peu de tout: chanteurs, musique sur disques, improvisation musicale. L'entrée était gratuite.

Premier spectacle 73 au 100 NONS

Les 19, 20 et 21 janvier, le 100 NONS présentait son premier spectacle de 1973. À l'affiche: Georges Paquin, Louise Mousseau, Michel Boucher, Joanne Lavallée et Gérald Paquin.

Les Louis Boys à Thunder Bay

Le 27 janvier 1973, à la demande du Club français de Thunder Bay, Les Louis Boys, sous les auspices du 100 NONS, présentaient un spectacle à l'Université Lake Head. Selon Gérald Bohémier, membre du groupe, si l'auditoire ne comporta que 140 personnes, c'est que les étudiants anglophones de l'endroit croyaient qu'il s'agissait d'un spectacle présenté par les «100 NUNS».

Premier Festival BACH

Le 8 février 73, le 100 NONS lançait un concours de boîtes à chansons dans les écoles franco-manitobaines. Pour préparer ce concours initié par Monique Ducharme, l'organisme mettait à la disposition des participants des personnes-ressources dans les domaines de la musique et de la présentation. Le seul critère d'admissibilité au concours: n'avoir jamais

chanté au 100 NONS. Concours local dans les écoles tout d'abord, au niveau élémentaire (7 à 13 ans) et au niveau secondaire (14 à 17 ans). Trois gagnants de ce concours devaient par la suite participer à un concours régional. Puis trois gagnants de chaque région devraient enfin participer au Festival Bach provincial qui comprenait une fin de semaine d'ateliers de perfectionnement et un concours final. Parmi les prix destinés à encourager la participation à ce concours: participation au Festival de Granby; cours au Centre de musique amateur du Canada au lac MacDonald, Québec; ateliers avec personnes d'expériences dans le domaine de la chanson. Malheureusement, nous n'avons pu retrouver de documentation quant aux résultats de ce premier concours.

Lourdes au 100 NONS

Le 10 février 73, à la suite d'un atelier de deux jours sous la direction de Jean-Louis Hébert et de Roland Mahé, les élèves de l'école secondaire de Notre-Dame-de-Lourdes présentaient un spectacle au 100 NONS. Les chanteurs étaient:

Roger Rey, Léo Bazin, Gertrude Magne, Aline Lesage, Gloria Yarjau, Lorette Cenerini, Nicole Deroche, Ginette Fouasse, Karin McKay, Denise Delaquis, Évelyne Lecoq, Nicole Lesage, Gérald Comte, René Bérard, Alcide Boulet et Alfred Delaquis. L'animateur était Albert Dupasquier alors que les techniciens étaient Marielle Pantel, Réal Faucher et Laurent Bosc.

Vers une meilleure concertation

Le 11 février 73, en présence de représentants des gouvernements provincial et fédéral, les responsables des organismes culturels du Manitoba français participaient à une «Rencontre culturelle» afin d'aborder des problèmes d'intérêt commun. Les discussions de la journée conduisirent aux constatations suivantes:

– Le manque de coordination et l'absence d'efforts concertés parmi les différents organismes.

– L'excès d'importance donné aux centres urbains aux dépens des régions rurales.

– L'animation culturelle devrait être entreprise par les groupes eux-mêmes et non par la SFM.

– Les organismes culturels ne sont pas consultés au sujet du nouveau Centre culturel franco-manitobain.

Forte présence du 100 NONS au Festival du Voyageur

Dans le cadre du Festival du Voyageur 73, le 100 NONS présenta une série impressionnante de spectacles. Tout d'abord, au 100 NONS même, les artistes présentèrent une fin de semaine de cabarets: le 23 février (de 18h à 01h), le 24 février (de 12h à 18h et de 19h à 01h), le 25 février (de 14h à 18h et de 19h à 01h), en plus d'un spectacle le 16 février, devant un auditoire de 1 400 personnes au total.

De plus, pendant la durée du Festival, 9 «voyageurs» du 100 NONS étaient allés chanter de relais en relais, donnant au cours de la semaine 59 mini-spectacles devant un auditoire totalisant 11 800 spectateurs.

Une deuxième troupe de «voyageurs» offrit à 4 reprises un spectacle «Animation-Midi» devant 1 800 personnes en tout.

Pour le couronnement de la Reine du Festival, les artistes du 100 NONS présentèrent encore un spectacle d'une demi-heure devant un auditoire de 1 500 personnes.

Enfin, pour clore le Festival, le 100 NONS offrait à son local un spectacle-réception pour les candidats, les commanditaires et les organisateurs du Festival. Assistance: 200 personnes.

Ainsi au cours du Festival 73, le 100 NONS avait chanté devant un auditoire de 16 700 personnes.

La troupe d'animation «Les Voyageurs»

Au cours de la saison 1973, un groupe d'artistes du 100 NONS formèrent une troupe d'animation appelée «Les Voyageurs» qui «parcourut la province entière répondant à des centaines d'invitations». Cette troupe était à la base composée des membres suivants: Louis Dubé, Monique Ducharme, Lina LeGal, Pierre Morier, Roland Roch et François Savoie.

«Les Voyageurs semaient partout la joie de vivre par leur entrain et leur enthousiasme, leurs chansons à répondre et leurs airs folkloriques».

À Saint-Pierre et au MTC

À la fin d'avril, les jeunes de Saint-Pierre en collaboration avec le 100 NONS montaient une boîte à chansons «Gens ben corrects». Le 4 mai, Suzanne Jeanson présentait un récital au Manitoba Theatre Centre de Winnipeg pour marquer l'inauguration de CKSB comme station régionale de

Radio-Canada. Ainsi, les artistes du 100 NONS, anciens et nouveaux, participaient-ils alors fortement à la vie culturelle manitobaine.

Le Petit Séminaire en spectacle

Les 15 et 16 mars 73, onze débutants du Petit Séminaire de Saint-Boniface présentaient un spectacle au 100 NONS devant un auditoire de 200 personnes. Ces jeunes artistes exprimaient par la suite leur reconnaissance à l'organisme qui leur avait rendu de nombreux services tels que local, équipement, technique et publicité.

Tournée en Saskatchewan

Au début de mars, Louis Dubé, alors animateur des boîtes à chansons, en collaboration avec François Savoie, directeur du 100 NONS, organisait une tournée dans quelques centres francophones de la Saskatchewan. Les artistes faisant partie de la tournée:

> Monique Ducharme, Normand Lemoing, Mona Gauthier, Joanne Boulet, Georges Couture et Rose-Marie Jeanson.

En route, «deux voitures dans le fossé... panne d'essence». À Gravelbourg le 2 mars, «Spectacle du tonnerre, auditoire de 250 personnes [ailleurs on rapporte 150 personnes]. À Saint-Victor, 150 personnes. À Bellegarde, après avoir perdu deux musiciens, bon spectacle, 225 personnes. Accueil chaleureux partout. Une fin de semaine qu'on n'oubliera jamais».

«Clé de sol» - Des artistes accomplis

Du 9 au 11 mars 1973, le 100 NONS présentait en spectacle «Clé de sol», un groupe de trois chanteurs qui avaient déjà fait leurs débuts sur la scène franco-manitobaine. Il s'agissait de Jocelyne Beaudette de Saint-Jean-Baptiste, Nicole Brémault de Sainte-Agathe et Jean-Pierre Dubé de La Broquerie. Les musiciens: Bernard Boulet, Norman Lavergne,

Clé de Sol au 100 NONS, 1973

Édouard Saurette, Tony Cyr et Fraser Minsmead. Le répertoire du groupe: «Du semi-classique jusqu'au populaire dans les harmonisations ensoleillées de voix et d'instruments... C'est ici le violon qui pleure, tantôt la flûte qui chante, là-bas un ruisseau qui court sur le piano, le violoncelle et sa voix d'automne, les cordes de la guitare qui frissonnent, la percussion et la batterie toujours à temps ou à plein temps...». Un grand succès!

Par la suite, «Clé de sol» redonna son spectacle au Collège de Saint-Boniface, à Killarney, à Saint-Lazare, à Sainte-Rose, à Saint-Jean-Baptiste et à La Broquerie, devant un auditoire total de 1 500 personnes.

Boîte à chansons à Somerset

Le 23 mars 73, à l'occasion de la visite de 15 étudiants de Moncton, Nouveau-Brunswick, les jeunes de Somerset montaient une boîte à chansons ayant pour thème «Au dio-zap». La surprise de la soirée fut une merveilleuse interprétation d'un extrait de *La Sagouine* par Marguerite Boisvert, préparé par Irène Garand. Les musiciens et artistes de la soirée:

> Sonia Ostrowski, Claude Poiron, Bob Beernaerts, Joe Simoens, Christopher Sierens, Gina Ostrowski, Ghislaine, Janine, Denise et Ginette Labossière, Michel Cousin, René Robidoux, Diane Poiron, Yolande Rondeau, Yvonne et Denise Simoens, Dolorès Oliviéro, Beverley Lussier, Dianne DeRuyck, Debbie VandeKerckhove, Marilyne Labossière, Roger Rey, Lucille Poirier, Lizanne Lachance et Alcide Boulet.

Louis Dubé et Monique Gauthier du Centre culturel de Saint-Boniface et François Savoie, directeur du 100 NONS, avaient aidé les jeunes de Somerset, placés sous la direction de soeur Corine Chartier.

Première subvention du gouvernement provincial

En avril 1973, Laurent Desjardins, ministre du Tourisme, des Loisirs et des Affaires culturelles, remettait un chèque de 2 000,00$ au président du 100 NONS, Maurice Auger, et à son directeur, François Savoie. Le Ministre disait vouloir ainsi souligner «le rayonnement à l'échelle provinciale de ce groupe de jeunes chanteurs et musiciens».

M. Laurent Desjardins remet un chèque à Maurice Auger et à François Savoie, 1973

Dernier spectacle de la saison

Les 18, 19 et 20 mai 1973, le 100 NONS présentait à son local le dernier spectacle régulier de la saison. À l'affiche:

> Lina LeGal, Jeannine Fillion, Roger Rey et Richard Guénette. Les musiciens: Jean-Pierre Brunet, Pierre Morier, Roland Roch et François Savoie. Harmonisation: Mona Gauthier et Monique (Ducharme) Gauthier.

Camp de formation au lac McDonald

En mai 1973, quelques jeunes artistes du 100 NONS participaient à un camp de deux semaines au lac McDonald, à 65 milles au nord de Montréal. Ce camp consistait en des cours de musique, de voix, d'harmonisation et de théorie à tous les niveaux et de tous les genres.

Spectacle pour des touristes du Québec

Le 11 juillet 73, à la demande de Touram, au cours d'un circuit organisé sous la direction de Micheline Bolduc du Québec, le 100 NONS présentait un spectacle à un groupe de 320 Québécois en visite à Winnipeg.

Le 100 NONS à la radio nationale

Dans le cadre de la série *Between Ourselves*, CBW, radio nationale, présentait le 20 juillet 73, un documentaire au sujet du 100 NONS. Participaient à l'émission:

Claude Boux, Mona Gauthier, Gérald Paquin, Philippe Kleinschmit, Christian LeRoy, Antoine Gaborieau, François Savoie, Roland Roch, Monique Gauthier et Léo Dufault.

Le 100 NONS au Festival Canada

Dans le cadre de Festival Canada, le 100 NONS présentait un spectacle à l'Astrolab d'Ottawa le 25 juillet 73. Le gouvernement fédéral avait bien voulu accorder à l'organisme une subvention de 2 000,00$ pour cette participation. Les artistes invités: Monique Gauthier, Roger Rey, Joanne Lavallée et Georges Couture.

Les musiciens: Jean-Pierre Brunet, Pierre Morier, Norman Levesque et Roland Roch. Le tout sous la direction de François Savoie.

Au retour des artistes, ce spectacle devait être répété au 100 NONS les 23 et 26 juillet où «un public de tous les âges ne se faisait pas prier pour applaudir à tout rompre ceux qui s'étaient déjà taillé un bon succès devant 600 spectateurs à Ottawa. Monique Gauthier revient d'un séjour dans une école de chant de l'Est et toutes les appréciations s'accordent à confirmer ses nouveaux succès... Joanne, Roger et Georges savent choisir leurs chansons, et dominer leur trac... Le 100 NONS a su attirer un public qui n'est pas déçu...».

Sans relâche

Aux activités ci-dessus mentionnées, le 100 NONS présenta encore toute une série de spectacles au cours de l'été 73:

12 juin – Rainbow Stage;
13 juin – Université de Winnipeg;
14 juin – Centre culturel;
28 juin – Art Gallery;
10 juillet – Plage Albert pour Contact Canada;
23 juillet – Pour jeunes Acadiens en voyage-échange;
26 juillet – Cabaret au 100 NONS;
27 juillet – Sur Lady Winnipeg pour Contact Canada;
28 juillet – Plage Albert pour Camp Notre-Dame;
29 Juillet – Cabaret au 100 NONS;
7 août – Sur Lady Winnipeg pour Contact Canada

Bilan très positif

À la fin de la saison 72-73, les responsables du 100 NONS avaient raison d'être très satisfaits du travail accompli et des succès obtenus. La participation des jeunes avait augmenté de façon remarquable grâce à la collaboration des écoles qui avaient donné à des centaines de débutants l'occasion de se produire. Enfin, le 100 NONS connaissait un rayonnement inégalé jusqu'alors.

Planification détaillée et audacieuse

À la fin de la saison 72-73, le Conseil administratif du 100 NONS préparait un document très complet des activités, des revenus et des dépenses de l'année qui venait de s'écouler, et soumettait une projection d'activités ainsi qu'un budget audacieux pour la prochaine saison. Nous ne pouvons malheureusement pas nous permettre de reproduire ici ce document. Cependant, mentionnons que pour la saison 73-74, la projection d'activités touchait à la diffusion (spectacles, invités, tournées, discothèques et activités spéciales).

Louis Dubé revient au 100 NONS

À la réunion du 17 juillet, le Conseil décida d'embaucher Louis Dubé comme directeur administratif. Ce dernier devait entrer en fonction le 1er août pour une période d'un an. Le nouveau Conseil constatait alors qu'il était dans une situation financière critique, ne possédant en caisse que la somme de 432,42$, avec certains comptes non réglés. Comme subvention en vue, un montant de 6 400,00$ par le Centre culturel (pour animation), une somme de 8 000,00$ de la part du Secrétariat d'État et un autre montant de 6 000,00$ promis par le ministère du Tourisme, des Loisirs et des Affaires culturelles du Manitoba. Un total éventuel de 24 000,00$.

Le nouveau Conseil d'administration

Nous n'avons pu retrouver le procès-verbal de la réunion annuelle tenue le 25 juin 73. Cependant, en étudiant les procès-verbaux des réunions subséquentes, nous pouvons conclure que le Conseil d'administration élu le 25 juin était formé comme suit: Jean-Guy Roy, président; Maurice Auger (président sortant de charge); Régis Gosselin (vice-président); Roger Foidart (trésorier); Germain Massicotte (secrétaire); Nadine Hrynek, Georges Paquin, Pierre Morier et Jean-Pierre Dubé (conseillers).

Appui du Centre culturel pour animation

Le 29 août 73, le président du 100 NONS, Jean-Guy Roy, et le nouveau directeur de l'organisme, Louis Dubé, signaient un contrat d'animation avec le Centre culturel de Saint-Boniface en échange de la somme de 6 400,00$.

Ce montant devait être entièrement consacré à la mise en oeuvre du programme-cadre du 100 NONS qui prévoyait la production d'une dizaine de boîtes à chansons comme résultat de sa programmation d'animation au niveau provincial.

Monique Gauthier – Animatrice

À la mi-septembre 73, Monique (Ducharme) Gauthier, bien connue au 100

NONS pour y avoir participé depuis ses tout débuts, était embauchée par l'organisme comme animatrice. Son travail devait s'effectuer en grande partie à l'extérieur de la ville, métier qui n'était d'ailleurs pas nouveau pour elle puisqu'elle avait déjà travaillé bénévolement à organiser des boîtes à chansons à Saint-Lazare, à Somerset, à l'école Taché et ailleurs.

Spectacle-gala – Un grand succès

Les 12 et 14 octobre 73, six artistes présentaient au local du 100 NONS un spectacle-gala pour lancer la saison d'activités. Le 13 octobre, c'était le «Grand spectacle gala [même programme] au gymnase du Collège de Saint-Boniface devant un auditoire de 400 personnes. Bien que l'atmosphère manquait de chaleur, le gymnase se prêtant mal à ce genre de spectacle, tous se sont bien acquittés de leur tâche. Joanne Gosselin... voix douce qui a su capter l'attention des spectateurs; Michel Boucher fit rire l'auditoire; la chanson la mieux réussie fut *Entre deux joints*... peut-être un peu crue mais qui décrit bien la réalité de notre temps; Mona Gauthier... élégance et voix variée; Louise Mousseau... rythme... expression corporelle... puissance de voix; Gérard Jean et Gérald Paquin qu'on avait gardés pour le dessert. Ils ont tout donné d'eux-mêmes dans des compositions originales. Gérard Jean, au piano, comman-

Roger Fontaine au Spectacle Gala, 1973

dait le respect... C'était son âme qu'il nous livrait. Paquin était toujours aussi expressif. Sa dernière chanson *Stéréo* aurait fait rougir le vieil Aznavour que Gérald a tant imité à un certain moment». Les musiciens pour ces soirées: Marc Trudeau (batterie); André Larivière (guitare); Alan McDonald (basse); Georges Lafrenière (orgue); Roger Fontaine (piano); Pierre Morier ('congas').

Il ne faut pas oublier ceux qui par leur présence dans les coulisses assurèrent le succès de ces représentations: direction technique: Jean Loiselle; projecteur: Raymond Garand; son: Aimé Vincent; éclairage: Raymond Tytgat.

Club La Vérendrye – Premier cabaret d'ambiance française

À la mi-octobre 73, Louis Dubé, Monique Ducharme et Lina LeGal faisaient salle comble au Club La Vérendrye. Ils étaient accompagnés par François Savoie, Roland Roch et Pierre Morier. La semaine suivante, Les Louis Boys (formation réduite), comprenant Edwin Prince, Gérald Bohémier et Hubert Fouasse, y étaient très applaudis.

C'est ainsi que «le 100 NONS et le Club ont initié un nouveau programme français... C'est la première fois à Saint-Boniface qu'on peut fréquenter un cabaret où on chante en français».

Premier Festival à Saint-Adolphe

Le 2 novembre 73 se tenait le premier Festival de la Boîte à chansons à Saint-

Adolphe. Les gagnantes de ce concours: Mona Morin et Denise LeGal.

Lauréates invitées au 100 NONS

Le 3 novembre 73, Carmen Robert et France Line, lauréates au Festival de Granby 72, étaient artistes invitées au 100 NONS.

Les Joyeux Tripoteux, 1973

Imagination et esprit d'équipe au CSB

Les étudiants du Collège de Saint-Boniface présentaient une boîte à chansons «Peut-être demain» au début de novembre 73, dont la première raison d'être était de choisir des représentants en vue du grand Festival du 100 NONS. On parle de soirée très amusante, avec beaucoup d'imagination et d'esprit d'équipe. «Les rejetées de douzième»: Claire Ferraton, Jacqueline Chaput, Rachel Guay et Michèle Fréchette y présentèrent un mini-spectacle fort apprécié. Les autres participants étaient Richard Simoens, Monique Fillion, Madeleine Vrignon et Rita Dandeneau.

Les Tripoteux

Les 9, 10 et 11 novembre 73, les Joyeux Tripoteux présentaient un spectacle au 100 NONS. Ce groupe était alors composé des artistes suivants:

Louis Dubé, «poète de la bonne entente»; François Savoie, «des doigts de musicien»; Lina LeGal, «comédienne en plus de chanteuse»; Roland Roch, «une gaîté réfléchie»; Juliette LeGal, «qui chante depuis toujours»; Yves Fortier, «sérieux à ses heures, poète à d'autres»; Yvette Carrière, «qui nous joue un rigodon»; et Pierre Morier, «avec de nouveaux bangos».

Ce groupe sut amuser son auditoire. «Avec Les Tripoteux, il est impossible de s'apitoyer sur son sort. Ils sont un véritable tonique». Les techniciens: Jean Loiselle, Raymond Garand et Claude Ducharme.

Le reporter, sans doute un «fan» des Tripoteux, n'y va pas de main morte dans ses louanges de ce nouveau groupe: «Le 100 NONS a évolué tout comme son auditoire. On en est à un temps plus vrai. Dépassées les chansons françaises kétaines [expression québécoise]. Oubliées les soirées de premières où, suffoquant, l'auditoire délirait à écouter quelque adolescent pubertaire épanchant des angoisses métaphysiques formulées pour lui, par des adolescents retardataires. Entamée la voie du progrès... Progrès, un effort de chanter d'abord nos expériences communes... de les dire avec notre voix canadienne, celle du Québec [?]. Un feu roulant de folklore, de western, de rigodons, de farces... On multipliait les jeux de mots... on frôlait le grivois, l'irrévérence parfois [trait québécois], mais quel carnaval en définitive!... Immanquablement plusieurs furent indisposés par Les Tripoteux...».

Festival de Granby 73

Jours de gloire pour le 100 NONS

Le Festival de Granby 73 compta sans doute parmi les plus grands moments, les plus belles pages dans les annales du 100 NONS.

Les 1er et 2 septembre, sur les douze artistes du 100 NONS qui se présentèrent aux auditions tenues au Centre culturel de Saint-Boniface, sept se qualifièrent pour participer aux quarts de finales du Festival de la chanson de Granby.

Le 6 octobre, trois Manitobains, Monique Ducharme, Gérald Paquin et

Gérard Jean à Granby, novembre 1973

Gérard Jean remportèrent les honneurs aux quarts de finales à Granby.

Le 10 novembre, Monique et Gérald retournaient à Granby pour participer aux demi-finales (catégorie interprètes). «Il y a eu alors Gérald dans les coulisses, tendu comme une trajectoire de boulet en attendant son tour, avec ces rumeurs qui montaient de la grande salle et de ses 400 spectateurs, [puis] sur une scène comme il le voulait pour asséner son *Finalement*, Gérald Paquin, accompagné de Gérard Jean, sortait vainqueur des demi-finales».

Le 17 novembre, «il y a eu Ziz [Gérard Jean] seul sur la scène avec ses compositions, et la même tension, et le même gros coeur qui s'est transformé en coeur lourd... comme nous ne l'attendions pas».

Les 23, 24 et 25 novembre, Gérald et Gérard présentaient «un spectacle du tonnerre devant une salle toujours comble au 100 NONS».

Le 7 décembre, Gérard Jean retournait à Granby pour accompagner Gérald Paquin en finale.

Gérald Paquin vainqueur à Granby

Et c'est arrivé comme il se devait! Gérald Paquin fut consacré vainqueur au Festival de Granby dans la catégorie des interprètes. «On n'y croyait plus; même Gérald n'y crut vraiment qu'en entendant son nom, alors que le président du jury, le compositeur Jacques Manchette, annonçait les résultats à minuit. La compétition était extrêmement serrée, l'ensemble s'apparentant plus selon Manchette à un spectacle de professionnels qu'à un concours

Gérald Paquin, vainqueur à Granby, décembre 1973

d'amateurs». Il fut dit que le jury «a tenu compte des qualités d'interprétation de Gérald plutôt que de la préférence du public festivalier [des Québécois] pour France Line. Plus encore, la seconde de l'an dernier est aujourd'hui quatrième, ce qui a été très mal admis par beaucoup de spectateurs, les huées venant se mêler aux applaudissements. C'est la première fois que l'heureux élu n'est pas québécois».

«Encore sous le coup de l'émotion, le vainqueur ne s'en rendait pas compte. On le comprend quand on sait quel tremplin Granby peut représenter. Y gagner la finale, c'est ouvrir les portes des maisons de disques, gagner un voyage en Europe qui peut se transformer en tournée, et empocher un chèque de mille dollars».

«Tout cela ne monte pas à la tête de Gérald... il ne délaissera pas son Manitoba pour autant. Car cette victoire est aussi celle de Gérard Jean et celle du 100 NONS qui les a appuyés pendant six ans, et celle, en fin de compte, de tous les groupes cul-

turels franco-manitobains qui se battent pour faire de la qualité». À la suite de sa victoire, Gérald passait pour la première fois à des émissions du réseau national de télévision dans «Boubou», puis était accueilli par «Feu Vert».

Le 12 décembre, Gérald Paquin et Gérard Jean, à leur retour de Granby, étaient chaleureusement accueillis à l'aéroport par leurs amis et collègues du 100 NONS. On se rendit au local de l'organisme où une fête avait été préparée en leur honneur et où eut lieu une séance d'improvisation collective.

Nomination «prudente» au CCFM

Au début de décembre 73, le Ministère des Affaires culturelles du Manitoba annonçait la nomination de cinq nouveaux membres au Conseil d'administration du

CCFM. Tous les cinq faisaient déjà partie des exécutifs d'organismes culturels appelés à animer le CCFM et qui souhaitaient depuis longtemps participer aux décisions générales (dont le 100 NONS, le Cercle Molière et Mélo-Manie). Le président du 100 NONS, Jean-Guy Roy, fut l'un des nouveaux administrateurs du CCFM. Cependant, avec une savante prudence, le Ministère spécifiait dans son communiqué que les nouveaux venus étaient conviés à contribuer à l'administration du CCFM en raison de leur expérience annexe et non à cause des charges présidentielles ou autres qu'ils assumaient dans leurs groupes respectifs. Ainsi, la décision prise ne paraissait en aucun cas remettre le sort du CCFM entre les mains des groupes participants.

Au nouveau Centre culturel

À l'occasion des Fêtes d'ouverture du Centre culturel franco-manitobain, le 100 NONS présentait un spectacle le 17 janvier 1974. Au programme: Louise Mousseau et Joanne Lavallée sous la direction musicale de Roger Fontaine et de Claude Gauthier, ainsi que le groupe Les Miséreux composé de Tom Ivory, Gerry Rocan, Louise Mousseau, Michel Boucher, Alan McDonald, Roland Roch et Pierre Morier. Ce groupe présentait surtout des chansons rock originales.

Des cours au 100 NONS

En février 74, le 100 NONS avait le plaisir d'accueillir Pierrette Lachance, artiste renommée, pour donner des cours de chant au CCFM. «Au premier cours donné,

13 ou 14 jeunes se présentèrent. La semaine suivante, [elle] se retrouvait avec 3 ou 4 élèves qui, par la suite, vinrent assidûment jusqu'à la fin de la saison. Quelques-unes de ces élèves ayant obtenu de participer à une série télévisée (secteur variété), Radio-Canada, dans la personne du réalisateur François Savoie, les obligea à suivre ces cours et mit cette condition au renouvellement de leur contrat».

Les Louis Boys au 100 NONS

Les Louis Boys présentaient un spectacle à la salle du 100 NONS du nouveau Centre culturel les 1er et 2 février 74 devant un auditoire totalisant 124 personnes. «Groupe bien connu qui est reparti de plus belle cette année avec des membres greffés pour effacer des amputations... la greffe a pris. Les Louis Boys, c'est pas compliqué mais c'est bon».

Ce groupe était également au Relais du Voyageur pendant toute la semaine du Festival du Voyageur à la mi-février.

En fin de saison, Les Louis Boys entreprendront une tournée: le 10 mai ils seront à Saint-Norbert, le 17 mai à Saint-Pierre et le 31 mai à La Broquerie.

Le 100 NONS au Festival du Voyageur

Du 21 au 24 février 74, dans le cadre du Festival du Voyageur, se tenait au 100 NONS «Le Bistro du Voyageur» avec «Les Miséreux» et d'autres artistes du 100 NONS. Le 20 février, au couronnement de la Reine du Festival, «les murs du

Léo Dufault, Norman Dugas et Tom Ivory

Playhouse vibraient des douces harmonies qu'exécutait l'orchestre du 100 NONS».

Au cours de la semaine du Festival, des membres du 100 NONS étaient également parmi les artistes invités au Club La Vérendrye les 18, 21 et 22 février.

Enfin, le 100 NONS était encore présent au Bal du Gouverneur le 23 février à l'Hôtel Fort Garry. En vedette: Louis Dubé, Mona Gauthier et Lina LeGal. Les musiciens: Norman Dugas, André Larivière, André Larochelle, Claude Gauthier, Georges Lafrenière et Marc Trudeau.

Gérald Paquin et Gérard Jean participaient au couronnement de la Reine le 20 février au Théâtre Playhouse et donnaient également à l'occasion du Festival leur premier spectacle pour le grand public manitobain dans la salle de théâtre du nouveau Centre culturel franco-manitobain les 21 et 22 février.

Clé de Sol – Spectacle 74

C'est une véritable chorale que présentait le 100 NONS au CCFM les 8, 9 et 10 mars 74 avec le groupe Clé de Sol transformé.

Au groupe d'artistes de l'année précédente s'ajoutaient comme accompagnement en choeur: Jean-Paul Cloutier, Guy Boulet, Paul Mulaire, Pierre Dion, Rose Dandeneau, Aline Lavergne, Gisèle Saurette, Cyril Parent, Léo Parent, Jacques Saurette, Roland Saurette, André Champagne, Aline Cousineau, Annette DeRocquigny et Danielle Sala.

«Ce spectacle, réalisé par Michel Dandeneau, magnifiquement orchestré par Bernard Boulet... fut une belle réussite... fait gentiment, sans prétention, mais avec amitié, humanisme et détermination devant un auditoire de 700 personnes».

Festival Bach 74

Le 17 mars, à l'occasion du Rallye-Jeunesse de la SFM, le 100 NONS présentait son 2e festival de boîte à chansons appelé «Festival Bach». Les huit demi-finalistes:

Monique Fillion de Saint-Boniface, Cheryl DeCruyenaire de Saint-Adolphe, Denise LeGal de Saint-Adolphe, Lizanne Lachance d'Élie, Guy Noël de Sainte-Anne, Gérald Cyr d'Île-des-Chênes, Richard Simoens de Saint-Boniface et Christian Laroche de Saint-Malo avaient auparavant suivi un atelier de formation de fin de semaine au 100 NONS. Les personnes ressources qui aidèrent à préparer ces jeunes: Louis Dubé, Jeannette Arcand, Gérald Paquin, Mona Gauthier, Hubert Fouasse, Gérard Jean, Suzanne Jeanson et Norman Dugas.

Les gagnants en finale: Richard Simoens (catégorie auteur-compositeur, seul en lice); Guy Noël et Christian Laroche (ex aequo, interprètes-élémentaires); Monique Fillion (interprète-secondaire). Monique Ducharme et Roland Roch, grands responsables de l'organisation et de l'animation de ce Festival avaient su vaincre une à une les difficultés pour arriver à collaborer avec les divisions scolaires et les 34 écoles où s'étaient tenues les éliminatoires successives et furent applaudis autant que les candidats par un auditoire de 550 jeunes qui

Gagnants du Festival Bach, mars 1974 : Christian Laroche, Guy Noël, Monique Fillion, Denise Le Gal, Cheryl De Cruyemaere et Richard Simoens

mée par des jeunes qui y chantaient pour la première fois. «Au cours des années, le 100 NONS nous avait habitués à voir des spectacles de plus en plus élaborés qui sont devenus de véritables 'shows'. Aussi était-il normal d'être un peu déçus, étant devenus plus exigeants». Les artistes participants:

Nicole Laurin (simplicité et sincérité) accompagnée de Michel Chammartin (bon musicien), Jocelyne Nuernberger, Gérald Tétreault, le groupe «Mémoire» du Précieux-Sang (on retrouve Gilles Lamoureux au piano, Jean-Paul Boily à la guitare basse , François Gratton et Bruno LeGal, à la guitare sèche, Armand Martin à la flûte, et les chanteuses Michèle Fréchette et Lillian Gagné), Annette DeRocquigny (fort jolie voix), Claude Clément et Denise Dore. Le reporter remarque chez certains «un trac fou... un manque de cohésion... des fausses notes... une articulation trop prononcée... un trébuchement... un manque de préparation, de discipline...».

remplissaient le théâtre du CCFM. Les musiciens: Norman Dugas, Marc Trudeau, Tony Cyr et Wayne Janz. Les techniciens: Jean Loiselle, Raymond Tytgat et Raymond Garand.

Les cinq juges étaient Paulette Jubinville et Georges Paquin de Radio-Canada, Jean-Guy Roy, président du 100 NONS, Yves Gagnon, organisateur du Festival de Granby et Antoine Gaborieau.

Après le concours, Gérald Paquin et Gérard Jean présentèrent un spectacle de plus d'une heure «dans lequel les deux compères, portés par un public spontané, donnèrent le meilleur d'eux-mêmes».

Le reporter ajoutait une remarque très à propos: «Au fond, les objectifs premiers du 100 NONS ne sont pas de présenter des groupes de qualité qui se sont formés à partir d'anciens membres du 100 NONS. Ces groupes doivent voler de leurs propres ailes. Le 100 NONS, lui, doit permettre aux débutants qui le désirent de se produire en spectacle, d'obtenir des conseils et de l'aide. C'est pour cela que le 100 NONS a été créé». Ce que ce reporter aurait pu ajouter pour être clair, c'est que le 100 NONS avait comme but premier de valoriser auprès des jeunes la culture française par le biais de la chanson.

Boîte à chansons
pas comme les autres

Les 5, 6 et 7 avril 74, le 100 NONS présentait une boîte à chansons «pas comme les autres». C'est qu'elle était ani-

UNE JOURNÉE EN MUSIQUE

Les artistes de «Une journée en musique», 1974

Spectacle de fin de saison 74

Seize artistes au moins participaient à «Une journée en musique», dernier spectacle de la saison au 100 NONS. «L'ambiance fut tout de suite établie à la première chanson interprétée par Nicole Brémault...aisance sur scène... puissance de voix... malgré ce début prometteur, un certain froid a envahi le théâtre rempli à trois quarts... froid qui provient du manque de dialogue... pas un seul mot de bienvenue... pas un seul artiste fut présenté... Pour le reste, ce fut un spectacle très intéressant...».

Bilan de l'année

La réunion annuelle du 100 NONS se tenait le 5 mai 74 au CCFM. Une quarantaine de personnes s'étaient déplacées pour participer au débat qui marquait la fin d'une année extrêmement active. Au cours de la saison, le 100 NONS avait monté 16 spectacles et donné 29 représentations en

tout; il avait invité quatre groupes de l'extérieur, s'était déplacé 31 fois dans la province, avait mis sur pied huit spectacles d'animation pour les écoliers, avait assuré quelques bonnes soirées au Club La Vérendrye, avait organisé des cours de musique et de chant et avait participé au Festival du Voyageur. Il s'était rendu à Ottawa pour le Festival Canada. Il avait été représenté aux camps d'été de Katimavik par Gérald Paquin et Gérard Jean qui lui avaient également rapporté le premier prix du Festival de Granby. Il avait hérité d'une partie du mandat d'animation de la SFM et avait engagé Monique Gauthier pour organiser pour la première fois un festival provincial pour les débutants avec la participation de 34 écoles dans 12 boîtes à chansons locales, trois boîtes à chansons régionales et dix sessions de formation de deux jours. Les demi-finalistes et les finalistes avaient eu droit à une session spéciale de quatre jours. L'ensemble de l'auditoire atteint par le 100 NONS avait dépassé 20 000 personnes pour les spectacles et 5 600 pour le Festival Bach.

Invitation aux divisions scolaires

La réussite quantitative ci-dessus mentionnée ne suffisait cependant pas aux membres, surtout aux anciens les plus intéressés, et le débat général qui suivit le rapport vit l'irruption de toute une série de questions. Le 100 NONS se préoccupaitil vraiment de former des jeunes et de promouvoir la chanson française? Il faudrait plus d'ateliers, de cours, de mini-spectacles. Roland Mahé mit alors les cartes sur table : avec le budget dont disposait le 100 NONS, il n'était pas possible de faire de l'animation efficace à l'échelle provinciale. C'est ainsi que surgit l'idée de mandater le Conseil d'administration pour une rencontre avec les directeurs généraux des cinq divisions scolaires francophones. Celles-ci recevaient des subventions substantielles pour fins d'animation. Cette dernière était cependant souvent reléguée au dernier rang. Il aurait fallu obtenir que les divisions reconnaissent la nécessité de l'animation et particulièrement le rôle de la chanson.

Devrait-on payer les artistes ?

«Dans le même élan, l'assemblée décidait que l'habitude de donner des cachets aux musiciens ou aux chanteurs était une distorsion pour une organisation éducative. Elle enjoignait le Conseil à ne plus en distribuer, pas même après s'être remboursé des frais d'organisation...».

Troubadours 74

Grâce à une subvention du Secrétariat d'État et à la demande de certaines universités, trois artistes du 100 NONS, Louis Dubé, François Savoie et Roland Roch, composant la troupe «Troubadour 74» devaient entreprendre une grande tournée dans cinq provinces de l'Est entre le 2 juillet et le 26 août. Les spectacles qu'ils présentèrent et l'animation qu'ils dirigèrent s'adressaient aux étudiants du français langue seconde. Nos artistes se rendirent dans de nombreuses universités des Maritimes et dans plusieurs autres du Québec et firent partie de la délégation manitobaine à la «Super-franco-fête» internationale de la Jeunesse francophone à Québec. Ce fut pour eux un «choc culturel salutaire». Quant aux réactions des Québécois, estimait Louis Dubé, «nous nous sommes parfois sentis rejetés, mais nous les avons nous-mêmes assez bien compris».

CHAPITRE V

Jusqu'à la dérive

Troisième logo du 100 NONS

Saison 74-75 –
Départ des anciens

Nous n'avons pu retrouver que peu de publicité, de rapports d'activités ou de documentation portant sur la saison 74-75. De plus, il semblerait qu'à cette époque plusieurs anciens aient plus ou moins quitté la scène, soit comme administrateurs, soit comme artistes. Aussi, l'organisme en fut-il sans doute passablement affecté.

Conseil d'administration 74-75

Selon les procès-verbaux de l'époque dont nous avons pu prendre connaissance, Roland Roch était nommé directeur du 100 NONS le 12 septembre 74, remplaçant Louis Dubé, démissionnaire. À la même réunion, on apprenait la démission de Jean-Guy Roy comme président de l'organisme. Les postes vacants furent bientôt comblés, quoique avec difficulté, de sorte que le nouveau Conseil d'administration pour la saison 74-75 se composait du président, Germain Massicotte, de la vice-présidente, Monique Ducharme, du trésorier, Roger Foidart, de la secrétaire, Suzanne

Massicotte, et des conseillers, Pierrette Lachance, Lina LeGal et Michel Dandeneau.

Les Tripoteux sont de retour

Au retour d'une tournée de 6 semaines dans l'Est, le groupe «Les Tripoteux», composé de Louis Dubé, de Roland Roch et de François Savoie, présentait un spectacle-cabaret à la salle du 100 NONS le 13 septembre 74. «Au programme, des chansons traditionnelles ou folkloriques québécoises et françaises, des chansons contemporaines et manitobaines, ces dernières essentiellement des compositions des trois compères».

Des cours au 100 NONS

À partir du 29 octobre 74, grâce à une subvention de 750,00$ offerte par La Fondation Radio-Saint-Boniface Ltée, le 100 NONS proposait deux cours hebdomadaires aux jeunes artistes en herbe. Pour ce faire, l'organisme avait retenu pour 20 rencontres les services de Jean-Guy Roy pour l'improvisation et la détente, et de Pierrette Lachance pour l'interprétation de la chanson et la mise en scène.

Premier spectacle de la saison

Les 1er, 2 et 3 novembre, devant un auditoire totalisant 250 personnes, le 100 NONS présentait son premier spectacle de la saison 74-75 «Ayez l'oeil ouvert» dans la petite salle du CCFM. En vedette: Monique

Fillion, Lizanne Lachance, Pierre Bélanger, Gisèle Ayotte et Madeleine Vrignon. Les musiciens: Marc Lavoie (piano), Gilles Lamoureux (orgue), André Larivière (guitare), Jean-Louis Lamoureux (saxophone), Jean-Paul Boily (basse), Guy Corriveau (batterie) et Bertrand Savard (percussion). Les recettes s'élevaient à 700,00$ alors que les dépenses étaient de 492,00$.

Roger Rey en concert

Le 29 novembre à Saint-Claude et les 6 et 7 décembre au 100 NONS, Roger Rey,

talent précoce, originaire de Haywood, présentait son propre spectacle. C'était beaucoup demander à cet artiste encore très jeune. De plus, on ne lui accorda sans doute pas l'appui dont il aurait eu besoin pour la préparation que requiert un concert solo. Aussi, son récital n'atteignit-il pas le succès espéré.

Roger Rey en concert, décembre 1974

Paquin, animateur au 100 NONS

Au cours des années, presque depuis ses tout débuts, le 100 NONS avait eu l'avantage de retenir ses artistes qui acceptaient les uns après les autres d'assumer des responsabilités au sein de l'organisme.

Ainsi en fut-il encore au début de décembre 74 lorsque Gérald Paquin accepta le poste d'animateur-coordonnateur de l'organisme. Il devait s'occuper tout particulièrement du concours «Renaissance Bach», concours de Boîtes à chansons pour les jeunes chanteurs francophones des différentes régions de la province. Le 100 NONS recevait alors l'appui financier du Centre culturel franco-manitobain, ce qui, en septembre 1974, représenta «un chèque de 1 250,00$ comme tranche initiale pour [ses] projets d'animation culturelle».

Le Conseil d'administration annonçait en même temps l'embauche de Raymond Garand au poste de directeur technique. Ce dernier s'occuperait également de la mise sur pied d'une banque de chansons.

Noël au CCFM

Du 19 au 22 décembre 74, le 100 NONS présentait «Soirées du bon vieux temps» au théâtre du CCFM. Ces soirées tentaient de recréer pour l'auditoire le charme des Noëls anciens, avec les enfants, la crèche, le repas de Noël, les chansons, la parenté, la messe de minuit, la danse, les cadeaux, etc.

Weekend Bach

Les 16 et 17 mars 75, le 100 NONS tenait des ateliers pour les écoles gagnantes de son concours «Renaissance Bach» auquel une quinzaine d'institutions scolaires avaient participé. Les écoles représentées à ces ateliers: Île-des-Chênes, Louis Riel, Lacerte et Sainte-Agathe. Le samedi 17 mai, soirée pour les étudiants. Le 18 mai, le grand public était invité pour ap-

plaudir les finalistes. L'Institut collégial Louis-Riel y remportait le premier prix avec son spectacle «En Vrac».

Du Rock au 100 NONS

Les 18, 19 et 20 avril 75, le 100 NONS présentait un «Concert Rock» au théâtre du CCFM. À l'affiche:

Louise Mousseau, Georges Couture, Monique Fillion, Pierre Bélanger, Daniel Boucher, Jocelyne Beaudette, Nicole Brémault, Roland Roch, André Larivière, Claude Gauthier, Georges Lafrenière, Pierre Morier et Guy Corriveau.

Ce concert était «à déconseiller aux plus de 31 ans». La production était de Claude Gauthier; mise en scène et distribution artistique de Daniel Poulin; régie de Raymond Garand; son: René Beaudry et Jean Loiselle; éclairage: Georges Beaudry, assisté de Pierre Bayard, Aimé Vincent, Jean-Pierre Campagne et Michel Bazin; programmation: Éliane Fréchette.

Spectacles 74-75

Outre les spectacles ci-dessus mentionnés, le 100 NONS présenta au cours de la saison toute une série de soirées au sujet desquelles nous ne possédons que très peu de documentation: le 26 septembre, réception pour Radio-Canada; le 5 octobre, gala d'ouverture (300 spectateurs); le 23 octobre, Collège de Saint-Boniface; le 5 décembre on présente un spectacle en présence du Premier ministre Pierre-E. Trudeau (assistance: 600 personnes); les 25 et 26 janvier, soirées présentées dans le cadre de l'Année de la femme; du 17 au 22 février, participation au Festival du Voyageur. Plus de mille spectateurs; le 16 mars, spectacle à l'occasion d'un rallye de la SFM; les 9 et 10 mai, soirées présentées par Pierrette Lachance.

Festival de Granby

Tout ce que nous savons c'est que «Trois jeunes filles ont pris part au Festival à titre d'interprètes de même qu'une à titre d'auteur-compositeur-interprète».

Le 100 NONS en tournées

Au cours de la saison, le 100 NONS se rendit dans sept centres et se produisit devant un auditoire totalisant 1 700 personnes: Régina, le 15 novembre; Saint-Claude, le 29 novembre; La Broquerie, le 8 décembre et 7 mars; Saint John's College, le 18 janvier; Saint-Georges, le 25 janvier; Notre-Dame-de-Lourdes, le 18 février.

Un seul atelier, une seule discothèque

Le 100 NONS présenta un seul atelier au cours de la saison, pour 30 participants de La Broquerie. Cet atelier fut suivi d'un spectacle monté par les élèves participants. Une seule discothèque également, «Réveillon 75» à laquelle participèrent 140 jeunes. Dans une ambiance «rock français», on partagea un repas de Noël.

Bilan financier de la saison

On retrouve dans les dossiers du 100 NONS le bilan financier pour l'année du 1er avril 74 au 31 mars 75. Les revenus (incluant les subventions fédérale et provinciale se chiffrant à 14 000,00$) sont de 23 394,13$, alors que les dépenses s'élèvent à 23 234,80$, ce qui laisse un excédent des revenus sur les dépenses totalisant 159,33$.

Une critique sévère

Au début de mai 1975, un membre actif du 100 NONS, Claude Gauthier, qui avait participé à plusieurs spectacles depuis 1968 en tant que musicien, fait parvenir au Conseil exécutif de l'organisme une lettre dans laquelle il exprime certaines craintes et déceptions ainsi que des suggestions pour l'avenir. Nous nous permettons d'en donner ici quelques extraits:

Je suis déçu et peiné de voir un organisme ayant démarré sur le bon pied maintenant tombé si brusquement appauvri... J'ai eu la chance de produire un spectacle complet qui m'a permis de travailler intensément pour le 100 NONS et cette expérience m'a ouvert les yeux. J'ai constaté que les gens impliqués à temps plein manifestaient un intérêt à temps partiel... Pour bien réussir ce spectacle... j'ai presque dû tout faire moi-même, et aussi voir à ce que toutes les tâches nécessaires à sa réussite soient exécutées à temps et correctement. N'ayant pas eu beaucoup de coopération de la part des autres membres, cette tâche fut très lourde pour moi qui l'accomplissais pour la cause du 100 NONS et pour ma propre satisfaction.

Je voudrais vous dire le regret que j'ai de constater que le 100 NONS est en voie de disparaître. Il n'est pas seulement composé d'un comité de dirigeants et de quelques employés, mais de nous tous, de tous les membres qui d'après moi sont assez nombreux... C'est en nous unissant... que le 100 NONS pourra reprendre vie....

Des années difficiles

Les frustrations qu'exprimait à sa façon ce jeune artiste du 100 NONS n'étaient pas sans contenir une part de vérité. L'organisme commençait en effet à connaître des difficultés qui devaient nuire à son rayonnement et risquaient même de le mettre en péril. Le malaise n'était pas nouveau et, comme nous le verrons, il se répétera au cours des années. Ce malaise, ces difficultés, lorsqu'ils surviendront, peu importe l'époque, trouveront leur source dans maints facteurs dont il faut souligner les plus importants. Tout d'abord, d'une année à l'autre, on tentera de redéfinir les buts du 100 NONS. Si on semble toujours s'entendre quant au rôle que doit se donner l'organisme «de promouvoir la chanson française chez les jeunes en vue de valoriser notre culture», on n'est pas toujours d'accord quant aux modalités à adopter pour atteindre ce but. D'ailleurs, on confond souvent «buts» et «modalités». Certains voudraient conduire les jeunes au professionnalisme. D'autres désireraient voir le 100 NONS jouer le rôle d'impresario. Certains voudraient «impliquer les gens de tout âge». D'autres encore abandonnent l'idée de «petites boîtes à chansons» et veulent «des gros shows».

Ensuite, il faut bien le dire, on ne s'était peut-être pas assez préoccupé d'assurer la relève. Certains responsables manqueront parfois de leadership, de compétence ou d'initiative. Ne s'improvise pas administrateur, organisateur ou personne-ressource qui veut.

Enfin, le 100 NONS manquera également de fonds, non seulement pour offrir à ses employés des salaires assez alléchants et s'attirer la compétence désirée, mais encore pour poursuivre les activités qu'il lui faudra entreprendre.

Aussi, en dépit des bonnes volontés, avec la saison 74-75, le 100 NONS commençait-il à connaître des années difficiles.

Saison 75-76 – Nouvelle direction

Le 1ᵉʳ octobre 1975, le nouvel exécutif du 100 NONS, dont le président était Claude Saindon, embauchait Jacqueline Blay comme directrice du 100 NONS pour une période d'un an. Selon les renseignements que nous avons pu obtenir, le Conseil d'administration était alors composé entre

Jacqueline Blay, directrice du 100 NONS, saison 1975-1976

autres des membres suivants: Monique Gauthier, vice-présidente, Gérard Jean, Denis Raimbault, Dennis Connelly, Philippe Kleinschmit et Julien Allard.

Le 1ᵉʳ octobre également, le Conseil embauchait Dennis Connelly comme directeur-adjoint pour une période de quatre mois.

Dennis Connelly, directeur adjoint du 100 NONS, octobre 1975

Programmation d'octobre à décembre 75

Selon les rapports qu'en donneront les directeurs du 100 NONS en janvier 1976, la programmation du 100 NONS pour la première partie de la saison 75-76 se résume aux activités suivantes: Spectacle d'ouverture, les 18 et 19 octobre (salle comble chaque soir); Bal masqué comme party d'Hallowe'en, le 2 novembre (50 personnes); Discothèque, le 15 novembre (60 personnes); Bouche-trou, le 5 décembre; Petite représentation à l'occasion de la soirée CM 50, le 12 décembre; Réveillon de Noël.

Entre temps, le 100 NONS préparait son Festival Bach, participait au Festival de Granby, entrait en contact avec le Club La Vérendrye, le Collège de Saint-Boniface, le Conseil jeunesse provincial et le Festival du Voyageur soit dans le but de participer lui-même à certaines activités, soit encore comme impresario pour des artistes ou des orchestres n'appartenant pas strictement à l'organisme.

Gagnants de la loterie olympique

Le 28 septembre 75, le Canada tout entier avait l'occasion de voir et d'entendre Gérald Paquin et Gérard Jean qui présentaient un spectacle télévisé à la Salle du Centenaire de Winnipeg à l'occasion du tirage de la loterie olympique. On dit que 7 millions de spectateurs étaient à l'écoute.

Le retour des Louis Boys

Les Louis Boys se produisaient au Club La Vérendrye du 13 au 18 octobre 75.

Spectacle-ouverture

Le 100 NONS ouvrait officiellement la saison 75-76 les 18 et 19 octobre. En vedette: Louis Dubé, Monique Fillion, Roger Rey, Pierre Morier et son orchestre, Georges Couture, Michel Chammartin et Gisèle Fréchette.

Trois Manitobains à Granby

En 1975, grâce à l'appui financier de la Fondation Radio-Saint-Boniface, le 100 NONS pouvait aider trois artistes de chez nous à participer au Festival de Granby. Il s'agissait de Gisèle Ayotte, de Louis Dubé et de Monique Fillion. Ces deux derniers durent se rendre trois fois à la capitale du Festival. En octobre, tous deux se qualifiaient pour les demi-finales. Le 22 novembre, Louis et Monique remportaient les demi-finales avec deux autres concurrents. Le 6 décembre se tenait la grande finale. Monique et Louis avaient avec eux «en la

Monique Fillion à la finale du Festival de Granby, décembre 1975

Louis Dubé à la finale du Festival de Granby, décembre 1975

personne de Norman Dugas, pianiste accompagnateur, une aide précieuse, prête à toute défaillance...». Résultat final: Monique s'est classée deuxième et Louis quatrième. Tous deux avaient le même sentiment d'avoir fait de leur mieux, d'avoir donné le meilleur d'eux-mêmes. Le 100 NONS et le Manitoba français étaient très fiers de leurs deux artistes.

L'Orchestre Bauchaud

Le 1er décembre 75, le 100 NONS signe un contrat d'engagement avec l'orchestre Bauchaud, contrat selon lequel le 100 NONS s'engage à procurer à l'orchestre des représentations dans les écoles, les salles ou autres endroits où on pourrait avoir besoin de leurs services. Le chef d'orchestre, Pierre Morier, était accompagné de l'équipe suivante: Roland Roch, Jean-Paul Boily, Tom Ivory, Georges Lafrenière, Louise Mousseau Bourrier (chanteuse), Georges Couture (chanteur) et Jean Loiselle (technicien).

Daniel Lavoie - Premier microsillon

À la fin de 1975 Daniel Lavoie enregistrait son premier microsillon *S'endormir pour oublier*.

Subvention du gouvernement manitobain

Au début de janvier 76, le ministre de la Santé, monsieur Laurent Desjardins, au nom du Ministère des Affaires culturelles, remettait un chèque au montant de 7 400,00$ comme subvention de l'État à Monique Gauthier, présidente du 100 NONS par intérim.

Spectacle «Bonne année 76»

Les 17 et 18 janvier 76, avec la collaboration du 100 NONS, le CCFM présentait son premier spectacle de l'année «Bonne année 76». À l'affiche: Mona Gauthier et Henri Loiselle (ce dernier, était originaire de la Saskatchewan), sous la direction de madame Yvette Guilbert, pianiste et chef de concert dans l'Est, mais qui avait toutes ses racines au Manitoba.

Janvier 76 - Démission en bloc

Selon un article paru à la une dans *La Liberté* du 21 janvier 76, le 100 NONS «se retrouve pratiquement sans Conseil d'administration après la démission de la plupart de ses dirigeants». Le président, le vice-président, le trésorier et trois des quatre conseillers se seraient alors démis de leurs fonctions. Toujours selon l'article, «mises à part des raisons de convenances personnelles..., un conflit [se serait] dessiné au sein de la direction... les dirigeants [n'étant] pas tous d'accord sur la direction dans laquelle le groupe devrait s'engager... Un choix s'offre en effet au 100 NONS. Doit-il mettre l'accent sur le côté 'animation' ou sur le côté 'spectacle'? Doit-il se concentrer sur des projets comme le concours de boîtes à chansons... ou doit-il mettre son énergie et ses moyens au service des gens qui voudraient devenir des chanteurs professionnels?» Selon la directrice du 100 NONS, Jacqueline Blay, il ne s'agissait pas de «démissions en bloc» mais progressives. Certains membres tels que Monique Gauthier, vice-présidente élue et présidente par intérim qui devenait animatrice du projet «Pi-oui» avaient de bonnes raisons pour démissionner. Il faut avouer que Jean Lessieur, auteur de l'article, n'en était pas à son premier effort «d'envenimer les choses» comme le lui répond Jacqueline Blay. Il demeure cependant, comme le dit le vieil adage: «Qui trop embrasse, mal étreint», que le 100 NONS en voulant se lancer dans trop de directions, pouvait perdre de vue sa principale raison d'être, celle de promouvoir la chanson française auprès des jeunes. Lors de la réunion du 25 janvier, on ne manquera d'ailleurs pas de souligner ce mandat premier.

Plaintes de la direction

Le 25 janvier 1976, le 100 NONS tenait une réunion annuelle spéciale dans le but de reconstituer son Conseil d'administration.

Dans le rapport où elle fait un compte rendu des activités du 100 NONS depuis le début de la saison, la directrice, Jacqueline Blay, avoue ne pas avoir pu remplir toutes les tâches qui lui avaient été assignées et en rejette la responsabilité sur le Conseil d'administration au sein duquel «il y avait manque de stabilité... Il est très difficile de travailler avec des gens que l'on n'arrive pas à rejoindre...». De là la difficulté pour elle de prendre des décisions de sa propre initiative. Elle demande au nouveau Conseil de planifier à long terme, d'obtenir des fonds supplémentaires, de se maintenir en contact avec la direction, de venir aux spectacles, de former une équipe, d'être prêt à donner de son temps, d'avoir confiance dans ses employés.

Dans un rapport, les remarques du directeur-adjoint, Dennis Connelly, vont dans le même sens. Il trouve son mandat difficile à cause «du manque de communications entre le Conseil et les employés... La confusion règne... Il n'y a pas de continuité... Le personnel et les membres du Conseil ne sont pas impliqués au 100 NONS le temps qu'il faut pour réaliser à fond les projets...».

Nouveau Conseil d'administration

À cette même réunion du 25 janvier 1976, tel que prévu, les postes vacants sont comblés, de sorte que le nouveau Conseil d'administration se constitue des personnes suivantes: Léo Teillet, président; Normand Lemoing, vice-président; Valmond Léger, secrétaire; Philippe Kleinschmit, trésorier; Gilbert Rosset, Louis Paquin, Alain Perreault et Georges Couture, conseillers.

Le mandat du 100 NONS redéfini

À cette réunion du 25 janvier encore, on redéfinit les buts du 100 NONS: «Promouvoir auprès des jeunes la culture canadienne-française par le biais de la chanson; favoriser la coordination et la coopération entre les groupes déjà existants; encourager la créativité et le développement personnels dans le domaine de la chanson chez les amateurs».

Gilbert Bohémier au 100 NONS, mars 1976

Rita Carrière au 100 NONS, mars 1976

Animation «Pi Oui»

Au cours de la 2e partie de la saison 75-76, le 100 NONS, en collaboration avec le Bureau de l'Éducation française, lançait un nouveau programme d'animation dans les écoles. Ce programme devait encourager les écoliers à composer eux-mêmes des chansons sous la direction de spécialistes.

Jocelyne Couture au 100 NONS, mars 1976

Marc Boucher au 100 NONS, mars 1976

Bauchaud

Les 6 et 7 février 76, le 100 NONS présentait Bauchaud en concert à la Salle Pauline-Boutal du CCFM . Ce groupe est censé être le premier orchestre rock franco-manitobain [voir ci-dessus la liste de ses membres].

Trois spectacles de qualité

Les 19 et 20 mars 76, le 100 NONS présentait en spectacle dans son local les artistes suivants: Rita Carrière, Gilberte Bohémier, Michèle Lebeau, Jocelyne Couture, Marc Boucher et Madeleine Lépine.

Le 21 mars, au gymnase du CCFM, le 100 NONS recevait Lucille Émond accompagnée de l'orchestre Bauchaud.

Les 5 et 10 avril, au local du 100 NONS, paraissaient en vedette: Gisèle Fredette, Lizanne Lachance, Roger Rey et Gilles Lamoureux.

Spectacle Breau-Dubé

Après une longue tournée dans les provinces maritimes, Louis Dubé nous revenait au début d'avril 76 en compagnie de Raymond Breau pour présenter un spectacle à différents endroits dont La Broquerie et le Collège de Saint-Boniface. «Accompagné à la guitare et au piano par François Savoie, Louis interpréta avec le talent et la présence qu'on lui connaît quelques chansons folkloriques ainsi que diverses compositions de Gérard Jean et de son accompagnateur. L'auteur-compositeur acadien, Raymond Breau, professionnel accompli, chanta avec sensibilité son pays».

Troisième Festival Bach

Au moins dix écoles et une trentaine d'élèves participaient aux éliminatoires du 3e Festival Bach organisé par le 100 NONS les 23, 24 et 25 avril au CCFM. La formule de ce Festival avait été retouchée de sorte qu'il s'agissait d'un concours non plus d'équipes représentant des écoles mais de participation individuelle s'affrontant devant un jury. Les concurrents se divisaient en deux catégories: débutants et semi-débutants.

Aux éliminatoires, onze participants se qualifièrent pour les demi-finales qui se tinrent au CCFM du 30 avril au 3 mai avec ateliers préparatoires. Pour ces demi-finales, deux artistes invitées se joignirent aux concurrents pour le spectacle: Monique Fillion et Gilberte Bohémier. Se qualifièrent alors pour la finale du 9 mai les élèves suivants: Christian Laroche, Pauline Lamoureux, Martine Brunette, François Catellier, Madeleine Lépine, Denise Vien, Susan Barton, Gilles Petit, Diane Bruyère et Pierrette Laroche. Nous n'avons pu connaître le nom des lauréats de cette grande finale.

Gilberte Bohémier au Festival Bach, mai 1976

Finalistes au Festival Bach, 1976

«Automne de la vie»

Du 10 au 30 mai 76, le 100 NONS préparait et présentait un spectacle destiné aux personnes de l'âge d'or.

Les Louis Boys

Les 27, 28 et 29 mai, on avait le plaisir de retrouver Les Louis Boys en pleine forme au Club La Vérendrye.

«Le Big Bazou»

Les 19 et 20 juin 76, le 100 NONS présentait le spectacle «Big Bazou» mettant en vedette Annette DeRocquigny, Pierrette La Roche, Normand Lemoing et Madeleine Vrignon. La mise en scène était de Jacqueline Blay.

Annette DeRocquigny au spectacle Big Bazou, 1976

Ce spectacle, d'une grande qualité musicale, à l'ambiance chaleureuse, fut repris les 3 et 4 juillet avec les artistes suivants: Jocelyne Beaudette, Annette DeRocquigny, Pierrette La Roche, Rita Carrière, Madeleine Lépine et Normand Lemoing.

L'orchestre, sous la direction musicale de Jean-Pierre Brunet, était composé de Bertrand Savard, de Laurent Roy et de Daniel Boissonneault. Outre les artistes, une équipe d'une vingtaine de jeunes avait contribué au succès de ce grand spectacle soit comme chorale des harmonies, comme danseurs, soit en faisant partie des choeurs, et certains avaient été chargés de la chorégraphie, des costumes, des décors, de l'éclairage, du son, de la photographie et de la publicité. C'est ainsi que le 100 NONS pouvait réussir.

«Ambiance culturelle 76»

À l'occasion de la fête de la Saint-Jean, 60 artistes franco-manitobains au moins, dont la plupart avaient passé par le 100 NONS, participaient au grand spectacle «Ambiance culturelle 76» présenté à La Broquerie le dimanche 28 juin. Il avait été organisé par Louis Dubé et Dennis Connelly en collaboration avec le Ministère du Tourisme, des Loisirs et des Affaires

Georges Couture accompagné de François Savoie à Ambiance culturelle, 1976

Artistes à Ambiance culturelle, 1976

culturelles du Manitoba et grâce à la participation d'une cinquantaine de commanditaires.

«Finalement» - Gerry et Ziz

À la fin de juin 76, deux de nos artistes les plus connus, Gérard Jean et Gérald Paquin, voyaient leur rêve se réaliser, celui de l'impression d'un microsillon avec certaines de leurs compositions.

Le lancement de *Finalement* eut lieu à la salle du 100 NONS par Les Entreprises Jolly Ltée «aux applaudissements de plusieurs personnes venues féliciter les deux artistes et leur impresario».

Bilan financier 75-76

L'état des revenus et dépenses du 100 NONS pour l'année se terminant le 31 mars 76 était comme suit:

Revenus:

Subvention de la province du Manitoba	7 400,00 $
Subvention du BEF	7 691,09
Subvention du gouvernement fédéral	8 000,00
Subvention du CCFM pour animation	5 625,00
Spectacles, etc.	6 665,72
Cantine, boisson, technique...	1 063,95
Total des revenus	36 445,76

Dépenses:

Salaires, bénéfices, honoraires	17 014,22
Frais de déplacement	1 073,41
Loyer	1 500,00
Publicité	1 442,86
Bureau	1 247,56
Technique	2 553,94
Cantine, boisson, réception	3 981,24
Animation, activités spéciales	2 860,64
Divers	1 190,55
Vérification (Forest, Guénette et Cie)	310,00
Total	33 174,42
Excédent des revenus	3 271,34

Au Winnipeg Folk Festival

Gérard Jean et Gérald Paquin ainsi que Louis Dubé, accompagné de Dennis Connelly, participaient au Winnipeg Folk Festival au parc Birds Hill les 9, 10 et 11 juillet 76.

Conseil d'administration 76-77

Le Conseil d'administration du 100 NONS pour la saison 76-77 se constituait des membres suivants: Léo Teillet (président), Normand Lemoing (vice-président), Jacqueline Blay (trésorière), Annette DeRocquigny (secrétaire), Paul Bélanger, Dennis Connelly, Rita Dandeneau et François Savoie (conseillers).

Pas de directeur

Le 100 NONS étant privé de fonds, le Conseil d'administration ne put embaucher de directeur pour la saison qui s'annonçait. C'est ce qui explique en grande partie les difficultés que connaîtra alors l'organisme.

Grand malaise au 100 NONS

Les procès-verbaux des réunions tenues par le Conseil d'administration du 100 NONS entre septembre et décembre 1976, en exposant les graves difficultés que rencontrent alors les responsables, laissent une forte impression de malaise et de confusion qui ne pourront que nuire au bon fonctionnement de l'organisme, voire même menacer son existence. Ainsi, comme exemples, le loyer de la salle dont voudrait se servir le 100 NONS au CCFM devient trop cher. On veut trouver un autre local. On connaît de graves problèmes financiers qu'on voudrait résoudre en demandant plus de subventions ou encore en formant un comité «aviseur» qui aurait comme tâche de «trouver des moyens de faire de l'argent». On reconnaît la nécessité de préparer un budget. On se penche sur le besoin de mettre de l'ordre dans le bureau, de nettoyer la salle d'entrepôt. On tente de redéfinir le mandat du 100 NONS. On se demande «pourquoi préparer un spectacle toutes les quatre semaines? Pourquoi pas cinq?» On cherche à qui remettre les différentes responsabilités, par exemple, la participation au Festival du Voyageur. On voudrait former un comité de spectacles. On suggère d'engager un directeur temporaire pour les spectacles. On éprouve le besoin de redéfinir les tâches de chaque comité, surtout peut-être suite au rapport de Mark Kolt au sujet d'un spectacle où il «manquait d'organisation... personne ne connaissait ses tâches... publicité non-existante... personne en charge du dé-

cor... aucun contrat signé... pêle-mêle... a bien marché en fin de compte mais cela aurait pu être un désastre... On ne sait pas à quel auditoire s'adresse telle soirée (musique pour EFM)». Ainsi de suite.

Programmation succincte

Les difficultés et l'imbroglio que vécut alors le 100 NONS nous laissent peu de renseignements quant aux activités qu'il entreprit au cours de la première partie de la saison 76-77.

Les 15 et 16 octobre avait lieu le spectacle d'ouverture pour lequel nous retrouvons à peine la liste des musiciens: Mark Kolt, Bertrand Savard, Laurent Roy, Dave Reuhben, Dennis Connelly, François Savoie et Normand Lemoing.

Dans la publicité que fait le CCFM au cours des mois suivants, on annonce ensuite un spectacle au 100 NONS pour les 19, 20 et 21 novembre et un autre pour les 17, 18 et 19 décembre. Nous ne savons pas si ces deux spectacles ont eu lieu ni qui devaient en faire partie. Le 100 NONS offrit de la musique lors d'une soirée des EFM (choix de musique peu apprécié. On en donne comme raison que les responsables ne savaient pas à quel auditoire on s'adressait). Enfin, on présenta un mini-spectacle de Noël devant 90 enfants les 18 et 19 décembre 1976.

Gerry et Ziz – Tour de chant

La saison des spectacles 76-77 au CCFM débutait les 17, 18 et 19 septembre avec Gérard Jean et Gérald Paquin, deux artistes parmi les plus populaires et les plus professionnels au Manitoba français. Le «Super Spectacle» était sous la direction de René Beaudry. La critique, signée A.L. parle de «Salle à moitié vide... spectacle peu accrocheur... manque de présence... manque de forme... parfaitement accompagné par Graham Shaw, Tony Cyr et Chris Anderson».

Ce spectacle était donné «à la veille d'une grande tournée qui permettra à Gerry et à Ziz de faire connaître le Manitoba français en Afrique du Nord, en Europe et dans les provinces de l'Ouest canadien».

Les Louis Boys - «On est les Boss»

Après avoir été au printemps de 76 les invités spéciaux au Congrès des Canadiens-Français de l'Alberta, où ils «ont laissé très grande impression auprès des 4 000 personnes présentes», Les Louis Boys participaient aux «Frog Follies» de Saint-Pierre les 30, 31 juillet et le 1er août 76. On les retrouvait encore au Club La Vérendrye les 6, 7 et 8 octobre 76.

Au début de décembre 76, Les Louis Boys enregistraient un microsillon intitulé *On est les Boss*. Le lancement du disque eut lieu le 15 janvier 77 au gymnase du CCFM.

Les Louis Boys au Club La Vérendrye, octobre 1976

Les Louis Boys enregistrent, décembre 1976

Aux membres réguliers du groupe, Edwin Prince, Gabriel Masse, Paul Heppenstall et Michel Boucher, se sont ajoutés pour l'enregistrement trois membres fondateurs: Hubert Fouasse, Gérald Bohémier et Paul Bélanger, ainsi qu'un nouveau chanteur, Marc Allard. Ce microsillon était une réalisation conjointe du Festival du Voyageur et des Productions Jolly Ltée sous la direction de René Beaudry.

On reprend les Fondues

Le 23 octobre, reprenant une ancienne formule du 100 NONS, le CCFM organisait une Fondue Bourguignonne qui attira 200 personnes. L'artiste invitée: Mona Gauthier.

«Sur la même longueur d'onde»

Les 10, 11 et 12 décembre 76, les étudiants du Collège secondaire de Saint-Boniface présentaient une boîte à chansons «Sur la même longueur d'onde» à la Salle Académique.

Le 100 NONS fermera-t-il ses portes ?

À une réunion du Conseil d'administration tenue le 20 décembre 76, il est question de fermer les portes du 100 NONS. La raison en aurait été le manque de fonds. La proposition «que l'on ferme temporairement les portes faute de fonds» est adoptée. C'est tout ce qui est dit.

Démission de la trésorière

Le 31 décembre 76, Jacqueline Blay écrivait au Conseil d'administration pour lui présenter sa démission comme trésorière. Les raisons qu'elle donne ne sont pas sans intérêt: «Cinq membres du Conseil sur huit ont participé au voyage en Saskatchewan. Combien de fois avons-nous eu ce quorum pour une simple réunion?... Un semi-professionnel a profité de ce voyage alors qu'on avait oublié certains artistes amateurs... Le Conseil ne remplit pas son rôle d'administrateur... Les fonds sont mal dépensés... Je n'ai pas admis le party de Noël. Il y avait autre chose à faire pour changer l'image du 100 NONS... Il y a un manque de leadership au sein du Conseil...». Le poste de trésorière devait être confié à Rita Simoens à la réunion du 16 janvier 77.

Béatrice Provencher nommée administratrice

Au début de janvier 77, le 100 NONS recevait une subvention de 7 000,00$ du Secrétariat d'État, somme qui lui permettait alors d'embaucher une administratrice.

À la réunion du 16 janvier, le Conseil décida d'embaucher Béatrice Provencher à ce poste.

Voyage en Saskatchewan

Au début de janvier 77, certains membres du 100 NONS participaient à un colloque culturel à Fort San en Saskatchewan. Le 7 janvier quelques artistes de chez nous y présentaient un spectacle «des plus appréciés».

Suzanne Jeanson de retour

Le mercredi 23 février, CBWFT présentait «Rondo pour Suzanne», une émission de variétés dans laquelle Suzanne Jeanson, de retour au Manitoba, accompagnée de ses musiciens, interprétait les meilleures chansons de son répertoire.

Les 4, 5 et 6 mars, à l'occasion du lancement de son premier 45 tours, Suzanne était l'artiste invitée à une soirée organisée par le CCFM à la Salle Pauline-Boutal.

Suzanne Jeanson au CCFM, mars 1977

Au Festival du Voyageur

Dans le cadre du Festival du Voyageur 77, le 100 NONS présentait un spectacle tous les soirs dans son propre local. Ce spectacle devait être bon puisque l'animateur régional de l'Association canadienne-française de l'Ontario, Jean Malavoy, qui y avait entendu «un chanteur de la Saskatchewan qui avait une voix puissante» et «deux jeunes femmes aux belles voix» invite le 100 NONS pour une tournée dans son comté. L'organisme ne manquait d'ailleurs pas d'invitations pour aller se produire un peu partout.

Rare spectacle au 100 NONS

Les 18, 19 et 20 mars 77, le 100 NONS présentait son premier spectacle de la demi-saison «Attention mesdames et messieurs» devant un auditoire de 250 personnes.

Une seule discothèque

Le 16 avril, le 100 NONS présentait sa seule discothèque de la deuxième partie de saison. On parle de salle comble, de public satisfait.

Festival Bach 77

Une dizaine d'écoles seulement participaient au Festival Bach 77 organisé par le 100 NONS. «Cette faible participation s'explique du fait que l'organisme n'avait lancé le concours qu'à la fin de janvier». Vingt-quatre chanteurs participaient aux demi-finales (avec ateliers) qui se tenaient les 30 avril et 1er mai.

Les grandes finales eurent lieu les 14 et 15 mai. On y retrouvait les jeunes artistes suivants:

Suzanne Courcelles de Sainte-Agathe, Suzanne Brunet, Marc D'Eschambault et Denise Pambrun de l'école Guyot, Suzanne Barton de Sainte-Rose-du-Lac, Jocelyne Couture du Collège de

LES FINALISTES DU FESTIVAL BACH '77

Monique Gagné
Saint-Pierre

Lisette Gagné
Saint-Pierre

Carmel Gagné
Saint-Pierre

Suzanne Barton
Sainte-Rose

Jocelyne Coutieu
Collège

Pauline Lamoureux
Ecole du Précieux-Sang

Suzanne Courcelles
Sainte-Agathe

Jeannette Gosselin
Sainte-Anne

Monique Vermette
Sainte-Anne

Mau D'Eschambault
Ecole Guyot

Suzanne Brunet
Ecole Guyot

Denise Pambrun
Ecole Guyot

Saint-Boniface, Pauline Lamoureux du Précieux-Sang, Jacqueline Massicotte, Monique, Lisette et Carmelle Gagné de Saint-Pierre, Jeannette Gosselin et Monique Vermette de Sainte-Anne. L'accompagnement des artistes était confié aux musiciens Laurent Roy et Gilles Lamoureux.

35 jeunes en spectacle

Les 5, 6 et 7 mai 77, un groupe de 35 jeunes, sous la direction de François Coquereau, présentait à la Salle Pauline Boutal un grand spectacle intitulé «Avec et sans détours» ou «Le Manitoba vu par les jeunes Franco-Manitobains». On y présentait des compositions de Gérard Jean, de Paul et François Savoie, de Gilberte Bohémier, de Mark Kolt et de Jacqueline Blay. À l'affiche: Normand Lemoing, Madeleine Vrignon, Gilberte Bohémier, Annette DeRocquigny, Madeleine Lépine et Charles Laflèche. Mark Kolt «assurait avec autorité et talent la direction musicale». Les autres membres de l'orchestre: Richard Dupas, Raymond Himbault, Paul

Plouffe et Marc Lalonde. Une équipe technique d'une vingtaine de jeunes collaborait au spectacle.

_____

Autres spectacles

En juin, le 100 NONS présentait un spectacle à Saint-Pierre. En vedette: Pauline

Normand Lemoing en spectacle, 1977

Lamoureux, Paulette Landry, Normand Lemoing, Donald Degagné et Marc D'Eschambault.

À une date non précisée, le 100 NONS présentait également un spectacle lors d'un congrès du Barreau canadien.

_____

On veut un Conseil dynamique

Lors de la réunion annuelle tenue le 11 juin 1977, 40 jeunes présents élirent au nouveau Conseil les personnes suivantes: Léo Teillet, président, Dennis Connelly, vice-

Au spectacle «Avec et sans détours» : Edouard Saurette, Gilberte Bohémier, Mark Kolt, Louise Gautron, Madeleine Vrignon, Madeleine Lépine, François Savoie, Annette DeRocquigny, Normand Lemoing et Charles Laflèche, mai 1977

président, Régis Gosselin, secrétaire, Roger Foidart, trésorier, Jocelyne Couture, Marc Boucher et Nicole Kirouac, conseillers. En septembre, Diane D'Eschambault venait se joindre à l'administration comme conseillère.

Dans son rapport annuel, la directrice, Béatrice Provencher, reproche au Conseil son manque de dynamisme, son manque d'intérêt personnel ainsi que son manque de participation active. Elle remercie par ailleurs les autres membres de l'organisme de leur appui et de leur compréhension.

Jeanne Léger occupait le poste de directrice pour la nouvelle saison à partir du 9 juin 1977.

En septembre, Gilberte Bohémier était embauchée comme directrice adjointe.

Bilan financier 76-77

L'état des revenus et dépenses pour l'année se terminant le 31 mars 1977 était comme suit:

Revenus:

Subvention de la province du Manitoba	3 955,00 $
Subvention du gouvernement fédéral	7 000,00
Spectacles	12 304,02
Total	23 259,02

Dépenses:

Salaires et bénéfices	9 946,20
Cantine, boisson, réception	2 814,31
Déplacements	2 121,69
Technique	1 765,64
Loyer	1 395,00
Honoraires	1 345,00
Divers (publicité, bureau, etc...)	2 798,34
Total	22 186,18
Excédent des revenus	1 072,84

Nouvelle politique

À sa réunion du 20 juin 77, le Conseil adoptait une nouvelle politique. «Étant donné que le 100 NONS est un organisme de développement à but non lucratif, seuls les administrateurs seront désormais rémunérés. Les artistes, musiciens et techniciens, ne recevront aucune rémunération lorsqu'ils participeront aux activités du 100 NONS». La proposition était adoptée à l'unanimité.

Daniel Lavoie Pulse

Le 28 juin 77, CBWFT recevait Daniel Lavoie, auteur-compositeur, à son émission hebdomadaire «Pulsion».

Daniel Lavoie à CBWFT, juin 1977

Subvention du Fédéral

Au début de juillet 1977, le 100 Nons recevait une subvention au montant de 14 000,00$ du Secrétariat d'État pour la saison 77-78.

«Juste pour dire»

Les 8, 9, 10 et 11 septembre 77, pour célébrer son 10e anniversaire, le 100 NONS présentait son spectacle d'ouverture de la saison 77-78 «Juste pour dire». À l'affiche: Jocelyne Couture, Madeleine Lépine, Suzanne Courcelles et Pauline Lamoureux. Une vingtaine de jeunes participèrent à ce spectacle, sans compter les techniciens et autres assistants pour le décor, la publicité, etc. Trois cents personnes assistèrent aux représentations. Et pourtant, le 100 NONS accusa un déficit de 590,04$.

Madeleine Lépine et Gilberte Bohémier, 1977

Gerry et Ziz à Radio-Canada

Le vendredi 10 septembre 77, Radio-Canada présentait au Manitoba Theatre Centre un spectacle télévisé avec Gérald Paquin et Gérard Jean.

«Coffee-houses»

À partir du 22 septembre 77 et tout au cours de la saison, le 100 NONS organisa six «coffee-houses». Il s'agissait de soirées «remplies de chansons de tout genre». Les artistes qui participèrent à ces soirées:

Gérald Paquin, Gérard Jean, Dennis Connelly, Catherine Bellefleur, François Savoie, Jocelyne Couture, Madeleine Lépine, Vincent Dureault, Graham Shaw, Robbie McDougall, Gilberte Bohémier et Claude Boux.

Alors qu'au premier «Coffee-house» il y avait 70 personnes, on remarque que l'assistance devait par la suite diminuer. On attribue ce manque d'intérêt «à l'utilisation d'une mauvaise formule». Ces soirées n'accusèrent aucun déficit.

Daniel Lavoie à Saint-Boniface

Les 30 septembre et 1er octobre 77, sous les auspices du Conseil des jeunes travailleurs et universitaires, Daniel Lavoie revenait au Manitoba après plusieurs années d'absence pour présenter un spectacle à la Salle Pauline-Boutal du CCFM. Parmi ses musiciens nous retrouvions Norman Dugas, ancien du 100 NONS.

Les Laroche en spectacle

Le 23 octobre 77, la famille Pierre Laroche (neuf membres) présentait un spectacle au CCFM. Cela faisait déjà cinq ans que cette famille chantait un peu partout. Quelques-uns de ses membres s'étaient exécutés au 100 NONS. «Ce sont les parents qui leur ont donné le goût et les qualités musicales nécessaires pour aboutir au succès». Leur répertoire était composé de chansons françaises, québécoises, franco-manitobaines ainsi que de compositions originales.

«Le temps les emporte»

Les 3, 4 et 6 novembre 77, le 100 NONS présentait son 2e spectacle de la saison «Le temps les emporte». À l'affiche: Marc Boucher, Raymond Laflèche, Catherine Bellefleur et Steve Schellenburg. Plus de 23 jeunes avaient travaillé ensemble à monter ce spectacle.

On avait également eu recours aux services de Pierrette Lachance pour perfectionner la présentation. «Un des meilleurs spectacles jamais présentés au 100 NONS grâce à la touche professionnelle…». On aurait cependant souhaité une plus grande assistance.

Le 100 NONS en tournée

Le 19 novembre, à l'invitation de Gabriel Basset de Minnedosa, le 100 NONS présentait un spectacle à l'école de ce village. Il y fut chaleureusement reçu par un auditoire de 300 anglophones. Le 100 NONS se rendit alors également à Dauphin, à Sainte-Agathe, à Notre-Dame-de-Lourdes et à Sainte-Anne. Une quinzaine de jeunes chanteurs, techniciens et autres, faisaient partie de cette tournée qui fut considérée comme une «très grande réussite».

Party de Noël

À la fin de décembre, le 100 NONS organisait un «party» de Noël pour récompenser le bénévolat et les membres actifs au sein des divers comités. «C'est une très bonne occasion de se regrouper en tant que 100 NONS».

Discothèques

Au cours de la saison, le 100 NONS organisa trois discothèques, moyen jugé très bon pour prélever des fonds. Ainsi, une des trois discothèques organisées au gymnase du CCFM rapporta un profit net de 1 072,00$.

Dimension J

Au cours de la saison 78, plusieurs artistes du 100 NONS étaient les invités à l'émission musicale «Dimension J» réalisée avec des jeunes Franco-Manitobains par le poste CBWFT.

Gerry et Ziz sur les ondes

Au cours de la semaine du 14 janvier 78, Gérald Paquin et Gérard Jean étaient invités à Vedettes en direct, émission spéciale de CKSB et CBWFT.

Au Festival du Voyageur

Dans le cadre du Festival, le 100 NONS présenta un spectacle dans son propre local tous les soirs de la semaine. Le rapport de la directrice mentionne que les jeunes avaient consacré 850 heures de travail à ces représentations.

Mona Gauthier enregistre

Le 5 mars 78, le Comité culturel de Lorette organisait une réception en l'honneur de Mona Gauthier à l'occasion du lancement de son disque.

Duguay, Paquin et Paulin

Le 27 avril 78, en tournée pour le CCFHQ, Calixte Duguay présentait un spectacle au CCFM.

Le 30 avril, Paquin et Paulin présentaient un tour de chant au Centre communautaire du Précieux-Sang. Plus de 400 personnes étaient présentes.

Au Forum national

Le 6 mai 78, Gérald Paquin et Gérard Jean participaient à une manifestation culturelle présentée dans le cadre du Forum national des Francophones hors Québec et qui se tenait à l'école Champlain d'Ottawa.

5e Festival Bach

Pour la 5e année consécutive, le 100 NONS organisait en 1978 son Festival Bach. Pour la première fois, les écoles n'y participèrent pas en tant que telles. Il n'y eut que des participations individuelles.

Vingt-trois jeunes filles se présentèrent aux demi-finales tenues les 7, 8 et 9 mai. Ces demi-finales étaient précédées d'ateliers portant sur la détente, la pose de voix, la diction et la présentation. Les personnes-ressources: Mona Gauthier, Madeleine Lépine et Guy Martin.

Treize candidates furent choisies pour les finales qui se tinrent les 26, 27 et 28 mai, également précédées d'ateliers. «Le premier soir, les candidates se sont produites devant pas moins de 7 (sept) spectateurs. Un triste record. Le deuxième soir, 13 personnes. Heureusement, pour le dernier soir 130 mélomanes ont assisté au spectacle...».

Les lauréates du Festival: Aline Lacroix, Denise Comeault, Thérèse Girardy, Pauline Cyr, Jeannette Gosselin, Denise Pambrun et Hélène Molin.

À la Fête franco-manitobaine

Selon le rapport de la directrice, Jeanne Léger, le 100 NONS participa très peu à la Fête. «Une quinzaine de jeunes artistes nous ont représentés mais il est impardonnable de se tenir à l'écart d'une telle célébration».

---

6 000$ «dans le rouge»

L'état des revenus et dépenses brièvement donné pour l'année terminée le 31 mars 78 était:

Revenus:

Subvention du gouvernement fédéral	14 000,00 $
Subvention de la province du Manitoba	2 297,64
Fondation Radio Saint-Boniface	1 000,00
Spectacles, tournées, etc.	15 824,00
TOTAL	33 121,64

Dépenses:

Salaires et bénéfices	12 870,93 $
Loyer, dépenses de bureau, etc.	6,065,44
Honoraires	4,193,25
Publicité, déplacements, technique	5,068,07
Cantines, boisson, réception	9,111,97
Autres	2 606,23
TOTAL	39 915,89
Excédent des dépenses	6 794,25

Conseil d'administration 78-79

À la réunion annuelle du 100 NONS tenue le 11 juillet 78, le nouveau Conseil était formé comme suit: Gilbert Boissonneault, président; Pauline Hince, vice-présidente; Lisette Archambault, secrétaire; Rosaire Lemoine, trésorier; Diane D'Eschambault, Guy Martin et Claude Clément, conseillers. Le 19 juillet, Henriette Lamoureux remplaçait Guy Martin, démissionnaire au poste de conseiller.

Dans la discussion qui suivit, on s'arrêta surtout aux problèmes financiers que connaissait le 100 NONS, problèmes de trouver des musiciens que l'on devra payer, problème de local. Enfin, «après dix ans, on devrait peut-être réétudier le pourquoi, le but du 100 NONS».

Jeanne Léger ayant démissionné comme directrice, Madeleine Lépine la remplaçait au début de septembre.

Madeleine Lépine, directrice du 100 NONS, 1978-1980

100 NONS avait une bonne image. On avait du plaisir. C'était comme une grande famille. On s'y faisait des amis. On partageait. On était fier d'appartenir. On nous laissait faire notre propre numéro en toute liberté. Mais au cours des années, c'est devenu une 'business'. Le but du 100 NONS devint celui de donner des grands spectacles. L'artiste se sentait garroché d'un côté et de l'autre. Certains jeunes refusèrent de participer parce qu'ils avaient l'impression qu'il fallait être bon artiste pour être accepté. Ceux de la campagne surtout ne se sentaient pas assez bons. Il y avait pression de la part de la direction et du Secrétariat d'État pour faire tant de spectacles. On voulait être trop rigide, trop professionnel. De plus, la directrice est venue à avoir trop à faire. Pas assez de bénévolat. On n'avait plus le temps d'aller chercher des nouveaux. On prenait les anciens. Alors l'esprit de corps disparaît. Le 100 NONS est devenu de moins en moins autonome. On aurait voulu être chez nous. Au CCFM on ne l'était pas...»

Lorsque le 100 NONS devient «business»

Madeleine Lépine, directrice du 100 NONS de 1978 à 1980, a bien voulu nous donner ses impressions quant aux transformations que subit l'organisme entre 1976 et 1980. «Lorsque je suis arrivée en 1976, le

Le groupe Soleil

Au mois d'août 78, sous la direction de Ronald Lamoureux, sept jeunes Franco-Manitobains formaient le groupe Soleil. Les quatre musiciens et les trois chanteurs présentèrent un spectacle télédiffusé au CCFM en décembre sous les auspices de

Le groupe Soleil, 1978

Radio-Canada. Ils participèrent au Festival du Voyageur devant un auditoire de 2 000 personnes. Ils allèrent en tournée avec Compagnie, un groupe de 50 jeunes, pour présenter 12 spectacles en français dans plusieurs écoles du Manitoba. Ils participèrent au spectacle «On s'Garroche à Batoche». Enfin, ils lancèrent un microsillon. Ainsi, ce groupe, dirigé par un artiste de talent, se tailla-t-il «une réputation des plus enviables au Manitoba français».

Disco 78

Le 8 septembre, le 100 NONS organisait une discothèque au gymnase du CCFM. La musique était de «Sound Track» avec Ronald Lamoureux. Deux cent quarante jeunes étaient présents. Une dizaine de bénévoles travaillèrent au succès de cette soirée.

Super spectacle au Collège

Le 13 octobre 78 , en collaboration avec le Conseil jeunesse provincial, le 100 NONS présentait un «Super spectacle» au Collège universitaire de Saint-Boniface. À cette soirée qui attira un auditoire de 550 personnes, participèrent Les Danseurs de la Rivière-Rouge, Michelle Lécuyer et Patrice Boulianne, Pierrette et Christian Laroche, Nicole Brémault et Jean-Pierre Dubé, Majek, Chatrelu (avec Michel Chammartin) et Gerry et Ziz. Vincent Dureault agissait comme maître de cérémonies.

Les dépenses pour ce super-spectacle s'élevèrent à 27 947,00$. Les revenus furent de 24 800,00$. On accusa donc un déficit de 3 147,00$.

Gilberte Bohémier en tournée

Gilberte Bohémier, auteur-compositeur manitobaine bien connue, faisait une tournée nationale du 16 octobre 78 au 19 février 79. Elle offrait un choix de trois spectacles qui s'adressaient aux enfants des écoles élémentaires. Chacun comprenait de la musique, des chansons, du mime et une narration.

Gilberte Bohémier en tournée, 1978-1979

Série «Cabarets-Cabanons»

Le 18 novembre 78, le 100 NONS présentait un spectacle dans son propre local. À l'affiche, Gérald Paquin et Gérard Jean. Auditoire: 110 personnes.

Le 13 janvier 79, les artistes invités, Louis Dubé et Olivier Leferre, attirèrent 70 personnes.

Le 27 janvier, le 100 NONS recevait Pierrette et Christian La Roche devant un auditoire de 70 personnes.

Gerry et Ziz revenaient au 100 NONS le 3 février. Quelques autres artistes étaient également au programme. Auditoire: 60 personnes.

Enfin, le 24 février, le 100 NONS invitait Roger Fournier et son orchestre qui s'exécutèrent devant un auditoire de 40 personnes. La directrice mentionne dans son rapport que ce dernier spectacle n'était pas de calibre professionnel.

Pour chacun de ces spectacles, le 100 NONS avait su s'assurer les services d'une dizaine de bénévoles qui se chargèrent de l'accueil, du bar, de la publicité, du décor et de la vente des billets.

Mark Kolt en finale !

Membre du 100 NONS depuis plus de cinq ans, Mark Kolt avait mérité plusieurs prix au cours des années, tel que le premier prix dans la catégorie «compositeurs» au Festival Bach en 1974. En 1975

Mark Kolt en finale au Festival de Granby, 1978

il avait gagné le concours de la chanson lancé par l'émission «Dimension J» à Radio-Canada. En 1976, il remportait le prix d'excellence aux Jeux Floraux dans les catégories «chansons» et «musique instrumentale». En décembre 78, alors qu'il participait au Festival de Granby en compagnie de Paulette Landry, Madeleine Lépine et Pat Joyal, il remportait les demi-finales dans la catégorie «auteurs-compositeurs».

Gerry et Ziz se racontent

Il était bien beau pour le 100 NONS de valoriser la chanson française auprès des jeunes, mais on a pu aussi souvent se poser la question, à savoir où tout cela pouvait conduire. Est-ce qu'on ne créait pas chez certains jeunes des rêves impossibles à réaliser?

Nous prenons comme exemple Gérald Paquin et Gérard Jean, deux de ces artistes parmi les plus populaires et les plus talentueux du Manitoba français. En décembre 1978, ils racontaient à Marc Labelle la longue route qu'ils avaient jusqu'alors poursuivie.

Gérald Paquin et Gérard Jean se racontent, 1978

Ils s'étaient rencontrés et connus à l'ancien Juniorat des Pères Oblats. C'est là que Gérald entendit Bécaud pour la première fois. «Pour moi, ce fut la découverte de la musique française». Tous deux se sont ensuite inscrits au Collège de Saint-Boniface. Gérald chantait alors pour «Les Nomades», groupe auquel Gérard fut présenté. Plus tard ils se sont retrouvés au sein du groupe «Les Fugitifs». Leurs études terminées, tous deux ont choisi des routes différentes «plus ou moins cahoteuses». Gérard s'est lancé dans l'enseignement, Gérald choisissait le monde des affaires. Par la suite, ils se sont regroupés avec certains de leurs amis «et firent leurs premières armes au 100 NONS». Puis ce fut l'aventure et les mésaventures au Québec avec «Les dieux de l'amour» que Gérard Jean rappelle ailleurs dans ce livre.

Au retour, comme le dit Gérald «la télévision nous sauva». Ziz eut l'occasion de participer à l'émission «Family Six» avec la famille Dandeneau pendant deux ans. Gérald, après avoir tourné le dos à une carrière musicale, reçut un appel de Suzanne Jeanson qui travaillait alors à Radio-Canada. Elle l'invita à participer à une émission intitulée «Suzanne et moi».

Ensuite est venue une invitation pour préparer un spectacle dans le cadre du camp Katimavik. «Il nous fallait des chansons inédites. Ziz a alors composé pour l'occasion *Finalement* et *Stéréo*. Cela nous a donné un nouvel élan».

Puis le directeur du 100 NONS, Louis Dubé, «nous a invités à nouveau pour participer au Festival de Granby». On connaît les résultats de cette initiative.

Ce duo franco-manitobain «qui est bien connu, peut-être trop par les gens de la région, est d'avis que les francophones du Manitoba les écoutent de moins en moins». C'est normal, disent-ils, «puisque nous sommes les seuls. On nous aime peut-être, mais lorsque nous revenons trop souvent sur le tapis, les gens se lassent de nous écouter».

«Il semble tout de même exister certains avantages à être des artistes dans un milieu minoritaire. Par exemple pour ce qui est des sommes accordées par le Conseil des Arts aux artistes francophones à l'extérieur du Québec...».

«Notre plus grande erreur a été de ne pas avoir déniché une tierce personne qui prendrait en main le domaine des relations publiques et de la publicité. Nous avons besoin d'un gérant qui tiendrait compte de nos intérêts...».

Faut-il déménager au Québec?

Plusieurs anciens artistes franco-manitobains ont quitté le Manitoba pour le Québec. Pourquoi? En décembre 1978, Dennis Connelly, ancien directeur artistique du 100 NONS, qui avait déménagé à Montréal l'année précédente, tentait d'en donner les raisons à Gilles Dumaine dans le journal *La Liberté*. «Si tu veux être bien dans ta peau, il faut faire ce que tu aimes. Et si tu ne peux pas le faire là où tu es, il faut déménager là où tu peux le faire. Ce

Dennis Connelly, décembre 1978

qui nuit au développement professionnel des artistes francophones au Manitoba, c'est le manque de débouchés... Il y a aussi l'attraction d'une métropole comme Montréal... J'aime vivre au Manitoba. J'ai des amis qui me sont très chers ici. Mais je préfère le mode de vie du Québec. La joie de vivre qu'on retrouve dans une culture aussi vivante que celle-là... et, comme le dit la chanson, les nuits sont longues à Winnipeg, ou du moins les veillées...». Mais, aurait-il pu ajouter: «Qui a bu l'eau de la Rouge en boira» puisqu'il devait revenir s'installer au Manitoba.

Veillée du Jour de l'An

Le 31 décembre 78, le 100 NONS organisait une soirée de danse avec goûter dans le gymnase du CCFM. L'assistance était de 170 personnes.

Aide au bureau

Au début de mai 79, grâce au projet-pilote du Secrétariat d'État connu sous le nom de «Manitoba Mascot», le 100 NONS pouvait s'assurer les services d'une deuxième personne au bureau. Il s'agissait de Suzanne Courcelles qui venait prêter main-forte à la directrice pour une période de 30 semaines.

Autres activités au 100 NONS

Le 18 mai, dans le cadre du Festival Théâtre Jeunesse, le 100 NONS présentait au Foyer du CCFM un Spectacle-Cabaret avec Pierrette et Christian Laroche.

Le 29 mai, on présentait une soirée de danse avec «Soleil» au gymnase du CCFM.

Le 13 juin, le 100 NONS présentait un spectacle à la Salle Pauline-Boutal dans le cadre des Jeux floraux. À l'affiche: Normand Lemoing, Nicole Brémault, Marie Patenaude, Mary Taylor, Gilles Fournier et Mark Kolt.

Enfin, les 24 et 25 juin 79, le 100 NONS coordonnait les spectacles à la Fête de la Saint-Jean qui se tenait à La Broquerie. En vedette: La Famille Laroche, Gilberte Bohémier, Roger et Aline Fournier, Claude Desorcy et orchestre, Mark Kolt, Marie Patenaude, Nicole Brémault, Mary Taylor et Gilles Fournier.

Bilan financier 78-79

Pour l'année se terminant le 31 mars 1979, l'état des revenus et dépenses était:

Revenus:

Subventions du Secrétariat d'État ..	15 000,00 $
Spectacles	9 000,00
Divers	1 736,00
Total	25 736,00

Dépenses:

Salaires et bénéfices	8 741,30
Loyer, frais de bureaux, assurances ...	3 337,69
Dépenses en capital [?]	1 529,05
Loyer des salles	255,00
Spectacles (honoraires, boisson et nourriture)	8 086,46
Publicité et technique	973,09
Achats [?]	1 836,75
Autres	719,13
Total	25 478,47
Excédent des revenus	257,53

À la réunion annuelle 79

Le 100 NONS tenait sa réunion annuelle le 26 mai 1979. Nous n'avons pu retrouver le procès-verbal de cette réunion à laquelle participaient 45 jeunes. Nous savons cependant que Gilbert Boissonneault demeurait président pour une deuxième année. Les autres membres du Conseil étaient Gemma Larivière, Normand Dupasquier, Richard Simoens, Georgette Vrignon, Claude Clément, Léonne Kelsch, Noëlla Gauthier et Madeleine Lépine, directrice pour la deuxième année consécutive.

Madeleine Lépine - Directrice

Dans un rapport d'évaluation, signé par Gilbert Boissonneault en date du 10 juillet 1979, nous lisons que Madeleine Lépine, alors directrice du 100 NONS, accomplissait sa tâche avec maturité et fiabilité malgré son jeune âge. Cela n'avait pas été facile pour elle car elle était entrée dans un bureau en désordre. Il lui avait «donc fallu tout remettre sur pied: les livres, la classification, la correspondance et les finances». Elle a su «faire preuve d'initiative et d'habileté à planifier, à organiser et à diriger les différentes activités de l'organisme».

Activités de la saison 79-80

Il existe peu de publicité dans le journal *La Liberté* quant aux activités qu'a entreprises le 100 NONS au cours de la saison 79-80. Sauf pour celles qui apparaîtront plus loin, nous devons donc nous en tenir aux renseignements que nous donne la directrice dans son rapport de fin de saison.

Pavillon canadien-français à Folklorama 79

Le 100 NONS se chargea «de trouver un orchestre pour présenter le spectacle pour la semaine. Les artistes étaient Mark Kolt et 'Le beau temps' qui s'exécutèrent au gymnase du CCFM du 12 au 18 août».

Six candidats au Festival de Granby

Le 16 juin 1979, six jeunes artistes franco-manitobains se présentaient aux auditions du 11e Festival de Chanson de Granby. Dans la catégorie interprètes

Marie Patenaude, Normand Lemoing, Nicole Brémault, Aline Lacroix et Mark Kolt aux auditions du Festival de Granby, juin 1979

Pierrette Laroche aux auditions du Festival de Granby, juin 1979

Christian Laroche aux auditions du Festival de Granby, juin 1979

concouraient Normand Lemoing, Nicole Brémault, Marie Patenaude et Aline Lacroix. Dans la catégorie auteurs-compositeurs, nous retrouvions Pierrette et Christian Laroche. Mark Kolt était accompagnateur et Madeleine Lépine, directrice du 100 NONS, assurait la coordination des auditions.

Tournée d'information

Le 100 NONS consacra le mois de septembre 79 à rendre visite aux écoles franco-manitobaines dans le but de «diffuser certaines informations et explications reliées aux projets spéciaux de l'organisme».

Café-concert

Le 20 octobre, le 100 NONS ouvrait la saison en présentant un Café-concert dans sa petite salle de spectacle. En vedette: Valérie Poulin, Catherine Bellefleur-Chouinard, le groupe Soleil, Dennis Connelly, Gilberte Bohémier, Nicole Brémault, Mark Kolt et Normand Lemoing.

Super-Spectacle 79

Les 2, 3 et 4 novembre, le 100 NONS organisait un Super-Spectacle à la Salle Pauline-Boutal. En vedette: Gilberte Bohémier et Mark Kolt qui présentèrent leurs propres compositions. Autres artistes invités: Albert Kelsch, Glen Hall, Nicole Brémault, Marie Patenaude, Brenda Belhin, Gordon Bortoluz et Mary Taylor.

Gilberte Bohémier au CCFM

Après le Super-Spectacle présenté au CCFM, Bernard Bocquel interviewait Gilberte Bohémier pour les lecteurs de *La Liberté*. Gilberte «chante depuis toujours et n'a pas manqué de débuter dans ces boîtes à chansons qui ont foisonné un temps au Manitoba français. Mais elle a vraiment pris son élan avec ses tournées manitobaines et hors-Québec; des centaines de spectacles pour enfants. Les enfants sont un public remarquable, ça m'a appris que j'aimais la comédie, j'aimais entendre rire le monde».

Au fil des années, Gilberte a changé de style. Elle est passée du folk à un mélange de blues et de jazz. Elle s'est classée 4e en 1977 au Festival de Granby dans la catégorie auteur-compositeur-interprète. «Je suis un auteur-compositeur-interprète femme étant capable d'exprimer ce que je ressens... Ce que je veux dans mes chansons, c'est que le monde se regarde. Regardez-vous et riez! Bien sûr, cette attitude ne constitue qu'un aspect. Il y a bien d'autres choses que j'aborde. La politique par exemple».

Gilberte Bohémier, novembre 1979

Dans ce sens, Gilberte Bohémier a réécrit l'histoire du Canada, ou encore s'est penchée sur le système clérical. Des observations qui l'ont amenée à composer *Le catholique blues* qui, faut-il le préciser, a été plutôt froidement reçu par le public de Saint-Boniface. Sans doute l'artiste aime-t-elle prendre un malin plaisir à choquer. Pourtant elle ne semble pas y voir malice. «Je ne suis jamais entrée dans la mentalité de Saint-Boniface. Moi, j'ai longtemps vécu dans le bois de Sainte-Anne-des-Chênes». Gilberte laisse entendre qu'elle «ne fitte pas». Elle avoue être un peu «schizophrène». Pourtant son répertoire «colle à la réalité... à la réalité manitobaine, traduite dans la chanson *Le Large*».

Gilberte évoque sa carrière. «Voilà maintenant deux ans que je chante pour vivre. Je me sens pas mal sûre de ce que je fais, où je me dirige».

Mark Kolt à vingt ans

En novembre 79, à la suite du Super-Spectacle auquel il avait participé, Mark Kolt, accordait une interview à Bernard Bocquel, directeur de *La Liberté*. Il estimait qu'il s'était toujours associé à la culture française. «J'appartiens au milieu culturel francophone comme musicien, comme artiste». Jeune musicien talentueux, il se disait vouloir être confiant dans ce qu'il était capable de réaliser. Conscient de ses capacités, ce Franco-Manitobain qui joue du piano depuis l'âge de cinq ans a choisi de faire une carrière en musique. Pourquoi? -«J'aime beaucoup être moi-même. Et le moi que j'ai décidé d'être, c'est musicien». Il se définit comme compositeur-auteur-interprète. Il s'inspire d'absolument tout. Mais «mes paroles demeurent axées sur le

réel. On parle de choses qui nous touchent personnellement». En 1978 il finissait quatrième au Festival de Granby dans la catégorie auteur-compositeur-interprète. En 1979 il formait «le noyau, avec la chanteuse Nicole Brémault, du groupe «Le beau temps» qui s'était produit au pavillon français de Folklorama au CCFM dans le cadre d'un spectacle organisé par le 100 NONS».

La danse du Soleil

Le groupe Soleil éprouvant quelques difficultés financières, le 100 NONS, pour lui venir en aide, organisait une danse au gymnase du CCFM le 24 novembre.

Brémault, Patenaude et Kolt vainqueurs au Festival de Granby

Le 1er décembre 1979 le Manitoba français faisait excellente figure au grand gala des finalistes du Festival de la chanson de Granby, au Québec, remportant deux des trois grands prix et méritant en plus une deuxième place.

Huit finalistes avaient été antérieurement choisis parmi 225 participants à cet important concours de la chanson française au Canada. «Lorsqu'on sait que trois finalistes sur huit venaient du Manitoba, c'est déjà beaucoup dire. Cependant, lorsqu'on apprend que deux d'entre eux ont mérité la première place, c'est assez pour en perdre tout complexe».

Les heureux gagnants franco-manitobains qui ont mérité ces honneurs: Nicole Brémault, originaire de Sainte-Agathe, lauréate de la première position dans la catégorie «Interprète»; Marie

Nicole Brémault, Marie Patenaude et Mark Kolt, lauréats du Festival de la chanson de Granby, janvier 1980

Patenaude, de Winnipeg, gagnante en deuxième place dans la même catégorie; elle avait interprété la chanson inédite écrite et composée par Mark Kolt de Saint-Boniface, intitulée *Quand vient le printemps*; revenait à Mark Kolt le premier prix dans la catégorie «Chanson inédite».

Pour ces trois candidats, il s'agissait d'une grande victoire qui les avait fait passer par divers paliers de compétition du Festival depuis plusieurs mois.

En l'honneur des lauréats

Le 18 janvier 80, au Foyer du CCFM le 100 NONS organisait une soirée en l'honneur des lauréats du Festival de Granby: Nicole Brémault, Marie Patenaude et Mark Kolt. Ces derniers présentèrent quelques chansons. Les artistes invités de la soirée: Pierrette Laroche et Jean-Guy Bouchard.

Gerry et Ziz en spectacles

Du 10 au 15 décembre 79, Gérald Paquin et Gérard Jean donnaient un spectacle au «Studio 44» anciennement le «Town N'Country», à Winnipeg.

Le 27 octobre 79, ces mêmes artistes, accompagnés de leur nouvel orchestre, se produisaient à la Galerie d'Art de Winnipeg. Il s'agissait de Norman Dugas au piano électrique et au synthétiseur, de Rod Andrews à la guitare, de Brian Mazim à la basse et de Raymond Barnabé à la batterie. Le spectacle était présenté par Face.

Gérald Paquin et Gérard Jean à la Galerie d'Art de Winnipeg, octobre 1979

Veillée du Jour de l'An

Le 31 décembre, le 100 NONS offrait une soirée avec danse et réveillon au gymnase du CCFM.

Le Festival Bach

Le 100 NONS organisa entre janvier et juin un festival de boîte à chansons auquel participèrent les écoles suivantes: La

Broquerie, le Collège secondaire de Saint-Boniface, Sainte-Anne et Louis-Riel.

Gilberte Bohémier – Premier microsillon

Le 13 février 1980, Gilberte Bohémier réunissait plus de cent personnes dans un hôtel de Winnipeg pour le lancement d'un premier microsillon intitulé *Le Large*. Ce disque présentait «de très belles chansons écrites par l'auteur..., et dont la qualité d'enregistrement... fait certainement honneur à ses concepteurs et producteurs... produit entièrement à Winnipeg... Norman Dugas en a assumé la réalisation».

«Pat et Nicole»

À partir du 4 février 1980, Nicole Brémault et Patricia Joyal participèrent à une série d'émissions de télévision intitulée «Pat et Nicole» au poste CBWFT.

«L'air du Temps»

En février et mars 1980, Radio-Canada présentait simultanément à CBWFT et à

Claude Boux, février 1980

CKSB une série d'émissions intitulée «L'air du Temps». À ces émissions, Nicole Brémault et Pat Joyal recevaient différents artistes invités parmi lesquels: Christian Laroche et Mona Gauthier qui interprétèrent les poésies de Paul Savoie, mises en musique par Claude Boux, Norman Dugas, Paul Johanis, François Savoie et P.B. Brunet; Madeleine Lépine et Michel Chammartin qui interprétèrent de concert avec Pat et Nicole les oeuvres de Claude Boux, auteur-compositeur s'inspirant du jazz, de la musique folk et des rythmes sud-américains; Gilberte Bohémier, auteur-compositeur; et pour terminer la série, Gérard Jean, auteur-compositeur. La série était une réalisation de François Savoie.

«La Danse du Smatte»

Les 29 et 30 mars 1980, le 100 NONS présentait son Super Spectacle «La Danse du Smatte» à la Salle Pauline-Boutal. Les noms retenus en vedette:

Dennis Connelly, Bowlin Graham, Albert Kelsch, Roland Roch, Jean-Louis Lamoureux, Guy Corriveau, Gilles Fournier, Jude Roy, Monique Corriveau, Roger Rey, Aline Campagne, Catherine Bellefleur, Paul Campagne, Rita Carrière, Madeleine Vrignon et Carmen Campagne.

Le commentaire que faisait Rossel Vien dans *La Liberté* au sujet de ce spectacle était assez élogieux. «L'envie d'être un peu fou s'est emparée d'un groupe de jeunes gens

Nicole Brémault et Pat Joyal à l'air du temps, février 1980

Participants à La Danse du Smatte, mars 1980

tortillaient pas assez... Les costumes débraillés, tout à fait conformistes en cela, ne me dérangent pas; mais on doit dire que ceux de quelques filles auraient eu besoin d'une retouche... Enfin, un spectacle qui a permis de redécouvrir le 100 NONS, en même temps qu'un secteur artistique franco-manitobain étonnant de ressources».

de chez nous... Le 100 NONS ne vise pas à [la] mécanique du son et des sous... L'orchestre n'enterre pas les paroles; il se fait même très discret à l'occasion. Surtout chaque pièce se veut une ambiance et un ton particulier, et chaque interprète, une personnalité... On est surpris par la maîtrise que démontre le sympathique Roger Rey, une assurance qui n'a rien de fanfaron; Aline Campagne, un brin de fille qui déride une salle; Monique Corriveau, charmante dans une chanson de mer qui appelle le large, espiègle dans *Je suis un sacripant*; Catherine Bellefleur, qui jouit manifestement de ce qu'elle chante; Les Campagne et Bo Graham, bouclaient délicieusement la première partie. Le groupe chante aussi du kétaine: *Tabarnouche qu'a danse ben*, présenté par Paul Campagne... L'orchestre comprenait neuf musiciens, pas moins! On l'a trouvé fort souple... On a aimé en particulier le jeu de Jude Roy au violon. On aimerait que la direction en soit identifiée... Pour ma part, je ne trouve pas que les contorsions soient indispensables chez les instrumentalistes... D'autres trouvaient que les joueurs ne se

Collaboration des organismes
Besoin reconnu

Le 15 avril 1980, le Conseil exécutif du CCFM, le 100 NONS et le Conseil jeunesse provincial se rencontraient pour définir en commun le mandat respectif de chaque organisme et discuter de collaboration éventuelle dans le domaine de la chanson. On en arriva à l'entente suivante: «Le 100 NONS doit avoir comme mandat la formation des amateurs; le CCFM doit s'occuper des artistes semi-professionnels ou déjà lancés; le CJP devrait agir comme agent local ayant un rôle intermédiaire entre les jeunes et les organismes».

Michel Chammartin à CKSB

Le 27 avril 80, CKSB recevait Michel Chammartin en musique et en chansons à son émission «Voix et rythmes du Pays».

Michel Chammartin, avril 1980

Marcel Gosselin, Cruciforme, juin 1980

Daniel Lavoie au Playhouse

Daniel Lavoie, avril 1980

Le 28 avril 80, Daniel Lavoie, accompagné de son orchestre, présentait un spectacle au théâtre Playhouse. «Après des débuts difficiles, cet auteur-compositeur et interprète connaît le succès au Québec, particulièrement grâce à son troisième microsillon *Nirvana bleu*». Le spectacle était présenté par Face.

Le «Cruciforme» de Marcel Gosselin

À la mi-juin 1980, Marcel Gosselin présentait le spectacle «Cruciforme» sur la scène de la Salle Pauline-Boutal. Un «show» très spécial pour plusieurs raisons. Tout d'abord cet artiste qui «n'avait pas chanté sur scène depuis plusieurs années alors qu'il faisait ses dents avec le 100 NONS a

montré un jour nouveau de ses talents, à savoir, celui de compositeur-interprète de chansons et de monologues». Très spécial aussi par le thème omniprésent, celui de la religion. Comme le disait l'artiste, «c'est l'expression des frustrations qui dormaient en moi depuis longtemps».

«Cruciforme» représentait en effet des aspects très intimistes de la vie de Marcel Gosselin aux prises avec les influences d'une morale religieuse qui a toujours été présente autour de lui.

Ce spectacle traduisait «une influence profonde d'un sens de l'autorité poussée jusqu'à la limite du contrôle de tous ses actes humains; un spectacle donc qui a fait place à la fascination, au respect, à la peur, et souvent même à la naïveté, tellement les textes ont parfois eu l'odeur de l'eau de rose».

Côté technique, «Cruciforme» a montré des valeurs très sûres. «Marcel Gosselin possède un registre de voix fort enviable... La voix est chaude et porte bien». Les musiciens qui l'accompagnaient «ont travaillé sans faille. La qualité de l'orchestration signée Claude Boux, appuyé par Léo

Gosselin, Paul Heppenstall, Wayne Janz et Guillaume Boux, a fourni un support impeccable à l'ensemble vocal».

«L'ensemble a fait que le 'nouveau' Marcel Gosselin a réussi à créer un ensemble original très spécial qui lui a valu une 'ovation debout' de la part d'une salle remplie presque à capacité».

Bilan financier 79-80

L'état des revenus et dépenses pour l'année se terminant le 31 mars 1980 était le suivant:

Revenus:

Subvention du Secrétariat d'État ...	16 000,00 $
Subvention de la province du Manitoba	4 943,00
Spectacles	7 476,38
Commanditaires	1 065,14
Autres	573,97
Total	30 058,49

Dépenses:

Salaires et bénéfices	9 321,93
Loyers, bureau, entretien, etc.	6 406,73
Comptabilité et vérification	675,00
Publicité	1 355,25
Frais de déplacement	552,00
Technique	2 439,25
Honoraires	3 555,71
Réceptions	4 342,51
Autres	1 673,29
Total	30 321,67
Déficit de l'année	263,18

«Un point épineux»

Dans son rapport annuel du 12 juin 80, Gilbert Boissonneault remercie certains membres du Conseil qui se sont dévoués de façon particulière au cours de la saison: Gemma Larivière, Noëlla Gauthier, Normand Dupasquier, Claude Clément,

Georgette Vrignon et Richard Simoens. «Il y a toujours un point épineux. L'année qui se termine n'a pas fait exception à la règle... Cette année, ce fut la question du quorum que nous n'avons pu avoir à maintes reprises...».

Fête de la Saint-Jean

Les 22 et 23 juin 1980, le 100 NONS se chargeait des spectacles de l'après-midi pour la Fête de la Saint-Jean célébrée à La Broquerie. En vedette: Gilberte Bohémier, et la famille Campagne qui formait le groupe «Folle Avoine». Environ 400 personnes assistèrent aux représentations.

La Fête du Canada

Le 1er juillet 1980, le CCFM célébrait la Fête du Canada. Le 100 NONS était responsable de la coordination des différents spectacles. À l'affiche:la famille La Roche, le groupe Soleil, Folle Avoine, Gerry et Ziz, Kelley Fry et Bertrand Savard.

Cinq candidats pour le Festival

Le 19 juillet 1980, le 100 NONS tenait des auditions pour le Festival de Granby. Cinq candidats se présentèrent: Bowlin Graham, Patrice Boulianne, Kelley Fry, Claude Désorcy et Roger Rey. Les juges étaient Claude Hébert et Pierre Lacouture de Granby.

À Folklorama

Le 100 NONS participa au Folklorama ayant lieu au mois d'août en fournissant le groupe musical qui accompagna les Danseurs de la Rivière-Rouge tout au cours de cette semaine de manifestation culturelle.

Réunion annuelle 80

Plus de 60 personnes étaient présentes à la réunion annuelle du 100 NONS le 12 juin 1980. Le nouveau Conseil élu lors de cette assemblée se constituait des personnes suivantes: Donald Foidart, président; Normand Dupasquier, vice-président; Suzanne Pelletier, secrétaire; Marc Boucher, trésorier; Antoine Gaborieau, Jacqueline Lord, Georgette Vrignon et Gérald Schaubroeck, conseillers. Un spectacle donné par le groupe «1755» du Nouveau-Brunswick prolongeait la réunion.

Subvention du Secrétariat d'État

Le 31 juillet 1980, le 100 NONS apprenait que le Secrétariat d'État s'engageait à lui accorder une subvention de 22 000,00$ pour sa programmation 80-81.

Démission de la directrice

À une réunion tenue le 4 septembre 80, les membres du Conseil apprenaient la démission de Madeleine Lépine de son poste de directrice du 100 NONS.

Nouveau directeur

Ce n'est que le 5 novembre 80 que le Conseil put souhaiter la bienvenue au nouveau directeur du 100 NONS, Claude Aubin.

Festival de la Boîte à chansons

Le 17 octobre 80 avait lieu le «Lancement de l'année» avec les jeunes artistes qui participaient au Festival Bach. Les écoles participantes: La Broquerie, Louis-Riel, Sainte-Anne et le Collège secondaire de Saint-Boniface qui fut proclamé lauréat du concours. Les artistes invités: Le groupe Folle Avoine.

Roger Rey «Big shot»

Le 13 décembre 80, dans le cadre de ses «Spectacles enchanteurs» le CCFM présentait une soirée de chansons avec Roger Rey, originaire de Haywood et ancien du 100 NONS. Selon le reportage qu'en faisait Lucien Chaput la semaine suivante dans *La Liberté*, «Roger a su intéresser les 260 spectateurs réunis en la Salle Pauline-Boutal. Mais c'était en fin de compte un spectacle dont la qualité était inégale... La force de Roger est sûrement sa voix... L'heureux choix des chansons... un orchestre bien à point... La présentation des chansons a constitué cependant la faiblesse du spectacle... Parce qu'il était très nerveux, Roger n'a pas su établir le rapport nécessaire avec son auditoire... C'était un Roger plus à l'aise qui est revenu durant la deuxième partie du spectacle... Roger Rey possède tous les talents requis pour être un succès s'il le veut... deviendra sûrement avec le temps un artiste d'envergure».

Gerry et Ziz en concert

À l'occasion du 20ᵉ anniversaire de CBWFT, Gérald Paquin et Gérard Jean étaient invités le 26 décembre 80 à «une émission de variétés, riche en couleurs et en chansons, tournée dans les ruines de la Cathédrale de Saint-Boniface».

Ouverture officielle tardive

On peut trouver étrange l'article suivant, paru dans *La Liberté* du 21 mai 1981, voulant faire comprendre que le 100 NONS ait attendu 8 ans pour avoir son propre local: «Le 15 janvier dernier, les responsables procédaient à l'ouverture officielle de la petite salle de spectacle au CCFM, qui devenait disponible cinq jours par semaine aux chanteurs et musiciens...». Cependant, grâce à une entente avec le Centre culturel, le 100 NONS pouvait désormais occuper le local tous les jours de la semaine. Selon le rapport du directeur, donné en fin de saison, cette entente permettait au 100 NONS d'effectuer son travail le plus important de l'avenir, celui de la formation musicale de quantité de jeunes artistes.

Le 100 NONS «jazzé»

Le 30 janvier 81, au 100 NONS, il y avait soi-

rée de danse pour les 18 ans et moins, avec Laurent Roy et son orchestre.

Le 31 janvier, plus de 75 amateurs de musique jazz assistèrent au spectacle que présentait Laurent Roy accompagné de Christian Martinson et Clayton Hulverson.

La Roche à veillons Électrique

Du 15 au 21 février 81, dans le cadre du Festival du Voyageur, le 100 NONS présentait «La Roche à veillons Électrique» à la Salle communautaire du Précieux-Sang. Au programme: Folle Avoine, Illusion, le groupe La Roche, Rose Noire et Soleil.

Boîte à chansons à Lorette

Le 6 mars 81, le 100 NONS aidait «au montage technique» d'une boîte à chansons «divisionnaire» tenue à Lorette.

Aide du Québec

Le 16 mars 81, le 100 NONS apprenait que le ministère des Affaires

Le groupe La Roche, 1981

intergouvernementales du Québec lui accordait les «services d'une personne-ressource pour un stage de formation à Saint-Boniface» ainsi qu'un «stage de formation au Québec pour deux représentants du 100 NONS.»

Le 100 NONS ne put cependant accepter ces deux projets puisque «nous avons appris trop tard que les frais sont trop élevés...».

L'école Taché chante

Le 19 mars 81, le 100 NONS présentait une boîte à chansons organisée en collaboration avec l'école Taché.

«Danse avec Soleil»

Le 21 mars 81, le 100 NONS présentait une «Danse avec Soleil» au CCFM. «Il fut très décevant de voir le manque de participation de la part des gens de Saint-Boniface à cette soirée». (Rapport du Directeur).

Le Collège Matthieu au 100 NONS

Le 4 avril 81, le 100 NONS recevait «Les Alouettes», un groupe de 30 artistes du Collège Matthieu de la Saskatchewan. Le spectacle était composé de chansons, de danses et de monologues.

Les La Roche au 100 NONS

Le 10 avril 81, le groupe La Roche était responsable de la musique lors d'une

«Danse électrique» pour les moins de 18 ans au 100 NONS.

Le 11 avril, le même groupe présentait une Soirée-Cabaret au même local. «Il fut très décevant de voir le manque de participation de la population de Saint-Boniface à ces deux soirées».

Boîte à Saint-Adolphe

Les 30 avril et 2 mai 81, le 100 NONS apportait son aide technique à la réalisation d'une boîte à chansons présentée à Saint-Adolphe.

«Kelley vous chante»

Le 23 mai 81, le 100 NONS présentait Kelley Fry en concert au CCFM. Elle était accompagnée des musiciens suivants: Guy Corriveau à la batterie, Marcel Druwé à la guitare solina; Gilles Fournier à la contrebasse, Laurent Roy à la guitare et

Kelley Fry, mai 1981

Normand Touchette au piano. Les harmonies: Aline et Carmen Campagne; le décor: Avelin Gautron; l'éclairage: Léo Lagassé; le son: Richard Dupas. Ce spectacle voulait rendre hommage à Kelley Fry qui avait représenté le Manitoba français au Festival de Granby 80.

Selon le reportage qu'en faisait Guy Ferraton le samedi suivant dans *La Liberté*, «Kelley a su mériter la sympathie de l'auditoire (une salle du 100 NONS remplie) malgré les quelques faiblesses du spectacle. Un répertoire varié... certaines chansons où l'artiste s'est vraiment surpassée... musiciens pas toujours à la hauteur de la situation... effort de présenter un bon show ... Kelley Fry est vouée à devenir une excellente artiste».

«Ôtez-vous de d'là...»

Le 6 juin 81, le 100 NONS présentait dans son propre local une boîte à chansons composée d'artistes amateurs de la campagne: «Ôtez-vous de d'là, on arrive en ville».

Premier disque des La Roche

Le 11 juin 81, une centaine de personnes assistaient à un vin-fromage offert au CCFM à l'occasion du lancement officiel du premier microsillon du groupe La Roche composé de cinq membres: Pierrette, Christian, Fabien, Réjean et Joël La Roche. Le lendemain soir, la famille La Roche tenait une soirée sociale au 100 NONS.

Si les La Roche connurent alors une grande popularité, c'est que «Leur energie explose dans un rythme qui se vit et qui se danse, dans un langage commun à tout le monde. Leur musique est parfois agressive, parfois rock, adoucie de quelques ballades».

Lavoie, idole des jeunes Québécois

En juin 1981, alors que Daniel Lavoie lançait son 4e microsillon, premier en anglais, *Craving*, la revue Québec Rock lui consacrait un article. Non seulement Daniel est-il maintenant bien connu du public québécois, il est «sa nouvelle idole, son nouveau chouchou». Il avait vendu près de 30 000 exemplaires de *Nirvana Bleu*, avait «rempli toutes les salles du Québec où il a joué et s'est constitué un public de fanatiques dont certains membres vont jusqu'à le suivre de ville en ville...».

À la Saint-Jean 81

Les 19, 20 et 21 juin 1981, le 100 NONS présentait «Fin de semaine Rock» à La Broquerie à l'occasion de la Fête de la Saint-Jean. Au programme: La Roche, Soleil, Illusion, Druide, Switch, Rose Noire, ainsi que deux boîtes à chansons.

Autres activités du 100 NONS

À des dates non précisées, le 100 NONS participait au «Chemin de la Croix» de Saint-Labre et à une soirée du Comité culturel d'Île-des-Chênes. Il offrait aussi un petit spectacle lors de la réunion annuelle du Conseil jeunesse provincial.

Participation des artistes

Selon le rapport du directeur du 100 NONS présenté en fin de saison, 90 jeunes artistes avaient participé aux activités de l'organisme au cours de l'année 80-81.

Bilan financier

L'état des revenus et dépenses pour l'année se terminant le 31 mars 1981 était le suivant:

Revenus:

Subventions du Secrétariat d'État ..	25 250,00 $
Subventions de la province du Manitoba	7 934,00
Spectacles	5 520,00
Confiseries, boissons, etc.	1 495,90
Total	40 199,90

Dépenses:

Assurances	542,00
Confiseries et boissons	2 480,00
Équipement	450,00
Frais de déplacement	1 623,00
Location de bureau	2 263,00
Frais de bureau	1 616,00
Publicité	1 939,09
Rénovation et décors	1 910,90
Salaires et bénéfices	14 707,73
Honoraires (artistes, techniciens, autres)	9,471,66
Divers (sécurité,téléphone, comptabilité, etc.)	3 321,99
Total	40 325,37
Déficit de l'année	125,47

Conseil d'administration 81-82

À l'assemblée annuelle du 100 NONS qui eut lieu le 17 mai 1981, le nouveau Conseil d'administration était constitué de la façon suivante: Donald Foidart, président; Roland Robert, vice-président; Jules Chartier, trésorier; Suzanne Pelletier, se-crétaire; Roselyne Prince, Colette Rozière, Huguette Girardy et Antoine Gaborieau, conseillers. Le personnel se composait alors du directeur Claude Aubin, d'une secré-taire, Antoinette Grenier, et d'un techni-cien, Gilles Dumaine.

Après la réunion, on offrit un spectacle présenté par Jacques Chénier et Daniel Ferland aux 38 personnes présentes.

Année de tourments

La saison 81-82 fut peut-être la plus pénible et la plus frustrante de toute l'his-toire du 100 NONS. C'est que l'organisme connaîtra alors des difficultés qui le mena-ceront de façon incessante et qui risque-ront plus que jamais de le faire disparaître. Nous verrons en effet le 100 NONS ne plus se sentir chez lui au CCFM, ce qui le con-duira à chercher ailleurs un abri. Nous le verrons incapable de réaliser des projets de programmation trop ambitieux,ce qui le conduira à une inertie presque totale. Nous le verrons encore aux prises avec des difficultés financières qui lui occasionne-ront un déficit record. Enfin, toute une série de démissions et de menaces de dé-missions brandiront le spectre de sa désintégration totale. Nous avons été trop près de l'organisme pour nous permettre de faire l'analyse de la situation et de ten-ter de remonter aux causes profondes de tous ces maux. Nous risquerions de man-quer d'objectivité. Nous devrons donc nous satisfaire de relater les faits, laissant au lecteur la tâche de formuler ses propres déductions.

Projet de nouvelle programmation

Au cours de l'été 1981, le directeur du 100 NONS formulait de façon détaillée le projet de nouvelle programmation pour la saison 81-82. Alors que par le passé la programmation avait été présentée dans des cadres hebdomadaires, mensuels ou saisonniers, le directeur proposait pour la nouvelle saison «une programmation continue», c'est-à-dire «une salle disponible aux artistes en tout temps pour leur permettre d'approfondir leur présentation de scène et leur technique par des pratiques régulières et continues».

Cette «programmation continue» devait conduire à dix spectacles dits Boîtes à chansons, à 15 spectacles en tournée avec 10 représentations de chaque spectacle, à 10 soirées de danses, à 10 soirées cabarets pour adultes et à la participation à différentes festivités telles que la Saint-Jean, Folklorama, le Festival Théâtre Jeunesse et le Festival du Voyageur.

Il faut dire que si cette programmation ne put se réaliser, le directeur, Claude Aubin, n'en avait pas moins consacré un temps énorme à sa raison d'être et à son élaboration.

Services offerts

Le 100 NONS se proposait également d'offrir aux écoles et aux individus divers services: aide technique, comprenant un système d'éclairage, un système de son et un technicien; discothèque, contenant plus de 800 disques; prêt d'équipement; visite de boîtes à chansons, avec évaluation et suggestions; promotion ou aide au perfectionnement soit par une tournée ou par le lancement d'un disque.

Un budget record

Ce projet de programmation exigeait un important personnel: administrateur, secrétaire, technicien et personnes-ressources pour animation. Il réclamait donc un budget record de 104 000,00$.

Programmation très réduite

Lorsque vint l'automne, ce projet de programmation prit des dimensions beaucoup plus réduites. À la réunion du 16 septembre 1981, le directeur proposait le programme suivant:

– Boîte à chansons le 30 octobre. À l'affiche, les concurrents au Festival de Granby.
– Boîte à chansons le 5 décembre avec nouveaux artistes.
– Participation au Festival de Granby en février.
– Boîte à chansons le 24 avril 1982 avec de futurs artistes régionaux.
– Auditions pour le Festival de Granby le 29 mai 1982.
– Participation à la Fête de la Saint-Jean en juin 1982.
– Participation au Folk festival à l'été 1982, avec artistes professionnels et amateurs.
– Présentation de 10 spectacles d'une demi-heure, en collaboration avec Radio-Canada. Participeraient à ces spectacles 5 artistes professionnels et 5 artistes amateurs.
– Cours de technique au 100 NONS.

Un local au CCFM, toujours un problème

Depuis les tout débuts, le 100 NONS avait continuellement éprouvé des difficultés à se trouver un local qui fût bien à lui au Centre culturel franco-manitobain.

En juin 1981 encore, par exemple, si le Conseil d'administration du CCFM consentait à louer au 100 NONS la petite salle de spectacles pour l'année 81-82, les conditions semblaient trop onéreuses et trop restrictives. Le loyer annuel était de 5 000,00$. Le 100 NONS devait remettre au CCFM sa planification d'occupation au moins un mois à l'avance. Le CCFM reconnaissait au 100 NONS la priorité de la location de la salle, mais ne lui en accordait aucunement l'exclusivité. Ainsi, à certains moments de l'année, il était entendu que le CCFM se réservait le droit de disposer de cette salle (Le Festival du Voyageur, etc...), en donnant au 100 NONS un préavis respectable.

Première démission

Le 9 septembre 81, donnant comme raison une surcharge de travail, l'auteur remettait au président sa démission comme membre du Conseil d'administration du 100 NONS.

Le 100 NONS Incorporé

Dans le procès-verbal du 16 septembre 1981, nous lisons: «Incorporation - le tout est finalisé». La motion suivante était adoptée: «Que le certificat de constitution en vertu de la loi sur les corporations du Manitoba soit accepté et que le paiement de 305,50$ à Teffaine, Monnin, Hogue et Teillet en suive».

Tournée de spectacles

Pendant l'automne de 1981, en collaboration avec le poste CKSB de Radio-

Canada et le CCFM, le 100 NONS organisait une série de spectacles dans différentes régions de la province:

– Le 10 octobre, Ed Desjarlais au Centre communautaire de Saint-Laurent.
– Le 28 octobre, Marie Sylvie au Collège de Saint-Boniface.
– Le 13 novembre, Jacques Chénier et Patrice Boulianne au Club La Vérendrye.
– Le 20 novembre, Jeannette Gosselin et Aline Lacroix à l'école de Sainte-Anne.
– Le 26 novembre, Laurent Roy à l'école de Saint-Pierre.
– Le 11 décembre, Gérald Laroche à l'école de Powerview.

Au Festival de Granby

Après les auditions qui avaient eu lieu au 100 NONS le 22 août 1981, le Manitoba français était représenté aux quarts de finale du Festival de Granby en octobre par Kelley Fry, Hélène Molin, Jacques Chénier et Marie Sylvie.

Les coffres sont vides

À partir du 16 septembre et au cours des trois réunions suivantes, la grande préoccupation du Conseil d'administration du 100 NONS est de trouver des moyens de remplir ses coffres qui menacent de se vider.

À la réunion du 16 septembre, le Conseil constate qu'il a besoin de fonds supplémentaires. On a besoin de 21 000,00$ pour terminer l'année fiscale. On met sur pied un comité de prélèvement de fonds.

À la réunion du 6 octobre, les membres apprennent qu'une demande de subvention s'élevant à 950,00$ pour les spectacles de «Réseau-Ouest variété» a été soumise au CCFM.

Pour prélever des fonds on parle de bazar, de «demolition derby», de Rallye, de course au trésor, de vin-fromage, etc.

À la réunion du 26 octobre, le Conseil apprend qu'il a dépassé sa marge de crédit. On n'honore plus ses chèques. Une demande de subvention a été faite à Radio-Canada pour projet spécial, une autre à Francofonds.

À la réunion du 28 octobre, le Conseil constate qu'il lui manque 3 600,00$ pour approvisionner les chèques à la Caisse Populaire de Saint-Boniface. On discute des moyens à prendre pour combler le déficit: vente de billets pour la coupe Grey, organisation d'un dansethon, CERECO (appels téléphoniques pour les élections), etc. Le président propose de faire un prêt personnel en prenant de l'équipement technique en gage. Le Conseil refuse cette solution. On demande au directeur de bien vouloir attendre son salaire.

Deux autres démissions

Le 4 novembre 1981, Roland Robert, vice-président, démissionnait comme membre du Conseil, donnant comme raison «une surcharge de travail».

Le 12 novembre, Suzanne Pelletier, secrétaire, faisait parvenir sa démission comme membre du Conseil «pour des raisons personnelles».

Postes comblés

Les postes des démissionnaires étaient tour à tour comblés par Pierre Trudel (vice-président), Suzanne Campagne (secrétaire) et Denise Lécuyer (conseillère).

Subventions du CJP et du CCFM

Dans une lettre datée du 6 novembre 1981, le Conseil jeunesse provincial se dit heureux d'accorder à certaines conditions au 100 NONS une subvention de 450,00$ «pour la réalisation de vos spectacles amateurs en collaboration avec Radio-Canada».

À la réunion du 11 novembre, le Conseil apprenait que le CCFM avait octroyé au 100 NONS la somme de 450,00$.

On veut redéfinir le rôle du 100 NONS

À la réunion du 11 novembre 1981, on propose que le Conseil d'administration consacre une demi-journée, le 28 novembre, avec médiateur, pour redéfinir les rôles et objectifs du 100 NONS. Cette proposition fait suite à «une longue discussion sur les frustrations, confusions, malentendus, etc., etc., parmi les membres du Conseil...».

Le directeur veut démissionner

Au procès-verbal de la réunion du 11 novembre on lit: «Lettre de démission de Claude Aubin, à recevoir le 4 décembre 1981. Il quitte le 1er janvier 1982».

Cependant, les choses durent s'arranger puisque nous retrouvons le directeur à son poste en janvier.

Au début de novembre, Antoinette Grenier quittait son poste de secrétaire au 100 NONS. «On doit embaucher quelqu'un pour [la] remplacer à temps partiel.

Lettre d'un avocat

Selon le procès-verbal de la réunion du 26 novembre 1981, le 100 NONS doit 2 semaines de salaire à Claude Aubin. «La première chose à régler est la question des salaires, la lettre de l'avocat au sujet de Claude Aubin et les factures non payées».

Ligne de crédit annulée

Au procès-verbal de la réunion tenue le 26 novembre 1981, «La Caisse populaire de Saint-Boniface a envoyé une lettre datée du 23 novembre au président l'informant qu'elle devait annuler la ligne de crédit pour le 100 NONS suite aux constatations suivantes: Pas de minutes pour les réunions du Conseil d'administration du 100 NONS; que la Caisse n'était pas proprement avisée [sic] que le 100 NONS était incorporé; que les signataires des chèques ne sont plus sur le Conseil d'administration; que les chiffres présentés au gouvernement pour les différents octrois n'étaient pas les mêmes que le budget actuel; pas de motion faite par le Conseil pour avoir une ligne de crédit».

Menace de désintégration

Le 1er décembre 1981, Donald Foidart, président, faisait parvenir aux membres du 100 NONS une lettre dont voici un extrait contenant le message essentiel:

Le Conseil d'administration vous invite à une assemblée générale le mercredi 9 décembre 1981. Les objectifs de cette assemblée sont multiples. Cependant, nous les résumons de la façon suivante: Le 100

NONS Inc. a-t-il encore sa raison d'être? Si oui, quelles devraient être ses priorités, sa programmation et ses sources additionnelles de financement?[...]De plus,trois postes doivent être comblés au Conseil, ceux de président, de vice-président et de secrétaire.

On peut donc en conclure que trois autres membres du Conseil, Donald Foidart, Pierre Trudel et Suzanne Campagne, avaient l'intention de démissionner de leurs postes.

Nous les retrouvons cependant tous les trois au Conseil en janvier 1982.

On n'embauchera pas de secrétaire

À la réunion du 16 décembre 1981, le Conseil décide de ne pas embaucher de nouvelle secrétaire «faute de manque de fonds».

Autre démission

Le 18 janvier 1982, Jules Chartier, trésorier, faisait parvenir au 100 NONS sa lettre de démission comme membre du Conseil d'administration du 100 NONS «pour des raisons personnelles».

Fusion avec le CJP ?

À la réunion en date du 1er février 1982, le Conseil du 100 NONS discute de l'idée de fusion avec le CJP.

Activités du 100 NONS

Du 14 au 20 février 1982, le 100 NONS participait au Festival du Voyageur en présentant au Centre Communautaire du Précieux-Sang un Relais pour adolescents: «La Poudrière».

Du 15 au 19 février, au CCFM, le 100 NONS gérait le spectacle «La Roche-Roy».

Le 6 mars 1982, le 100 NONS présentait une soirée cabaret. À l'affiche: Pimekan, Gérald Laroche et son orchestre «Boogie Creek».

Au Foyer du CCFM

Au cours de l'hiver 82, le CCFM présentait dans son «Foyer» toute une série d'artistes dont Gérard Jean, Kelley Fry, Solange et Suzanne Campagne, accompagnés de Dennis Connelly, Laurent Roy, Louis Dubé et Tony Beaulieu.

Le groupe Folle Avoine composé de : Aline Campagne, Suzanne Campagne, Denis Encontre, Annette Campagne, Solange Campagne, Carmen Campagne et Paul Campagne, vers 1982

Le 100 NONS veut quitter le CCFM

Le 1ᵉʳ mars 1982, le directeur du 100 NONS, Claude Aubin, annonce au CCFM qu'il n'a pas l'intention de renouveler son contrat de location pour la saison 82-83. La salle sera libérée en fin d'avril tel que négocié avec la directrice du CCFM pour satisfaire les besoins de la pièce *Les Batteux*.

Le directeur démissionne

À l'ordre du jour de la réunion du 15 mars 1982 paraissait le point suivant: «Candidature au poste de directeur». On peut donc conclure que le directeur, Claude Aubin, avait démissionné de son poste.

En mai 1982 Hélène-Claire Émond devenait directrice du 100 NONS et Joanne Therrien occupait alors le poste de directrice-adjointe.

On paye mais on proteste

Le 10 mai 1982, le 100 NONS faisait parvenir une lettre au CCFM. Tout en acceptant de payer la facture de location au CCFM, le 100 NONS se plaignait du fait que le CCFM ne respectait pas toujours ses responsabilités auprès de son locataire.

Cependant, la facture ne dut pas être réglée

puisqu'en juillet le 100 NONS demandait au CCFM de bien vouloir effacer la dette de 4 000,00$ pour location de la petite salle de spectacle.

Soirée gala – 15ᵉ anniversaire

À l'occasion du 15ᵉ anniversaire du 100 NONS, Radio-Canada, en collaboration avec l'organisme, présentait une Soirée-gala au CCFM le 30 mai 1982. Le spectacle,animé par Philippe Pitre, recevait les artistes suivants: Daniel Lavoie, Suzanne Jeanson, Gilberte Bohémier, Gérald Paquin, Gérard Jean, Pierrette La Roche et Hélène Molin.

Les artistes au secours

Le 29 juin 1982, le Conseil d'administration du 100 NONS rencontrait les artistes franco-manitobains dans le but «de vérifier avec eux leur intérêt face à l'organisme» et, le cas échéant, leur demander une contribution bénévole pour la continuité de son programme. Les artistes assurèrent le 100 NONS de leur appui.

Bilan financier 81-82

L'état des revenus et dépenses pour l'année se terminant le 31 mars 1982 était (en bref) comme suit:

Revenus:

Subventions du Secrétariat d'État .. 30 000,00 $
Subvention de la province du
Manitoba 8 727,00
Autres 3 600,00
Spectacles 5 989,00
Services techniques,
prélèvement de fonds, etc. 1 982,42
Total 50 298,42

Dépenses:

Assurances 1 474,23
Comptabilité 1 030,00
Confiseries et boissons 1 930,08
Équipement et matériel 3,565,29
Frais de déplacement 2,161,06
Frais bancaires et intérêts 1 833,52
Location de bureau, équipement,
salles 8 957,92
Frais de bureau, publicité,
réunions, etc. 4 680,94
Salaires et bénéfices 36,880,72
Honoraires (artistes, technique,
autres) 6 827,00
Rénovations et entretien 180,48
Total 69 521,24
Déficit de l'année 19 222,82

Félicitations méritées

On ne saurait clore cette sombre page d'histoire de la saison 81-82 sans féliciter les quelques membres du Conseil d'administration du 100 NONS qui, en dépit de toutes les épreuves rencontrées, ont su tenir le coup et ainsi empêcher le naufrage.

Le Conseil d'administration 82-83

À l'assemblée annuelle du 100 NONS en date du 18 mai 1982, les 33 personnes présentes élisaient au Conseil d'administration les membres suivants: Pierre Trudel, président; Suzanne Campagne, vice-présidente; Roger Foidart, trésorier; Jean-Pierre Dubé, secrétaire; Colette Rozière, Denise Lecuyer, Kelley Fry et Pauline Charrière, conseillères.

Depuis le 19 avril, Hélène-Claire Émond occupait le poste de directrice, alors que

Joanne Therrien était directrice-adjointe. Gilles Dumaine demeurait directeur technicien, poste qu'il occupait depuis un an.

Le 100 NONS tient par un fil

À la réunion du Conseil d'administration qui se tenait le 12 août 1982, on se pose la question: «Est-ce que le 100 NONS reste ouvert?» La réponse: «Oui 4, Non 3. Le 100 NONS restera ouvert».

À la même réunion, Hélène-Claire Émond informait le Conseil qu'elle quittait le 100 NONS pour un emploi au CUSB et «qu'elle nous renseignera dans dix jours de sa disponibilité».

Festival de Granby 82

À la fin d'août 1982, le 100 NONS recevait huit participants aux auditions qui avaient lieu en vue du Festival de la chanson de Granby. Hélène-Claire Émond et Kelley Fry étaient les organisatrices de ces auditions.

Trois de ces artistes furent choisies pour représenter le Manitoba à Granby: Lyanne Fournier et Rita Laflèche (catégorie interprètes) et Patrice Boulianne (catégorie auteurs-compositeurs).

Le Secrétariat d'État se montre compréhensif

À la réunion du Conseil tenue le 9 septembre 1982, on apprend que Martial Fontaine du Secrétariat d'État veut rencontrer les membres de l'Exécutif. «Il veut connaître nos besoins... Il s'est montré satisfait de l'utilisation des premiers 20 000,00$ de la subvention [promise, somme qui avait servi à amortir le déficit] et s'est dit prêt à avancer la date du deuxième versement de 15 000,00$».

Le Secrétariat d'État agit vite

Le 10 septembre 1982, le 100 NONS recevait un chèque de 15 000,00$ «qui représente le deuxième et dernier versement d'une subvention totale de 35 000,00$ telle qu'annoncée par le Secrétariat d'État».

Le dernier concert des La Roche

Le 19 septembre, le groupe La Roche, composé de Fabien, Réjean, Joël, Christian et Pierrette La Roche, présentait son «Dernier concert» au poste de Radio-Canada, CKSB. Les membres du groupe devaient

Le groupe La Roche : Fabien, Réjean, Joël, Christian et Pierrette, septembre 1982

en effet par la suite se disperser pour poursuivre leurs études et carrières dont certaines dans le domaine de la musique.

Du rouge au noir

On sait qu'en fin de saison 81-82 la situation n'était pas rose pour le 100 NONS alors qu'il accusait un déficit d'au moins 19 000,00$. Selon un article paru dans le journal *La Liberté* en date du 8 octobre 1982 et signé Bernard Bocquel, le nouveau Conseil décida alors de mettre à pied les trois employés de l'organisme et s'en tint à une programmation sans dépenses. Résultats: «Le 100 NONS est aujourd'hui financièrement à flot. Les activités organisées ont rapporté plus de 7 000,00$ et, surtout [comme mentionné ci-dessus) le Secrétariat d'État a versé deux tranches de subventions, soit en tout 35 000,00$. Le 100 NONS a donc été en mesure de planifier une série de spectacles dont l'organisation a été confiée à Suzanne Campagne qui a démissionné comme vice-présidente de l'organisme. Son contrat, d'une durée d'un mois, va prendre fin le 8 octobre».

Le but des quatre spectacles (échelonnés de novembre à mai) était d'offrir l'occasion aux jeunes artistes de se présenter sur scène avec d'autres artistes plus connus. Une soirée dansante devait prolonger chaque spectacle.

Selon Suzanne, «le 100 NONS va pouvoir compter sur des bénévoles, des gens qui ont atteint un certain niveau de professionnalisme grâce à l'organisme. Tout le monde à qui j'ai parlé a accepté de donner un coup de main. Il ne fait pas de doute que ces personnes-ressources ont à coeur que le 100 NONS puisse continuer son mandat, celui d'assurer la formation de jeunes qui veulent se présenter sur scène...».

«J'aurais voulu chanter»

Le 11 octobre 1982, le poste de télévision CBWFT présentait une émission spéciale soulignant le 15ᵉ anniversaire du 100 NONS. Intitulée: «J'aurais voulu chanter», cette émission d'une heure et demie regroupait plusieurs artistes qui avaient oeuvré au 100 NONS au cours des années. On y retrouvait notamment: Daniel Lavoie, Gérald Paquin, Gérard Jean, Suzanne Jeanson, Gilberte Bohémier, Louis Dubé et Pierrette La Roche. Ce fut une réalisation très audacieuse de François Savoie qui permit aux spectateurs de voir les artistes «avant et maintenant».

Gérard Jean, Gérald Paquin et Daniel Lavoie à l'émission «J'aurais voulu chanter», octobre 1982.

Relais jeunesse – Entreprise conjointe

En octobre 82, le CJP, le 100 NONS et l'Association des étudiants du Collège universitaire de Saint-Boniface, trois organismes regroupant les jeunes Franco-Manitobains, signaient un protocole d'entente visant la mise sur pied conjointe de deux relais pour le Festival du Voyageur 83.

Un comité du Relais-jeunesse fut alors constitué pour prendre des décisions au nom des trois organismes, pour coordonner et gérer l'entreprise au cours des mois préparatoires.

Lorsqu'arriva le Festival en février 83, les trois organismes, concertant leurs efforts, ont donc pu présenter aux jeunes de moins de 18 ans le «Petit Portage» à la Salle Académique du CUSB avec le groupe La Roche et Les Fantaisistes; pour les 18 ans et plus, il y avait le «Grand Portage» au gymnase-ouest du CUSB. À l'affiche: Folle Avoine, Gérald Paquin, Gérald Laroche, Hadley Castille, le groupe La Roche, Paul Demers, Ronald Bourgeois, Kenneth Saulnier et Johnny Comeault. Michel Roy du CJP, Maurice Smith de l'AECUSB et Kelley Fry du 100 NONS étaient les grands responsables de ces deux relais.

Kelley Fry, directrice

Les procès-verbaux de l'époque ne nous laissent aucun renseignement quant à l'embauche de Kelley

Fry comme directrice du 100 NONS. Selon la correspondance conservée cependant, nous retrouvons cette dernière au poste de directrice en novembre 1982.

Kelley Fry, novembre 1982

Rémi Perreau nommé coordonnateur

Au début de décembre 1982, le 100 NONS embauchait Rémi Perreau à titre de coordonnateur à temps partiel des spectacles et des relations avec les étudiants des écoles secondaires francophones de la province. Monsieur Perreau, originaire de France, auteur-compositeur-interprète, apportait à l'organisme une bonne

Michel Roy (CJP), Maurice Smith (AECUSB) et Kelley Fry (100 NONS), octobre 1982

Rémi Perreau, décembre 1982

expérience dans le domaine artistique. Au printemps de 1983, il succédait à Kelley Fry comme directeur par intérim du 100 NONS.

Kelley Fry en concert

Les 21 et 22 janvier 1983, le CCFM présentait «Voyage», chansons par Kelley Fry. Direction musicale: Norman Dugas; direction artistique: Henri Marcoux; décor: Roger Lafrenière.

«L'heure du bon temps»

Les 27, 28 et 29 janvier 1983, le CCFM présentait en son Foyer Suzanne Campagne avec Laurent Roy et Gilles Fournier dans un spectacle faisant partie d'une série appelée «L'heure du bon temps».

Suzanne Campagne, janvier 1983

Dans cette même série, le Foyer accueillait Rémi Perreau les 24, 25 et 26 février, Pat Joyal les 3, 4 et 5 mars, Mark Kolt et Marie-Josée Simard les 13 et 14 mai.

Au théâtre de La Chapelle

Les 28 et 29 janvier 1983, au théâtre de La Chapelle, le 100 NONS présentait en spectacle Rita Laflèche, Edmond Dufort et Gérald Laroche sous la direction musicale de Christian La Roche. La direction technique était confiée à Gilles Dumaine assisté de Jacques Chénier. La formation des artistes avait été confiée à Norman Dugas et Nicole Brémault.

Le spectacle était suivi d'une soirée dansante avec le groupe rock «Trax» composé de David Larocque, Léo Bérard, Joseph Lajoie et Lucie Désaulniers. Selon le rapport du coordonnateur Rémi Perreau, «La petite salle de théâtre a été remplie les deux soirs. L'ambiance était bonne. Les jeunes artistes, Edmond Dufort et le groupe Trax ont surpris par la qualité de leur performance. Rita Laflèche et Gérald Laroche ont confirmé leurs talents». Les dépenses pour la soirée s'élevaient à 1 623,57$ alors que les revenus étaient de 774,84$ pour un déficit de 848,73$.

Les artistes au Télé-Relais

Dans le cadre du Festival du Voyageur 83, le poste CBWFT présentait chaque soir une demi-heure de Télé-Relais au Grand Rendez-vous. Parmi les artistes invités au cours de la semaine du Festival, nous retenons les noms suivants: Pat Joyal, Vincent Dureault, Norman Dugas, Maurice Paquin, Louis Dubé, Gérald Paquin, Michel Chammartin et Nicole Brémault.

Cinq grandes boîtes à chansons

Dans le cadre du Festival Bach 83, cinq centres organisèrent leurs propres boîtes à chansons avec la collaboration de Rémi Perreau du 100 NONS. Le 25 février, les

«C'est la fête». Sept musiciens, un choeur de cinq étudiants, huit techniciens et onze professeurs oeuvrèrent en équipe pour assurer le succès de cette soirée.

Enfin, les 20 et 21 mai 1983, le 100 NONS présentait «Quelques voix», spectacle réunissant les dix meilleurs talents de toutes ces boîtes à chansons, au théâtre de La Chapelle. Guillaume Boux était l'artiste-guitariste invité. La direction musicale était confiée à Normand Touchette alors que Gilles Dumaine était responsable de la technique.

«Scène ouverte»

Le 12 mars 1983, en collaboration avec le CJP et l'Association des étudiants du CUSB, le 100 NONS présentait à la Salle Académique du Collège de Saint-Boniface un spectacle d'une durée de quatre heures intitulé «Scène ouverte». Au programme: Jacques Chénier, Daniel Ferland, Charles Simon, Edmond Dufort, Marjolaine Hébert, Rita et Gisèle Laflèche, le Cercle du Plagiat, Hélène Molin ainsi que les artistes du «Spectacle en tournée du CUSB». Le groupe rock «Trax» composé de Marcel Druwé, David Larocque, Gilles Fournier et Léo Bérard était en charge de la musique. La direction technique était assurée par Gilles Dumaine. Rémi Perreau et Kelley Fry étaient responsables de la mise en scène et de l'organisation du spectacle.

Gérald Laroche au Folk Fest.

Du 7 au 10 juillet 1983, Gérald Laroche franchissait une autre étape importante dans sa carrière musicale en participant pour la première fois au plus grand rassemblement d'artistes folk en Amérique

élèves de Saint-Jean-Baptiste présentaient «De l'aube à l'horizon». Le 27 février c'était au tour des jeunes de Saint-Pierre. À une date non précisée, Sainte-Anne organisait sa boîte intitulée «Télé-fun». Le 29 avril, les élèves de l'école secondaire de La Broquerie chantaient leur «Joie de vivre». Les 12, 13 et 14 mai, le Collège Louis-Riel présentait vingt artistes dans un spectacle intitulé

Spectacle du 100 NONS au théâtre de La Chapelle, mai 1983

du Nord qui se tenait au parc Birds Hill au Manitoba.

«Chez nous, racontait alors Gérald, nous avions un piano, mais j'ai toujours aimé l'harmonica. À treize ans j'avais juste assez d'argent pour m'en acheter un. J'ai commencé à jouer des chansons canadiennes-françaises, des rigodons, des reels. À seize ans j'ai pris le goût pour le blues. Aujourd'hui [1983], Gérald Laroche joue

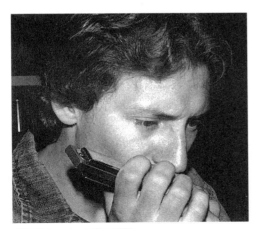

Gérald Laroche, juillet 1983

pour la plupart ses propres compositions. En grande partie c'est le blues qui continue à l'émouvoir. N'empêche que sa musique reflète toujours une certaine influence canadienne-française». (Reportage de Roland Stringer, *La Liberté*, 1er septembre 1983).

Bilan financier 82-83

L'état des revenus et dépenses pour l'année se terminant le 31 mars 1983 était (en bref) comme suit:

Revenus:

Subventions du Secrétariat d'État ..	35 000,00 $
Subvention de la province du Manitoba	9 127,00
Autres	1 500,00
Spectacles, confiseries et boissons ..	13 377,00
Location et services techniques	1 560,00
Prélèvement de fonds	2 357,93
Divers	20,00
Total	62 941,93

Dépenses:

Assurances	509,28
Catalogue de disques et musique	975,00
Confiseries et boissons	5 742,00

Comptabilité .... 935,00 $
Location (salles, équipement, bureau) . 4 760,00
Honoraires (artistes, techniciens) 6 970,99
Salaires et bénéfices 20 382,02
Frais bancaires et intérêts 1 241,00
Publicité (spectacles) 1 691,85
Frais de bureau (téléphones,

papeterie, etc.) .... 1 059,85 $
Équipement, matériel,
réparations, etc. 443,92
Divers 529,25
Total 45 240,16

Excédent des revenus sur
les dépenses 17 701,77

CHAPITRE VI

La barque remise à flot

Quatrième logo du 100 NONS

Assemblée annuelle 83 ajournée

Environ 25 personnes étaient présentes à la réunion annuelle du 100 NONS tenue le 12 mai 1983. On ne put trouver parmi elles suffisamment de candidats pour combler tous les postes au Conseil d'administration. Il fallut donc ajourner jusqu'au 25 mai pour tenter entre temps de trouver des candidats aux postes de président et de vice-président.

À la même réunion, selon un reportage de J.P.D. dans le journal *La Liberté*, édition du 20 mai 1983, on apprenait que «Le 100 NONS a eu une saison difficile à cause du déficit de 30 000$ hérité de l'opération de l'année précédente [c'était plutôt 19 000$]. Les activités de l'organisme ont donc pris du temps à démarrer et ont été organisées sur une petite échelle».

Nouvelles réconfortantes

À la réunion générale convoquée le 25 mai 1983, «il y avait tellement de candidats que des élections ont été nécessaires pour

Rémi Perreau, directeur par intérim du 100 NONS, et le nouveau président, Omer Fontaine, juin 1983

combler la majorité des postes vacants. Ont été élus: Omer Fontaine (président), Pierre Trudel (vice-président), Guillaume Boux (trésorier), Marc D'Eschambault, Gérard Auger, Hélène Molin et Ginette Boulianne, conseillers. Jean-Pierre Dubé demeurait secrétaire pour une autre année».

Le nouveau président, Omer Fontaine, tout en avouant franchement connaître très peu le 100 NONS, était convaincu d'une chose: «Si tu veux rejoindre les jeunes, c'est par la chanson qu'il faut passer... Il s'agit d'ouvrir les ailes, d'aller en campagne. Trop de gens pensent que la francophonie, c'est à Saint-Boniface».

Programmation 83-84

Sauf pour les renseignements glanés dans le journal *La Liberté* et qui apparaîtront ci-dessous, nous n'avons pu retrouver que très peu de documentation au sujet du 100 NONS pour la saison 83-84.

À la mi-octobre, le nouveau directeur à plein temps, Guillaume Boux, promet des spectacles, des discothèques, des ateliers et des boîtes à chansons. Les activités de la saison doivent débuter avec une soirée so-ciale le 18 novembre au CUSB. Il semblerait cependant que ce n'est qu'en janvier 84, avec l'appui du CCFM, que reprendront vraiment les activités du 100 NONS.

Festival de Granby 83

À l'automne de 1983, c'est Hélène Molin qui représentait le Manitoba français au Festival de la chanson de Granby. Elle devait se rendre aux demi-finales dans la catégorie «interprètes».

En avril 1984, Hélène devait participer à l'émission «Voix et rythmes du pays» à CKSB. Elle était accompagnée de Gérard Jean et son orchestre.

Entente importante !
100 NONS – CCFM

À la mi-janvier 1984 une entente était signée entre le 100 NONS et le CCFM selon laquelle le CCFM devenait l'administrateur des affaires du 100 NONS. Ainsi le CCFM devenait responsable de l'embauche du coordonnateur, de la comptabilité, de la publicité, du travail de secrétariat et de la technique du 100 NONS.

Cependant le Conseil d'administration du 100 NONS demeurait responsable de déterminer l'orientation du développement de la chanson chez la jeunesse franco-manitobaine.

Selon le conseiller Gérard Auger, c'était un moyen de stabiliser le 100 NONS. Dorénavant, on pouvait consacrer toute son énergie à la programmation au lieu de consacrer 40 pour cent de son temps à l'administration. Cette collaboration, toujours selon Gérard Auger (*La Liberté*, 20 janvier 1984), redonnerait une certaine crédibilité à l'organisme. «Ce n'est pas un secret que depuis quelque temps le 100 NONS s'est vu piétiner de tous les bords. D'abord le déficit de 19 000$ enregistré en juin 1982 n'avait pas laissé moins qu'une odeur de naufrage... À cause des problèmes du passé, ce n'est pas facile de vendre nos projets au Secrétariat d'État... Ce qui compte c'est d'offrir de la formation dans le domaine de la chanson... Les projets du 100 NONS se résument à la mise sur pied de boîtes à chansons dans les écoles, à l'organisation de tournées de spectacles et au maintien du service de discothèque...».

La grande fête du 10e du CCFM

Norman Dugas, janvier 1984

Les 20 et 21 janvier 1984, pour marquer son 10e anniversaire, le CCFM avec la collaboration du 100 NONS présentait à son Foyer les artistes suivants:

Pierre Trudel, Suzanne Campagne, Louis Dubé, Dennis Connelly, Léo Gosselin, Pauline Charrière, Gerry et Ziz, Gérald Laroche, Laurent Roy, la chorale de la Fédération des Aînés, Pat Joyal, Hélène Molin, Normand Touchette, Marie Patenaude, Norman Dugas et son orchestre.

Marie Patenaude, janvier 984

Ces spectacles, connus sous le nom de «Soirées enchantantes», devaient se continuer au cours de février et mars 84. Outre les artistes déjà mentionnés, furent reçus à tour de rôle:

Rita Laflèche et amies, Guillaume Boux et sa guitare, Julien Poulin, Tony Beaulieu, Guy Corriveau, Gilles Fournier, Roland Roch et Dufort-Lussier.

Atelier de perfectionnement

Au mois de mars 1984, le 100 NONS organisait avec Laurent Roy un atelier de perfectionnement pour jeunes musiciens et chanteurs. Il s'agissait surtout pour les artistes d'apprendre à «perfectionner leurs techniques de présentation sur scène».

Initiative musicale rare à vivre

À partir du dimanche 18 mars 1984 et jusqu'au 24 mars suivant, dix groupes artistiques des communautés francophones à l'extérieur du Québec participaient à la première école de la chanson organisée

Gérald Laroche et Laurent Roy au théâtre Playhouse, mars 1984

par la Fédération culturelle des Canadiens-Français à Winnipeg. Aux ateliers présentés par des personnes-ressources de renom telles que Gilles Valliquette Mouffe et Claude Vallière, participaient, entre autres, Gérald Laroche, Laurent Roy, Vincent Dureault et le groupe fransaskois Folle Avoine. Ces artistes faisaient partie du grand «show» présenté à la suite de ces ateliers au théâtre Playhouse le 24 mars.

Selon le journal *La Liberté* du 21 décembre 1984, ce fut «un projet qui n'a pas attiré de grandes foules... C'était une activité ambitieuse. Après tout, dépenser 40 000,00$ en une semaine pour une trentaine de personnes, c'est du fric!.. Il reste que des projets comme celui-ci demeurent impératifs. La création artistique exige un échange entre les artistes...».

Précieux - 100 NONS

C'est dans une salle comble au Foyer du CCFM qu'une équipe de jeunes de l'école Précieux-Sang présentait un spectacle de chansons contemporaines, le 16 mai 1984. Le 100 NONS avait préparé ces jeunes artistes par des ateliers portant sur la formation vocale et instrumentale, l'apprentissage de la présentation sur scène et

Un groupe de l'école du Précieux-Sang au CCFM, mai 1984

celui du domaine technique (son et éclairage).

Ce même groupe chantait aussi par la suite à la soirée gala du Festival théâtre jeunesse du Cercle Molière.

Spectacles du 100 NONS au Foyer

Les 24, 25 et 26 mai 1984, le 100 NONS présentait au Foyer du CCFM un spectacle intitulé «Découverte». En vedette:

Edmond Dufort, Carole Freynet, Rita Laflèche, Hélène Molin, Normand Robidoux, Léo Bérard, Normand Touchette et Christian Delaquis. La direction musicale était confiée à Laurent Roy.

Le 100 NONS chez les EFM

Quelques artistes du 100 NONS participaient à la fin de mai 1984 à la journée «Au Bout» des EFM organisée par le comité de Promotion du français.

Spectacles au Foyer – Juin 84

Au cours du mois de juin 1984, le CCFM en collaboration avec le 100 NONS présentait une série de spectacles dans son Foyer. Ce furent tour à tour:

«Les Blues» avec Gérald Laroche et Laurent Roy, «Folk» avec Jacques Lussier et amis, «Feux de joie» avec Jacques Lussier, Christian Delaquis, Nicole Lafrenière et Pierre Trudel, «Paul et autres» avec Paul Campagne, «Jazz» avec Laurent Roy, et enfin, «Mark Kolt au piano».

La fête du Canada

Le 1er juillet 1984, à l'occasion de la fête du Canada, le CCFM organisait une fête familiale. Quelque 350 personnes participèrent à la soirée musicale animée par quatre anciens du groupe Soleil et le 100 NONS.

Été électrique – juillet 84

Au cours de juillet 1984, l'orchestre du 100 NONS présentait des spectacles au Foyer du CCFM. Au nombre des artistes invités on a retenu les noms de Pauline Charrière et de Patrice Boulianne.

Boux et Freynet

Les 25, 26 et 27 août 1984, le Foyer du CCFM présentait «Une fin de semaine de chant et musique» avec Guillaume Boux, Carole Freynet et leurs musiciens.

Bilan financier 83-84

L'état des revenus et dépenses pour l'année se terminant le 31 mars 1984 rédigé sans vérification était le suivant:

Revenus:

Subvention du Secrétariat d'État ...	25 000,00 $
Subvention de la province du Manitoba	9 127,00
Subvention de Careerstart	2 112,00
Prélèvement de fonds	3 301,37
Spectacles, confiseries et boissons	2 733,00
Divers	130,00
Total	42 403,37

Dépenses:

Salaires et bénéfices	19 178,03 $
Spectacles (confiseries, boissons, location d'équipement)	4 052,82
Services administratifs	3 275,00
Loyer régulier	2 026,54
Frais professionnels	1 115,00
Honoraires (artistes et techniciens)	830,00
Frais de déplacement	664,23
Publicité	607,26
Location de salles	578,75
Frais de bureau	559,47
Mauvaises créances	439,00
Téléphone	366,22
Le Grand Portage	334,00
Frais bancaires et intérêts	302,00
Divers	660,56
Total	34 988,88
Surplus de l'année	7 414,49

Conseil administratif 84-85

Le Conseil administratif du 100 NONS tel que constitué lors de l'assemblée annuelle qui eut lieu pendant l'été 1984 était comme suit: Gérard Auger, président; Sylvie Ross, vice-présidente; Gérald Labossière, trésorier; Daniel Ferland, secrétaire, Bruce Waldie, Bernard Léveillé, Nicole Gobeil et Dée-Anne Vermette, conseillers; Maria Chaput-Arbez du CCFM agissait comme directrice-générale.

On revient à une programmation continue

Encouragé par les succès obtenus au cours du printemps et de l'été 1984 et fortement appuyé par le CCFM, le 100 NONS reprenait dès août une programmation régulière:

Les 2 et 8 août, Soirée Jazz au Foyer du CCFM.

Les 9 et 10 août, au Foyer, on présentait Paul Plouffe en spectacle avec l'orchestre du 100 NONS.

Le 11 août, dans sa petite salle de spectacle, maintenant nommée Salle Antoine-Gaborieau, «une soirée sociale de musique populaire en compagnie des jeunes élèves du 2ᵉ stage d'été».

Les 23 et 24 août, au Foyer, c'était Les Blues avec Gérald Laroche et Laurent Roy.

Les 30 et 31 août, Monique LaCoste et Nicole Lafrenière étaient à l'affiche avec l'orchestre du 100 NONS.

Les 6, 7 et 8 septembre, le Foyer présentait une soirée de Jazz avec David Larocque et son orchestre.

Le 100 NONS a ses priorités

«Avec une participation de plus d'une centaine de jeunes depuis le début de l'année», le président du 100 NONS, Gérard Auger, avait raison de se montrer optimiste pour la programmation à venir. «Notre priorité, précisait-il, sera le dépistage et la formation de plus de jeunes musiciens et d'interprètes. Trois programmes ont été formulés dans ce but: ateliers dans les écoles pour assurer la réalisation locale de spectacles; série d'ateliers moins formels (jams) tous les deuxièmes samedis à compter du 6 octobre dans les locaux du 100 NONS; ateliers de perfectionnement touchant la présentation visuelle sur scène. De plus, le 100 NONS présentera régulièrement des spectacles au Foyer du CCFM à compter du 23 septembre prochain».

On redonne ce qu'on a reçu

Au cours des années, quantité d'artistes qui jugèrent avoir beaucoup reçu du 100 NONS voulurent «payer leur dette de reconnaissance» à l'organisme. Comme exemple, en 1984, Hélène Molin-Gautron décide de «redonner un peu au 100 NONS ce qu'il

Hélène Molin, 1984

[lui avait] donné». Elle dirige des ateliers de voix dans les milieux ruraux. Elle présente plusieurs spectacles en collaboration avec le 100 NONS au Foyer du CCFM et ailleurs. Elle prend charge de la direction vocale et de la mise en scène de spectacles. Elle coordonne le spectacle du 100 NONS lors du projet «Au bout», manifestation organisée par le BEF. Elle dirige deux sessions de formation pour artistes du 100 NONS. Elle prend la direction du 100 NONS par intérim. Enfin, en 1985, avec la collaboration du CCFM et du 100 NONS, dans le cadre des célébrations de l'Année de la jeunesse, elle représente le Canada à la Côte d'Ivoire en Afrique.

Ce que peut faire le leadership

Au cours de la saison 83-84, nous avons vu le 100 NONS à la recherche de son second souffle après l'inertie de l'année précédente qui n'en avait pas moins accumulé un déficit record. Comme le disait le président d'alors, Omer Fontaine: «Ce fut une année très difficile pour le 100 NONS.

Nous avons passé de longues réunions à clarifier nos objectifs et à justifier les subventions du Secrétariat d'État. Nous avons réussi. Si je n'avais pas eu Gérard Auger au sein de notre exécutif au cours de cette année-là je me demande encore s'il nous aurait été possible de remonter la pente. J'ai fait ce que j'ai fait pour m'assurer que le 100 NONS continue à exister pour mes enfants et pour les autres...».

La pente avait en effet été difficile à remonter. Mais les efforts n'avaient pas été vains. Au cours de la saison 84-85, le 100 NONS devait connaître un regain de vitalité inespéré, et cela, il faut bien le dire, grâce au travail de Gérard Auger, d'abord comme conseiller en 1983, puis comme président en 1984. Grâce également à l'heureuse nomination de Guillaume Boux comme directeur du 100 NONS en 1983 et qui le demeurait pour la saison 84-85. Grâce encore à l'entente conclue entre le 100 NONS et le CCFM en janvier 1984 selon laquelle ce dernier devenait l'administrateur des affaires du 100 NONS. Les directrices du CCFM, qui furent tour à tour Lorette Beaudry-Ferland et Maria Chaput-Arbez, surent apporter au 100 NONS tout l'appui dont il avait besoin, surtout dans les domaines administratifs et publicitaires. Il ne faudrait enfin pas oublier la généreuse contribution de Laurent Roy qui, dès le printemps de 1984, présentait des ateliers de formation avec les jeunes qui avaient une certaine expérience en musi-

Guillaume Boux, directeur du 100 NONS, 1983-1985

que. Ces ateliers devaient préparer plusieurs spectacles au programme de la saison 84-85.

Laroche et Roy en Europe

À la mi-septembre 1984, on apprend que «l'artiste Gérald Laroche, accompagné du guitariste Laurent Roy, fera une tournée de 15 spectacles en Belgique, en France et en République fédérale d'Allemagne. La tournée était organisée par le Centre culturel belge Braine-Allaud».

Les deux artistes seront de retour au Manitoba à la mi-décembre. Une critique d'un journal belge disait à leur sujet: «Les racines françaises sont bien présentes dans la musique... mais la décontraction américaine leur donne une aura où se confondent ce qui nous est familier et ce qui nous fascine».

Festival de Granby

Le 23 septembre 1984, le 100 NONS présentait les auditions publiques pour auteurs-compositeurs-interprètes en vue du Festival de Granby.

Hélène Molin, Nicole Lafrenière et Jacques Lussier furent alors choisis pour représenter le Manitoba au Festival où ils participèrent aux demi-finales.

Les spectacles réguliers

Les 27, 28 et 29 septembre, c'était «Le 100 NONS en spectacle» au Foyer, avec Hélène Molin et Monique Fillion.

Les 4, 5 et 6 octobre, il y avait «Jazz au Foyer» avec «Musique du jour».

Les 11, 12 et 13 octobre, le 100 NONS présentait «45 Tours de force», spectacle de variétés qui mettait en vedette Rita Laflèche, Suzanne Druwé, Lisa Désilets, René Desaulniers et Paul Campagne. Un auditoire de plus de 350 personnes!

Les 18, 19 et 20 octobre, Pauline Charrière était en vedette avec du chant contemporain.

Les 25, 26 et 27 octobre, c'était encore «Le 100 NONS en spectacle». À l'affiche: Colette Brisebois et Monique LaCoste sous la direction musicale de David Larocque.

Le 9 novembre, le Conseil d'administration organisait une «Soirée de prélèvement de fonds» au gymnase du CCFM. Les artistes refusant de participer gratuitement, on avait dû embaucher un «music-man».

Les 29, 30 novembre et 1er décembre, le 100 NONS offrait une «Soirée auteurs-compositeurs» au Foyer. Les artistes présentèrent surtout de nouvelles chansons franco-manitobaines.

Les 6, 7 et 8 décembre, c'était le «Piano Bar» au Foyer avec Normand Touchette.

Ainsi se terminait la première partie de la saison 84-85.

Trois «Félix» pour Daniel Lavoie

Tel que rapporté dans le journal *La Liberté* du 21 décembre 1984: «L'année de Orwell a aussi été une étape importante pour Daniel Lavoie. Le natif de Dunrea au Manitoba a mis sur le marché *Tension-Attention*, un disque qui lui a coûté environ 200 000,00$».

En octobre, au 6e gala de l'Association des disques et de l'industrie du spectacle au Québec, Daniel Lavoie recevait trois trophées «Félix»: le microsillon de l'année, la chanson de l'année (*Tension-Attention*) et l'interprète masculin de l'année.

Folle Avoine enregistre

En fin de décembre 1984, on apprenait que «Folle Avoine vient de s'engager dans l'enregistrement de son premier microsillon».

Le 100 NONS bien vivant

En fin d'année 1984, on lisait dans le journal *La Liberté*, sous la rubrique «Musique» que le 100 NONS faisait fureur. «Dans le domaine de la musique, une constatation est évidente: le 100 NONS a eu une des meilleures années de son existence!... Pourtant, [un an auparavant] on soupçonnait la mort douce d'une organisation qui n'arrivait plus à attirer les jeunes. Des soupçons mal fondés!... Les spectacles au Foyer par le 100 NONS ont attiré près de 300 personnes chaque fois... on ne parle plus de l'avenir du 100 NONS».

«Un vrai centre culturel»

En fin d'année 1984, le directeur du 100 NONS, Guillaume Boux, avait raison d'être fier des succès obtenus lors des spectacles présentés au Foyer au cours des derniers mois. «Le CCFM commence vraiment à être un centre culturel», affirmait-il.

Le groupe La Roche à CBWFT

Le 2 janvier 1985, pour célébrer l'Année internationale de la jeunesse, CBWFT, télévision régionale de Radio-Canada, présentait «À guichets fermés» avec le groupe La Roche. Cette famille de jeunes musiciens «incarne les espoirs et les promesses de toute une nouvelle génération... un groupe au talent incontesté qui chante la musique sur des airs de rock».

«Le Chaud d'hiver»

Le 12 janvier 1985, au Foyer du CCFM débutait la deuxième partie de la saison avec le 100 NONS et ses nouveaux invités dans «Le Chaud d'hiver». Au programme: «Le retour du Capitaine Bobino et les anges mobiles».

Les 17, 18 et 19 janvier, toujours sous le titre «Le Chaud d'hiver», sous la direction musicale de David Larocque, le 100 NONS présentait un spectacle avec beaucoup de musique rythmée. On avait ajouté à l'orchestre le saxophone et la percussion. Selon le directeur, Guillaume Boux, le genre «représentait pour le 100 NONS une tendance à aller vers une musique plus sophistiquée, comme le jazz». «Avec ce spectacle, on peut dire que l'orchestre du 100 NONS est finalement en place. Les membres sont tous des réguliers».

Le groupe de «Chaud d'hiver» consistait de Emile Bisseck (percussion), Michelle Grégoire (claviers), David Larocque (guitare), Russel Martin (saxophone et flûte), Dale Patry (batterie) et Normand Robidoux (contre-basse). Hélène Molin était l'interprète invitée, accompagnée de Nicole Lafrenière.

Du Piano-Bar au Jazz

Les 24, 25 et 26 janvier, le Foyer présentait un Piano-Bar avec Normand Touchette.

Les 31 janvier, 1er et 2 février, c'était le «Jazz 100 NONS» avec Russel Martin, Normand Touchette, Normand Robidoux et Dave Gilbert.

Les 7, 8 et 9 février, on présentait au Foyer «Pauline Charrière en spectacle».

On semble alors avoir fait relâche, sans doute pour consacrer ses énergies au Festival du Voyageur.

Les 14, 15 et 16 mars, le 100 NONS présentait au Foyer «Joëlle Brémault et amis».

Les 21, 22 et 23 mars, les «Nouveaux talents» s'exécutaient au Foyer.

«Pur hasard» au Festival du Voyageur

Le groupe «Pur hasard», composé de Christian Delaquis, Suzanne Druwé, Denis Lemoine et Normand Robidoux, sous la direction de René Desaulniers, montait sur les planches chaque soir durant le Festival du Voyageur 85 au Moyen Portage.

«J'ai toujours aimé les Louis Boys», disait René Désaulniers. «J'étais un de leurs 'groupies'. Ça fait 4 ou 5 ans que je songe à former un groupe pour le Festival. On devrait avoir du fun». C'était à la suite de différents spectacles au Foyer du CCFM que les cinq artistes s'étaient rencontrés.

«Pur hasard» était également à l'affiche au Rendez-vous le 17 février et au Canot les 18 et 19 février.

«Hiérarchie du 100 NONS»

Au printemps de 1985, après plusieurs rencontres où le Conseil d'administration avait de nouveau précisé son mandat, sa clientèle-cible et ses objectifs à court et à long termes, le 100 NONS produisait un document intitulé «Hiérarchie du 100 NONS» qui indiquait sous forme d'organigramme la hiérarchie des différents postes au sein de l'organisme et qui établissait de façon claire, précise et complète la description des tâches de chaque responsable: Conseil administratif, directeur général, coordonnateur artistique, coordonnateur administratif, directeur musical, directeur technique, animateur musical et animateur vocal.

Festival musique jeunesse 85

Dans le cadre de l'année internationale de la jeunesse, de concert avec le CCFM, le 100 NONS présenta au cours du printemps 85 une série de spectacles intitulée «Festival musique jeunesse 85».

Le premier de la série, les 29 et 30 mars, mettait en vedette Joëlle Brémault, Lynne Brémault, Suzanne Brémault, Jeannette Gosselin et Nicole Gobeil, sous la direction de Laurent Roy.

Le 14 avril, le Festival présentait Suzanne Brémault, Suzanne Druwé, Joëlle Brémault, Jacques Lussier, Nicole Lafrenière et Dennis Connelly.

Les 20 et 21 avril, le 3e spectacle de la série, sous la direction de Normand Robidoux, mettait en vedette Colette Brisebois, Monique LaCoste, Michelle Campagne et Nicole Lafrenière. Le 20 avril également, il y avait Piano-Bar avec Roger Fontaine.

Nicole Lafrenière, Joëlle Brémault et René Désaulniers au Foyer du CCFM, mai 1985

Les 27 et 28 avril, c'était «les Blues» avec Laroche et Roy.

Les 2, 3 et 4 mai, les artistes du 100 NONS, encore sous la direction de Normand Robidoux, continuaient le Festival dans un 4e spectacle. À l'affiche: Joëlle, Lynne et Suzanne Brémault, Colette Brisebois, Michelle Campagne, Monique LaCoste et Nicole Lafrenière.

La dernière soirée de la série, sous la direction de David Larocque, eut lieu les 8 et 9 juin. En vedette: Joëlle Savard, Nicole Beaudry, Roxanne Boulianne, Mireille Fréchette, Ginette Boulianne, Brigitte Saint-Mars et Suzette Vinci. L'orchestre était composé de Marc Garand, David McEwen, Roger Soulodre et Dave Patry.

Entre temps, en mai, le Foyer présentait chaque fin de semaine des soirées de «Musique contemporaine».

Les 23, 24 et 25 mai, au Foyer, c'était «Laurent Roy et amis».

Stages de formation

Les différents spectacles du Festival jeunesse avaient été préparés par des stages organisés par le 100 NONS et animés par des artistes tels que Laurent Roy et David

Larocque. Chaque stage, d'une durée de trois semaines, portait sur la musique instrumentale, le chant et la technique.

«À guichets fermés»

Le 18 mai 1985, à la Salle Antoine-Gaborieau du CCFM, de concert avec Radio-Canada, le 100 NONS présentait en spectacle Pierre Trudel, monologuiste, et une Soirée Jazz avec David Larocque et ses musiciens.

En français, s.v.p.

À la réunion du 16 mai 1985, le directeur, Guillaume Boux, trouvait nécessaire de rappeler aux employés du 100 NONS le mandat de l'organisme: la promotion de la chanson française. «Il faut donc toujours parler français au travail». Cela devait être entendu puisque les subventions gouvernementales étaient accordées à l'organisme dans le but de promouvoir la chanson française. Cependant, comme depuis toujours, il était facile de se laisser glisser vers la langue anglaise.

Année 84-85, énorme succès

Selon le rapport de fin de saison du coordonnateur Guillaume Boux, l'année 84-85 avait été un énorme succès. «Alors qu'en 83-84 le 100 NONS n'avait réalisé que 2 spectacles présentés devant 4 auditoires seulement, cette année nous avons produit 28 différents spectacles, boîtes et soirées auteurs-compositeurs devant plus de 50 auditoires... D'une part, le 100 NONS

a largement contribué à la vie du Foyer du CCFM; d'autre part, le CCFM a joué un rôle vital dans le relancement du 100 NONS».

Ils s'aiment un million de fois

Dans le journal La Liberté du 26 juillet 1985, on apprenait que «Daniel Lavoie a vendu près d'un million de 45 tours de Ils s'aiment dans le vieux pays. Depuis les boîtes à chansons des années 60, ça en fait du chemin... La recette c'est d'oser, comme l'avouait Daniel. Edith Piaf n'avait pas peur du ridicule. Moi, j'avais peur de Ils s'aiment... Si tu as peur d'avoir l'air ridicule, tu ne fais jamais rien...»

Bilan financier 84-85

L'état des revenus et dépenses pour l'année se terminant le 31 mars 1985 était le suivant:

Revenus:

Subventions du Secrétariat d'État ..	40 000,00 $
Subvention de la province du Manitoba	10 039,00
Spectacles, confiseries et boissons	6 141,00
Intérêts	743,00
Divers	441,00
Total	57 364,00

Dépenses:

Salaires et bénéfices	20 112,00
Spectacles (confiseries, boissons, location d'équipement, technique)	5 030,00
Services administratifs	8 300,00
Frais professionnels	1 521,00
Honoraires (artistes et techniciens) ..	8 914,00
Frais de déplacement	2 192,00
Publicité	1 005,00
Location de salles	3 799,00
Frais de bureau	2 511,00
Équipement et matériel	4 371,00

Assurance - employés .... 1 102,00 $
Réunions, rencontres 1 590,00
Taxe provinciale sur salaires 249,00
Total 60 696,00
Surplus (déficit) de l'année 3 332,00
Surplus au début de l'année 7 414,49
Surplus à la fin de l'année 4 082,49

Conseil d'administration 85-86

Le Conseil d'administration du 100 NONS pour la saison 85-86 tel que constitué lors de la réunion annuelle de l'été de 1985 était le suivant: Gérard Auger, président; Bernard Léveillé, vice-président; Gérald Labossière, trésorier; Daniel Ferland, Dée-Anne Vermette, Jean-Paul Campagne, Bruce Waldie, Nicole Gobeil, Jacques Lavack, conseillers; Maria Chaput-Arbez (directrice du CCFM), directrice générale. «On avait exercé un effort particulier pour attirer au Conseil des personnes intéressées et compétentes».

Il nous a été impossible de retrouver la programmation complète du 100 NONS pour la saison 1985-1986. Nous avons donc

Conseil d'administration du 100 NONS, 1985-1986

dû nous satisfaire de ne donner ici que les activités notées dans la publicité ou ailleurs.

Fête du Canada 85

Le 1er juillet 1985, dans le cadre de la fête du Canada organisée par le CCFM, le 100 NONS présentait un spectacle sous la grande tente dressée sur le terrain du CCFM. Grâce à l'appui du CCFM, 22 artistes et 12 bénévoles du 100 NONS, sous la direction de Guillaume Boux, David Larocque, Diane Loranger et Michelle Grégoire, «surent présenter un spectacle de qualité devant un auditoire de 1200 personnes». Au nombre des participants: Ginette et Roxanne Boulianne, René Desaulniers et l'équipe de «Pur hasard», Nicole Lafrenière, Monique LaCoste, Jeannette Gosselin, Michel Rey, Normand Robidoux, Dale Patry, Rob Siwick, David Gilbert, David McEwen et Conrad Ostrowski.

Auditions – Festival de Granby 85

Les 26, 27 et 28 juillet 1985 se tenaient au CCFM les auditions pour le Festival de la chanson de Grandby 85. Neuf candidats s'y présentèrent: Brigitte Saint-Mars, Jacques Lussier, Marcel Souldore, Ginette Boulianne, Roxanne Boulianne, Monique LaCoste, Nicole Lafrenière,

Pauline Lamoureux, Joëlle Brémault, René Desaulniers et Suzanne Druwé. La coordination du spectacle était confiée à Guillaume Boux alors que David Larocque en assurait la direction musicale. Suite à ces auditions, Monique LaCoste était choisie pour représenter le Manitoba français au Festival de Granby.

Le 100 NONS à Folklorama 85

Du 13 au 17 août 1985, dans le cadre de Folklorama 85 et en collaboration avec le CCFM, le 100 NONS présentait chaque soir en spectacle les candidats du Festival de la chanson de Granby.

Disco – Réjean Laroche

Les 5, 6 et 7 septembre 1985, le CCFM présentait au Foyer une discothèque avec Réjean La Roche.

Daniel Lavoie - «Hôtel des rêves»

Dans le cadre de l'Année internationale de la jeunesse, le CJP faisait venir Daniel Lavoie au Théâtre Playhouse le 12 septembre 1985. Le spectacle, intitulé «Hôtel des rêves», était en tournée au Québec et en Europe depuis un an. En première partie passait le jeune poète, compositeur-interprète franco-manitobain, Jacques Lussier.

À en juger par les applaudissements de 1 400 spectateurs, le spectacle fut un franc succès. À l'occasion de son retour au Manitoba, Daniel Lavoie était interviewé par Lucien Chaput. À la question: «C'est

quoi du talent?», il répondait: «Je ne sais pas moi. Le succès c'est tellement un concours de circonstances, ça dépend de tellement de choses: ton éducation, ton enfance, une faculté pour traiter avec les choses aussi farfelues que les affaires ...». Il admettait que la plaine lui manquait, qu'il s'ennuyait de l'Ouest, du climat, des gens. Malheureusement il ne pouvait pas y faire son métier. «Finalement, le spectacle, c'est une excuse pour revenir». Enfin, il rendait hommage aux Jésuites qui lui avaient montré comment travailler, comment se discipliner.

«À pieds nus, chaussons-nous»

Dans le cadre de l'année internationale de la jeunesse, le Conseil jeunesse provincial organisait «Shows sont nous», un grand rassemblement de la jeunesse franco-manitobaine les 12, 13, 14 et 15 septembre 1985 au parc Whittier à Saint-Boniface. «Le plus gros rassemblement des jeunes Franco au Manitoba, au moins 3 500 personnes».

À l'occasion de ce rassemblement et en collaboration avec le CCFM, le 100 NONS présentait un spectacle le 13 septembre. En vedette: Ginette et Roxanne Boulianne, Joëlle Brémault, René Desaulniers, David Larocque, Pauline Lamoureux, Gilles Fournier, Marc Souledre, Monique LaCoste, Michelle Grégoire, Daniel Roussin et Nicole Lafrenière. La direction artistique était confiée à Gérald Paquin alors que Paul Barnabé était responsable de la technique.

Ateliers de formation

Du 11 au 16 novembre 1985, le 100 NONS présentait aux jeunes Franco-

Manitobains intéressés des ateliers vocaux avec Raoul Duguay. Ces ateliers consistaient en des sessions de formation portant sur tous les aspects de la chanson: technique vocale, présence sur scène, diction, interprétation, gérance, disque, droits d'auteurs, etc. L'entente Québec-Manitoba subventionnait ce projet.

«A Celebration of Promise»

Le 21 novembre 1985, au Centre des congrès de Winnipeg, le Ministère de la Culture, du Patrimoine et de la Récréation du Manitoba, en collaboration avec Radio-Canada, présentait un spectacle de 90 minutes composé des meilleurs jeunes talents de la province. Ce spectacle était l'aboutissement de plus de 260 auditions auxquelles avaient participé 800 jeunes artistes dans sept centres de la province.

Un groupe d'artistes du 100 NONS fut choisi pour participer au spectacle «A Celebration of Promise» et «sut présenter des chansons parmi les plus populaires au programme».

Chant et musique 86

Les 14 et 15 mars 1986, le 100 NONS présentait à la Salle Antoine-Gaborieau un spectacle intitulé «Chant et musique 86». Douze artistes au programme: Lynne Brémault, Karine Beaudette, Lorraine Châtel, Claire Courcelles, Nicole Freynet, Louis Gauthier, Pauline Gauthier, Nathalie Jamault, Chantal Ricard, Diane Rosset et Michel Toupin. Les musiciens: Réal Aubin, Raymond Comeault, Alain Hudon, Bob Levreault et Michel Lavergne. Une équipe

de douze techniciens et personnes-ressources collaborèrent avec le directeur musical, David Larocque, et le coordonnateur, Roger Fontaine (coordonnateur du 100 NONS depuis janvier 86), à la production de ce spectacle.

Le 100 NONS retrouve les régions

Au mois de mars 1986, le coordonnateur du 100 NONS, Roger Fontaine, faisait la tournée des écoles francophones de la province «pour dépister les amateurs de musique et de chanson». Peu après, neuf étudiants des écoles «secondaires» rurales firent deux pèlerinages à Saint-Boniface pour participer à des ateliers de formation. Ces ateliers étaient donnés par Ginette Boulianne, Claire Courcelles, Jeannette Gosselin et Hélène Molin-Gautron. Du 8 au 17 mai, ces étudiantes donnèrent six représentations du spectacle préparé lors des ateliers au Foyer du CCFM. En vedette: Lynne Brémault, Karine Beaudette, Lorraine Châtel, Nathalie Jamault, Nicole Freynet, Claire Courcelles, Louise Gauthier, Hélène Molin-Gautron, Ginette Boulianne, Jeannette Gosselin et Jeanne Courcelles. La direction musicale était confiée à David Larocque accompagné de Léo Bérard, Rex Guetré et Marc Garand. Cet effort de la part du 100 NONS de «retrouver ses

Roger Fontaine, coordonnateur du 100 NONS, 1986

racines» en retournant dans les régions était considéré la clé du succès par le président de l'époque, Gérard Auger.

«Children's Miracle Telethon»

À la fin de mai 1986, un groupe d'artistes du 100 NONS participait à un «téléthon» organisé conjointement par le *Children's Hospital* et la Fondation de recherche du même hôpital dans le but de prélever des fonds pour cette institution.

«Miracle Telethon»

Le 1er juin 1986, sept artistes du 100 NONS participèrent au «*Miracle Telethon*» organisé par Radio-Canada (CBC) au Curling Club de la rue Ellice.

Le 100 NONS à Régina

Du 5 au 7 juin six artistes du 100 NONS, accompagnés du coordonnateur, Roger Fontaine, présentaient un spectacle au Pavillon fransaskois de la «Fête mosaïque» tenue à Régina. Plus de 12 000 personnes purent alors entendre et applaudir les artistes franco-manitobains.

Presque chaque déplacement apportait aux artistes des expériences inoubliables. Monique LaCoste nous raconte le voyage à Régina: «On est parti dans l'auto-caravane de M. et Mme Desaulniers. Le groupe se composait des membres de 'Pur Hasard': René Desaulniers, Nicole Lafrenière, Michelle Grégoire, Normand Robidoux, Léo Bérard et moi-même. Quelle

excursion! Perdus dans les rues de Régina aux petites heures du matin... à la recherche de l'arène de curling Caledonian... Les parties de *Quelques arpents de pièges* sur le toit du véhicule, les tempêtes de poussière et... ah oui, le spectacle! Quel bonheur! Un mélange de musique traditionnelle, de folk-rock et de pop. Nous étions en première partie de la soirée, suivis du groupe Folle Avoine. Après Régina, une escale à Willow-Bunch, chez les Campagne, où on a chanté de nouveau près d'un feu de joie cette fois. Une expérience inoubliable et des amitiés qui demeurent toutes aussi fortes aujourd'hui!».

On chante pour la Paix

Le 13 juin 1986, dans le cadre du spectacle *Arts for Peace Benefit* présenté à la Salle Pauline-Boutal, sept artistes du 100 NONS présentèrent 30 minutes de chansons françaises.

Fête de la Saint-Jean

Le 22 juin 1986, dans le cadre de la Saint-Jean, dix artistes du 100 NONS, en collaboration avec le CCFM et Baz Art, présentèrent un spectacle devant la Cathédrale de Saint-Boniface. La direction du spectacle était confiée à Roger Fontaine, David Larocque et Hélène Molin-Gautron.

Terrasse Daniel-Lavoie

Le 1er juillet 1986, à l'occasion de la fête du Canada, "ça bouillonnait d'activités au

CCFM. Un paquet de monde a envahi vers 14h la nouvelle Terrasse qui porte maintenant le nom de l'invité de la journée, Daniel Lavoie».

Jacques Lussier et son orchestre, Monique LaCoste et Nicole Lafrenière, ainsi qu'une équipe du 100 NONS, assuraient la partie musicale des cérémonies d'ouverture.

Monique LaCoste, juillet 1986

Bilan financier 85-86

L'état des revenus et dépenses pour l'année se terminant le 21 mars 1986 était le suivant:

Revenus:
Secrétariat d'État	36 250,00 $
Province du Manitoba	27 298,00
Autres subventions	6 000,00
Activités et spectacles	8 501,00
Autres revenus	1 631,00
Total	79 680,00

Dépenses:
Salaires (incluant contrats d'emploi et avantages sociaux)	49 111,00
Équipement, matériel et entretien	3 389,00
Déplacement et transport	1 764,00
Frais d'administration	7 500,00
Frais de rencontres	2 128,00
Location d'équipement	5 867,00
Location de salles et loyer	5 864,00
Frais de bureau	2 076,00
Publicité	1 679,00
Divers	459,00
Total	79 837,00
Revenus excédant (sous) les dépenses	(157,00)

Le Festival de Granby 86

Les 10, 11 et 12 juillet 1986, au Foyer du CCFM, se tenaient les auditions pour le concours de la chanson de Granby, une production du 100 NONS.

Monique LaCoste se rendit aux demi-finales du Festival à Granby. Cependant, comme elle le raconte: «Deux jours avant ma présentation, je suis tombée malade, une grippe épouvantable... Je restais seule dans une chambre d'hôtel... Personne pour me soigner... J'ai tout fait pour retrouver ma voix, même l'acuponcture! Mais rien à faire. J'étais complètement aphone. Cette année-là, je fus donc simple spectatrice. C'est bien la première fois qu'on a réussi à me faire taire, et pendant plus d'une semaine». Cela ne devait pas l'empêcher de retourner à Granby l'année suivante.

Chaussons-nous II

Dans le cadre de «Shows sont nous II» organisé conjointement par le CJP, le CCFM et le 100 NONS, ce dernier présentait le spectacle «Chaussons-nous II» au parc Whittier le 19 septembre 1986. «Mille jeunes se sont régalés aux différents spectacles musicaux: Le 100 NONS, La Roche, Les Air Bands, Cachelot et quelques groupes des écoles françaises».

Ce spectacle du 100 NONS fut présenté à nouveau au Foyer du CCFM les 25, 26 et 27 septembre.

Atelier pour animateurs culturels

Le 4 octobre 1986, le 100 NONS, en collaboration avec le CCFM, présentait un atelier portant sur l'organisation d'une boîte à chansons. Six jeunes venant de centres différents participaient à cet atelier dirigé par Roger Fontaine et Lorraine Fredette. Les commentaires furent très encourageants: «Les animateurs avaient beaucoup d'expérience... présentation claire et intéressante... bien organisé...».

Le 100 NONS dans les écoles

Au cours de l'automne 1986, grâce à une subvention spéciale du Conseil interculturel du Manitoba, le 100 NONS organisait une tournée des écoles françaises et d'immersion de la province dans le but de donner aux élèves le goût de la chanson d'expression française. L'auteur-compositeur et interprète, Monique LaCoste, ainsi que David Larocque, directeur musical du 100 NONS et guitariste, visitèrent 10 écoles francophones et 7 écoles d'immersion et présentèrent devant 1 800 élèves une série de spectacles dont le contenu allait de la chanson folklorique au rock contemporain. «La réaction des jeunes a été partout enthousiaste si l'on en juge par l'accueil chaleureux qu'ils ont réservé aux artistes».

Au cours de cette tournée, le 100 NONS a constaté avec enchantement «qu'il y avait dans les écoles plusieurs jeunes qui seraient en mesure d'assurer la relève pour la continuité de la chanson francophone». C'est ce que notait Roger Fontaine, coordonnateur du 100 NONS, dans la revue En Vrac du CCFM (4 décembre 1986).

Il faisait remarquer que le but du 100 NONS était toujours celui de former les jeunes Franco-Manitobains à la musique et au chant, de leur donner la possibilité de se produire sur scène afin de promouvoir la culture francophone par le biais de la chanson.

«Chansons de la paix»

Les 6, 7 et 8 novembre 1986, dans le cadre de l'Année internationale de la paix, le 100 NONS présentait un spectacle intitulé «Chansons de la paix» au Foyer du CCFM.

Atelier pour interprètes

Du 10 au 15 novembre 1986, grâce à des subventions des provinces du Québec et du Manitoba, le 100 NONS offrait à sept jeunes provenant de différents centres manitobains un atelier de formation pour interprètes de la chanson. Cet atelier était animé par l'artiste québécois, Jean-Guy Durocher. Roger Fontaine agissait comme coordonnateur, et David Larocque comme accompagnateur. Les commentaires des participants furent très positifs: «Jean-Guy a su s'adapter à la situation... Il a pris le temps nécessaire pour travailler avec chacun individuellement... Un homme à faire revenir».

Conseil d'administration 86-87

À l'assemblée annuelle du 100 NONS tenue le 6 décembre 1986, le nouveau

Conseil administratif était constitué des personnes suivantes: Charles Laflèche, président; Ginette Tognet, vice-présidente; Ronald Gosselin, secrétaire; Dée-Anne Vermette, Rita Simoens, Marc Boucher et Nicole Lafrenière, conseillers.

Vidéo-Hart-Rouge

Une centaine de cinéastes, de musiciens, de techniciens et d'autres personnes faisant partie de la communauté artistique, remplissaient le Foyer du CCFM le 14 décembre 1986 pour visionner l'enregistrement publicitaire du groupe Hart-Rouge, nouveau nom de l'ancienne formation Folle-Avoine (à quelques Campagne près).

Selon le producteur, Claude Forest, ce «show-case» durant un peu plus de quatre minutes avait coûté environ 10 000$ la minute à produire.

L'impresario de Hart-Rouge, Roland Stringer, disait que l'enregistrement avait suscité des réactions favorables de la part de plusieurs producteurs réunis à la conférence internationale des arts de la scène à Montréal au début de décembre.

Radio-Canada profita de ce lancement pour enregistrer Hart-Rouge en spectacle à la Salle Pauline-Boutal. Cet enregistrement devait par la suite passer à l'émission «À guichets fermés» de CBWFT.

Daniel Lavoie. *Vue sur la mer*

À la fin de l'année 1986, Daniel Lavoie lançait son nouvel album *Vue sur la mer*. Selon Daniel Tougas (*La Liberté*, 4 décembre 1986), «Sur ce nouveau disque, on a

l'impression que le chanteur nous dit que *Tension attention*, c'était pour les autres; *Vue sur la mer*, c'est pour lui-même. [Ce dernier disque] est plus mûr, voire plus sincère que *Tension Attention* ne l'était».

Le 100 NONS chante Noël

Les 18, 19 et 20 décembre 1986, le 100 NONS présentait le Spectacle de Noël au Foyer du CCFM.

Concours phonogramme CKSB

En janvier 1987, le poste de Radio-Canada, CKSB, lançait une invitation aux compositeurs manitobains de soumettre des enregistrements de chansons originales. Le concours phonogramme prit fin le 13 février. Neuf individus et groupes participèrent à ce concours. La chanson retenue fut celle de Jacques Lussier. L'interprète gagnant enregistra sa composition dans le studio de Radio-Canada à la fin de mars et la chanson fut diffusée à la radio à partir du mois d'avril.

La «Soirée des 100 coeurs»

Le 7 février 1987, à l'occasion de la Saint-Valentin, le 100 NONS organisait une soirée sociale «Soirée des 100 coeurs» au gymnase du CCFM dans le but de prélever des fonds pour l'organisme.

Au Festival du Voyageur 87

Du 16 au 20 février 1987, dans le cadre du Festival du Voyageur, le 100 NONS présentait des spectacles au Relais du Petit Portage dans le gymnase ouest du Collège universitaire de Saint-Boniface. La direction musicale en était confiée à David Larocque. Ces spectacles destinés aux élèves des écoles présecondaires et secondaires étaient présentés pendant l'heure du midi. Le gymnase était comble à chaque représentation.

Spectacle du printemps

Les 26, 27 et 28 mars 1987, le 100 NONS présentait un spectacle au Foyer du CCFM sur le thème du printemps.

Laurent Roy remporte les demi-finales de l'Ouest

Le 4 mai 1987, Laurent Roy, originaire de Saint-Pierre, remportait les demi-finales du Manitoba, de la Saskatchewan et de l'Alberta. Ainsi devenait-il un des cinq finalistes au Concours Alcan du Festival international de jazz de Montréal au mois de juin suivant. «Ce qui est particulièrement encourageant cette fois-ci, c'est qu'il s'agit de mes propres compositions» avouait Laurent. «Je n'entreprends pas quelque chose avant d'être bien prêt. Mais maintenant, je sens que c'est l'heure».

Laurent Roy n'en était pas à ses premiers spectacles au Festival jazz de Montréal. Mais «il ne s'agissait pas cette fois de Laurent Roy comme musicien back-up mais de Laurent Roy compositeur».

Au Festival jazz de Montréal

Selon un article paru dans le journal *La Liberté* du 17 juillet 1987, Laurent Roy se classait presque à la première place au Concours Alcan du Festival international de jazz de Montréal à la fin de juin. «On n'a pas gagné mais nous avons entendu des organisateurs du concours [nous dire] qu'on s'est placé à peu près en deuxième place».

En plus d'entrer en contact avec des représentants d'artistes et d'enregistrements, le guitariste manitobain avait eu alors l'occasion de jouer deux spectacles avec l'harmoniciste Gérald Laroche dans les rues de Montréal, spectacles auxquels assistèrent plus de 3 000 personnes.

Jazz on the Roof Top

À son retour, Laurent Roy se produisit sur le toit de la Galerie d'art de Winnipeg le 22 juillet 1987 dans le cadre de la série *Jazz on the Roof Top*.

Bilan financier 1986-1987

L'état des revenus et dépenses pour l'année se terminant le 31 mars 1987 était:

Revenus

Secrétariat d'État	30 800,00 $
Province du Manitoba	14 549,00
Autres subventions	10 000,00
Activités et spectacles	6 475,00
Autres revenus	2 902,00
Total	64 726,00

Dépenses

Achat d'équipement et de matériel	1 737,00
Avantages sociaux	2 324,00
Contrats d'emploi	11 442,00
Déplacement et transport	2 292,00

Frais d'administration	7 500,00 $
Frais de rencontres	1 427,00
Location d'équipement	1 693,00
Location de salles et loyer	6 164,00
Frais de bureau et publicité	2 534,00
Salaires	26 851,00
Autres	1 078,00
Total	65 042,00
Revenus (sous) les dépenses	(316,00)

Lavoie, lauréat mondial

Le 25 juillet 1987, Daniel Lavoie remportait le prix de la chanson radiophonique de l'année au concours Notre chanson. Ce concours auquel participaient les auditeurs de pays francophones se déroulait simultanément en France, en Belgique, en Suisse et au Canada sous les auspices de la Communauté des radios publiques de langue française.

C'est avec la chanson *Je voudrais voir New-York*, tirée du microsillon *Vue sur la mer*, que Daniel Lavoie le remportait sur dix autres finalistes de la francophonie mondiale, dont Julien Clerc, Etienne Daho et Rita Mitsouko.

Éclat de rock

Comme le mentionnait le reporter Daniel Tougas dans le journal *La Liberté* (27 août 1987), l 'été 1987 fut une saison exceptionnelle pour au moins quatre formations musicales franco-manitobaines.

Comme nous l'avons déjà mentionné, Laurent Roy, le guitariste jazz, représentait les trois provinces des Prairies au concours Alcan du Festival international de jazz de Montréal.

Jacques Lussier faisait une tournée des festivals de France et de Belgique. Son cir-

Août 1987

cuit incluait dans la foulée les Provinces maritimes.

Gérald Laroche, l'harmoniciste «blues», sillonnait le Québec, les Territoires du Nord-Ouest, l'Ontario et le Manitoba, puis remplissait le Spectrum en spectacle solo au Festival international de jazz de Montréal.

Enfin, Hart-Rouge entreprenait un circuit qui le menait en France, en Louisiane, au Québec, en Saskatchewan et en Pologne.

Hart-Rouge en Pologne

À la fin d'août 1987 eut lieu la rencontre de deux familles musicales à Sopot en Pologne: la famille Campagne (Hart-Rouge) et la famille Carter (en spectacle avec le beau-frère, Johnny Cash).

Johnny Cash et les Carter (la famille de June Carter Cash) étaient, avec José Feliciano, les grandes vedettes du concours polonais auquel participait le groupe rock manitobain, Hart-Rouge. Ce dernier remportait le prix spécial du commanditaire officiel, c'est-à-dire une mini-Porsche d'une valeur de 10 000$. Le gérant de Hart-Rouge, Roland Stringer, indiquait alors que le groupe cherchait un acheteur pour cette petite pièce de collection.

Nouveau logo

Au début de septembre 1987, en préparation de son 20e anniversaire, le 100 NONS dévoilait son nouveau logo (le 4e), une conception de l'artiste graphique David McNair. «On a voulu refléter une image plus jeune et plus vibrante du 100 NONS» soulignait Solange Campagne, coordonnatrice du Gala du 20e anniversaire.

«J'ai surtout visé la simplicité, expliquait David McNair. C'est un pic contre des cordes de guitare. L'écriture du nom '100 NONS' à la main symbolise l'aspect personnel de la musique, l'apport individuel des chanteurs et des musiciens».

Daniel Lavoie à l'Olympia

Du 15 au 20 septembre 1987, l'auteur-compositeur, Daniel Lavoie, originaire de Dunrae, au Manitoba, franchissait une autre étape importante dans sa carrière musicale en montant sur les planches de l'Olympia, à Paris.

La première «Chicane électrique»

Dans le cadre de son 20e anniversaire, le 100 NONS présentait la «Chicane électrique» au Foyer du CCFM du 23 au 26 septembre 1987.

Il s'agissait d'un concours musical réunissant quatre nouveaux groupes rock manitobains: «Tête de pioche» avec Brigitte Laflèche, Paul Barnabé, Daniel Lavack, Claudine Zamprelli, Daniel Perreaux et Suzette Vinci; «J'aime la way ta dress a hang» (pur franglais) avec Marie-Josée LeMay, Murielle Fontaine, Paul McNair, Daniel Perreaux, Michelinne Lamontagne et Pierre Fournier; «Sans limite» avec

Daniel Lavoie à l'Olympia, 1987   *Le groupe Tête de pioche, septembre 1987*

Le groupe «J'aime la way ta dress a hang», septembre 1987

Le groupe «Sans limite», septembre 1987

Richard Beaudette, Ian Milne, Brigitte Sabourin, Lynne Brémault et Lise Parent; «Quatre gars, une fille» avec Darcy Grégoire, Robert Gobeil, Marc Garand, Gilles Lesage et Carmen Coulombe.

Pour préparer ce concours, le 100 NONS donnait (du début de juillet à la fin d'août) des ateliers de mise en scène, de théorie musicale et de composition aux artistes intéressés. Les responsables de ces ateliers étaient le pianiste Claude Mousseau, l'interprète Solange Campagne et le guitariste David Larocque.

Le groupe gagnant du concours, Tête de pioche, devait participer à la soirée Gala du 20ᵉ du 100 NONS le 26 septembre.

Le groupe «Quatre gars, une fille», septembre 1987

Claude Mousseau, Solange Campagne et David Larocque, responsables des ateliers, été 1987

possédons pas le procès-verbal de cette réunion. Cependant, selon celui d'une réunion subséquente, le Conseil d'administration pour la saison 87-88 aurait été constitué comme suit: Charles Laflèche, président; Ginette Tognet, vice-présidente; Ronald Gosselin, secrétaire; Marc Boucher, trésorier; Maria Chaput, directrice générale (CCFM); autres membres: Natalie Gagné, Dée-Anne Vermette, Jacques Lavack, Solange Campagne, Christian Delaquis et Nicole Brémault.

Réunion annuelle du 100 NONS

Le 26 septembre 1987 avait lieu la réunion annuelle du 100 NONS. Nous ne

Dette de reconnaissance

Le président du 100 NONS à l'époque, Charles Laflèche, avoue que l'organisme vivait encore une période difficile en 1987. La barque fragile aurait pu sombrer. Le personnel ne manquait pas d'expérience dans le domaine musical. Par ailleurs, et ce n'est pas là un reproche, la compétence administrative faisait défaut. Aussi, le président ne tarit-il pas d'éloges envers la directrice du CCFM, Maria Chaput, qui a su alors, en assumant des responsabilités qui pouvaient dépasser son mandat, assurer au 100 NONS une saine administration. Au lieu d'agir comme directrice de façon autocratique, ce qui aurait pu être facile, elle sut «impliquer» le Conseil d'administration du 100 NONS, le conduisant à assumer les responsabilités qui lui revenaient. Plusieurs sessions d'orientation furent organisées dans le domaine administratif. Le Conseil s'arrêta à redéfinir la mission de l'organisme et de là ses objectifs. On passa alors à la formation de comités qui allaient travailler dans le concret pour atteindre ces objectifs. Les tâches du personnel furent redéfinies. Ainsi, le directeur musical n'eut plus à s'occuper de l'administration, de nouveau confiée au CCFM.

Les jeunes comprirent l'intérêt que leur portait Maria Chaput. L'appui constant qu'elle sut leur témoigner leur donna confiance en eux-mêmes et renforça leur détermination dans le travail à accomplir.

«On m'a coupé mes racines»

Au cours de l'automne de 1987, dans un entretien relaté dans la revue *Homme*, Daniel Lavoie parlait de son coin de pays d'origine:

Le Manitoba est un pays extraordinaire... J'y suis allé l'été dernier et j'ai eu un cafard incroyable en repartant. C'est un pays de lumière, de grands espaces, un pays où on se

sent bien. Malheureusement, en tant que francophone, dans un océan d'anglos, c'est dur d'y vivre. Dans mon village natal, fondé à la fin du 19ᵉ siècle, où on a parlé français pendant 80 ans, on ne dit plus un mot dans cette langue. Tout se passe maintenant en anglais. En prenant conscience de l'ampleur de cette assimilation, j'ai eu l'impression qu'on m'avait coupé mes racines, qu'on nous empêchait de vivre.

Gala du 20ᵉ anniversaire

«Mélodie-maladie», le Gala du 20ᵉ anniversaire du 100 NONS, coordonné par Solange Campagne, se déroulait à la Salle Pauline-Boutal le 26 septembre 1987. «Ce spectacle nous a montré que ce n'est ni l'énergie ni l'étoffe qui manque. Il fallait voir l'harmoniciste Gérald Laroche livrer un lent blues en chapeau de feutre pour être convaincu qu'on se baladait dans les rues de Chicago. Animée par le très fou, mais bien aimable Martial Tougas, la salle quasi-comble a vu évoluer les interprètes et compositeurs dans un excellent décor néo-apocalyptique de Denis Duguay, deux étages en tuyaux et garde-fous. Anciens et nouveaux du 100 NONS ont créé un spectacle qui penchait résolument vers le nouveau. Et malgré quelques lenteurs, le 'show'

Gérald Laroche, septembre 1987

dans ses meilleurs moments nous transportait... ailleurs».

Au programme figuraient les artistes suivants:

Carole Freynet, Suzanne Druwé, Nicole Lafrenière, Nicole Brémault, Gérald Paquin, Suzanne Jeanson, les groupes de la «Chicane électrique», Gérard Jean, Roland Roch, Gérald Laroche, David Larocque et Donald LeGal.

Monique LaCoste à Granby

Le 3 octobre 1987, Monique LaCoste, interprète franco-manitobaine, était une des huit finalistes au Festival de la chanson de Granby. Elle devait mériter une «mention spéciale» du jury.

«C'est sûrement le Festival de Granby qui m'a donné la plus grande expérience et le plus de joie, nous confiait Monique. Grâce aux auditions du 100 NONS, j'ai pu participer trois fois à ce concours. J'ai eu l'occasion de rencontrer bien des gens du métier et de jouer avec des musiciens de renom».

Monique LaCoste, octobre 1987

Gérald Paquin à «Star d'un soir» décembre 1987

Gérald Paquin – Star d'un soir

Le 30 décembre 1987, Gérald Paquin était l'invité du président de Radio-Canada, Pierre Juneau, à l'émission Star d'un soir animée par Pierre Lalonde.

Ce choix n'était pas un hasard. Monsieur Juneau avait entendu Gérald chanter *Frédéric* de Claude Léveillé au spectacle du 40e anniversaire de CKSB et avait confié à l'artiste manitobain: «Ton interprétation de ma chanson préférée m'a mis la larme à l'oeil». Aussi, comme l'avouait Gérald, «le moins que je puisse dire c'est que je suis fier que, parmi tous les invités possibles, le président de Radio-Canada ait choisi un petit gars du Manitoba!».

Daniel Lavoie à *The Fifth Estate*

Le 12 janvier 1988, l'émission *The Fifth Estate* présentait sur le réseau national de la CBC un reportage sur Daniel Lavoie, un Manitobain, comme disait l'annonce «à peu près inconnu dans son pays d'origine [comprenons par là le Canada anglais], mais célèbre à l'étranger [le Québec passant alors comme pays étranger?]».

Lafrenière et Laroche aux «Démons du midi»

La chanteuse Nicole Lafrenière, interprète fransaskoise bien connue au Manitoba, était l'artiste invitée à l'émission de variétés «Les Démons du midi» diffusée de Montréal le 1er février 1988. Le lendemain, c'était au tour de l'harmoniciste manitobain Gérald Laroche.

Suzanne Druwé, mars 1988

Nicole Lafrenière, février 1988

Suzanne Druwé, Lauréate du Concours phonogramme

Six participants prenaient part au concours Phonogramme lancé par CKSB en février 1988. Suzanne Druwé, une ancienne du 100 NONS remportait les honneurs avec sa composition *Maladie du mur*. La lauréate enregistra alors cette chanson dans les stu-

dios de Radio-Canada. L'enregistrement fut par la suite distribué dans tous les postes de radio du réseau d'État pour diffusion.

Au Festival du Voyageur 88

Du 13 au 20 février 1988, dans le cadre du Festival du Voyageur, les artistes des boîtes à chansons de l'école Précieux-Sang et du Collège Louis-Riel, ainsi que les groupes Tête de pioche et La Roche, et le 100 NONS représenté par Suzanne Druwé, Carole Freynet-Gagné, David Larocque, Marc Garand, Jim Cairns et Gilles Lesage, étaient en vedette au Petit Portage dans une nouvelle tente-relais au parc du Voyageur. Ce relais, surtout destiné aux jeunes de 13 à 17 ans, était ouvert tous les soirs de la semaine du Festival.

Monique LaCoste et Gérald Laroche au CCFM

Le 5 mars 1988, dans le cadre des États généraux de la francophonie manitobaine,

Monique LaCoste et Gérald Laroche étaient les artistes invités au spectacle «Station transition» présenté au CCFM. Ils étaient accompagnés par les musiciens suivants: David Larocque, Claude Mousseau, Steve Hamilton, Harri Vallitu, Randy Joyce, Tony Desmarteaux et Barry Dunford. Le 100 NONS participait également au spectacle avec les artistes suivants: Suzanne Druwé, Carole Freynet-Gagné, David Larocque, Jim Cairns et Gilles Lesage.

À «Shows sont nous III»

Les 12, 13 et 14 mai 1988, avait lieu au parc Whittier, «Shows sont nous III», grand rassemblement des jeunes Franco-Manitobains organisé par le CJP et coordonné par Ghislain Morin.

Le 12, un spectacle multimédia mettait en vedette des talents amateurs d'un peu partout dans la province. Le 13, il y avait spectacle du 100 NONS avec Rumeur et Tête de pioche. Le 14, c'était Fusion (le groupe du guitariste Laurent Roy), Jacques

Lussier, Monique LaCoste, Suzanne Druwé, Carole Freynet-Gagné et l'harmoniciste Gérald Laroche. «Le tout était entrecoupé de Air Bands, des groupes de jeunes mimes musicaux».

Ziz et Les Blés au vent

Les 27 et 28 mai 1988, la chorale des Blés au vent, dirigée par Guy Boulianne depuis sa création en 1974, donnait un spectacle entièrement consacré à la musique de Gérard (Ziz) Jean.

Comme le dit le reporter du journal *La Liberté* (20 mai 1988), Gérard Jean «est connu pour sa musique de cabaret et de comédies musicales. Il est le compositeur choyé d'au moins deux théâtres de la ville. Son *Histoire d'antan* est devenu l'hymne à la joie du Manitoba français... [Il] est le Daniel Lavoie qui n'a jamais quitté son île».

Ghislain Morin, mai 1988

Gérard Jean et Guy Boulianne, mai 1988

Fête du Canada 88

Parmi les activités célébrant la fête du Canada qui avaient lieu au CCFM le 1er

Lizanne Lachance, juin 1988

juillet 1988, on retrouvait au programme: Lizanne Lachance - ballades, chansons populaires, un petit goût de jazz; le 100 NONS - musique populaire, folk, rock, etc; Tête de pioche -

rock populaire; Gérald Laroche- blues et boogie; Robert Paquette - chanteur folk-rock de renommée internationale.

Ateliers avec Robert Paquette

Du 2 au 6 juillet 1988, le 100 NONS organisait un atelier de chant et d'interprétation pour les jeunes artistes franco-manitobains. Cet atelier, dont l'animation était assurée par l'auteur-compositeur-interprète Robert Paquette, avait comme but de préparer les intéressés aux auditions du Festival de Granby. Neuf jeunes y participèrent: Suzanne Balcaen, Suzanne Druwé, Marc Garand, Monique LaCoste, Lizanne Lachance, Rachel Therrien, Joanne Sylvestre (Sask.), Murielle Fontaine et Gaétan Desrochers.

L'orchestre du 100 NONS accompagnait les interprètes pour la plupart des ateliers.

Du 6 au 10 juillet, les participants présentèrent un spectacle au Foyer/Terrasse

du CCFM. Monique LaCoste fut alors choisie pour représenter le Manitoba français au Festival de Granby.

«Tête de pioche» à Québec

Le groupe manitobain Tête de pioche participait au Festival des Jeunes de Québec le 30 juillet 1988. Il était composé de Murielle Fontaine (voix et clavier), de Pierre Fournier (voix et batterie), de Paul Barnabé (guitare et harmonica), de Claudine Zamprelli (clavier et saxophone) et de Daniel Perreaux (basse et harmonica).

Le groupe «Tête de pioche» au Festival des Jeunes de Québec, juillet 1988

Le voyage au Québec faisait suite à un enregistrement réalisé au mois de mars et à de nombreux spectacles présentés au Manitoba.

Bilan financier 87-88

L'état des revenus et des dépenses pour l'année se terminant le 31 mars 1988 était (en bref) comme suit:

Revenus:

Secrétariat d'État - Canada	35 800 $
Province du Manitoba	13 420
Autres subventions	32 320
Activités et spectacles	9 197
Autres revenus	2 253
Total	92 990

Dépenses

Achat de matériel	1 609
Contrats d'emploi et avantages sociaux	22 196
Déplacements et transport	1 075
Frais d'administration	10 500
Frais de rencontres	2 307
Location et entretien d'équipement	2 403
Location de salles et loyer	6 872
Publicité et promotion	4 859
Salaires	35 973
Frais de bureau	2 564
Divers	1 740
Total	92 098
Revenus excédant les dépenses	892

Conseil d'administration 88-89

Le Conseil d'administration du 100 NONS pour l'année 1988-1989 était constitué comme suit: Christian Delaquis, président; Charles Laflèche, président-sortant; Natalie Gagné, vice-présidente; Marc Boucher, trésorier; Ronald Gosselin, secrétaire; Michel Forest, André Boucher, Marc Labossière et Rita Jeanson, conseillers.

Chicane électrique II

Pour le deuxième été d'affilée, le 100 NONS lançait le concours de la «Chicane électrique» en 1988. Quatre groupes participèrent aux ateliers au cours des mois de juillet et d'août sous la direction de David Larocque et de Michelle Grégoire: «Superfixie» avec Joanne LaCoste, Daniel Perreaux, Dany Joyal, Marie-Claude McDonald, Jacques Gagnon, Nicole LaCoste et Sarah Côté; «Sensation» composé de Joël Beaudry, Richard Beaudette, Nicole Marion, Norman Muller, Chantal Rochon et Dominique Reynolds; «Coco ambic» avec Rachel Therrien, Gilles Lesage,

Le groupe "Superfixie", été 1988

Simoens, de Gilles Fréchette, de David Larocque et de Roxanne Boulianne. Les compositeurs ou interprètes sélectionnés furent les artistes suivants: Gérald Paquin et Gérard Jean, Daniel Lavoie, Folle Avoine, le groupe LaRoche, le groupe Soleil, Gilberte Bohémier, Norman Dugas, Maurice Paquin, Pierre Guérin et Patrice Boulianne.

Le disque compact, tiré à 1000 exemplaires était lancé officiellement le 28 novembre 1988 au Foyer du CCFM.

Le groupe «Sensation», été 1988

Gilles Roy, Daniel Lavack et Marc Garand; «Obstak» (voir les noms plus loin).

Le groupe vainqueur du concours: «Superfixie».

Anthologie *Juste pour dire*

Au cours de l'été 1988, la Société des communications du Manitoba produisait une rétrospective des chansons d'artistes franco-manitobains entre 1975 et 1985. La réalisation de cette anthologie, intitulée *Juste pour dire* d'après la première chanson du disque, était confiée à Ronald Lamoureux. Le comité de sélection était composé de Paul Baril, d'Alain Boucher, de Ronald Lamoureux, de Richard

Touches mélodieuses

Depuis ses débuts au 100 NONS en 1969, le musicien-compositeur-producteur Norman Dugas avait fait du chemin sur les sentiers parfois sinueux de la musique, tant au Québec qu'au Manitoba. Il avait entre autres réalisé les disques de Folle Avoine et de Gilberte Bohémier. Durant l'automne de 1988, il était l'un des artistes en vedette dans la rétrospective musicale du Manitoba français: Anthologie de la chanson.

Lavoie se «bilinguilise»

Le 9 septembre 1988, peu après avoir lancé son disque «live» à l'Olympia de

Paris, Daniel Lavoie présentait un spectacle à la Salle du Centenaire de Winnipeg, une production du Festival du Voyageur.

Selon un article paru dans le journal *La Liberté* (2 septembre 1988), Daniel Lavoie précisait que ce spectacle était essentiellement le même qui se trouvait gravé sur son dernier disque *Olympia* enregistré en spectacle au célèbre music-hall parisien. Mais avec quelques différences.

«Si Daniel Lavoie, dont on critiquait le manque de décontraction sur scène autrefois se transforma progressivement en bête de scène, c'est peut-être qu'il met de plus en plus 'du sien' dans les shows qu'il monte... Pour ce compositeur bilingue-biculturel, y mettre du sien, c'est bilinguiliser son spectacle. L'évolution n'est pas passée inaperçue, comme on le voit dans ces remarques d'un critique qui n'a pas tari d'éloges à la suite du spectacle de Daniel Lavoie à l'Olympia en 1987. 'Lavoie s'est dessiné une scène sur mesure... où les espaces lui conviennent, chanteur

immobile à ses débuts, timide derrière son piano, Lavoie bouge... Sans doute pour souligner sa véritable nature, ses racines anglophones, [Lavoie] a attaqué le spectacle avec une chanson en anglais...' [À Winnipeg, Daniel ne chantait que deux chansons en anglais]. Le bilinguisme dès la tendre enfance, ce n'est pas le concept le plus facile à saisir pour un public francophone largement unilingue...».

À ce spectacle du 9 septembre, Hart-Rouge (Suzanne, Paul, Michelle et Annette Campagne), qui venait de lancer son premier microsillon à Montréal, assurait la première partie du programme.

Hart-Rouge lance son premier disque

Du 15 au 17 septembre 1988, le groupe Hart-Rouge (les trois soeurs et le frère Campagne) se produisait en spectacle au club B'Ways à l'Hôtel Fort Garry de Winnipeg. Ce spectacle coïncidait avec le lancement du premier disque de ce groupe à Winnipeg. Intitulé simplement *Hart-Rouge*, le microsillon était accompagné d'un 45 tours *The Heart of the Matter*, *On s'aime (mais pas complètement)* et d'un vidéo-clip. Le 33 tours était distribué partout au Canada par le CBS. Il comprenait neuf chansons françaises et deux en anglais.

Le groupe «Hart Rouge», septembre 1988

Lavoie au Stade olympique

Le 17 septembre 1988, Daniel Lavoie partageait la scène avec Michel Rivard, Peter Gabriel, Sting et Bruce Springsteen lors du spectacle d'Amnistie internationale au Stade olympique de Montréal.

Lussier et LaCoste à la télé

Le 28 septembre 1988, la télévision de Radio-Canada présentait Jacques Lussier

et Monique LaCoste à l'émission «Vidéo-BOÎTE» où «Images, rythmes et sons se fondent pour mieux vous faire apprécier le talent de ces deux artistes qui nous entraînent dans leur monde d'aventure et de tendresse».

Jacques Lussier, septembre 1988

«Superfixie» – Relève rock manitobaine

À l'automne de 1988, «Superfixie», qui avait remporté le dernier concours de la Chicane électrique du 100 NONS, était l'un des groupes qui faisaient fureur à l'époque. Composé de Nicole et Joanne LaCoste (voix), de Dany Joyal (guitare), de Sarah Côté (claviers, saxophone, voix), de Daniel Perreaux (basse), de Jacques Gagnon (bat-

terie), et de Marie-Claude McDonald (voix, claviers), ce groupe se produisait à l'assemblée annuelle du CJP le 1er octobre et à Bloomingdale's lors d'une soirée de prélèvement de fonds du *United Way*, le 27 octobre.

Les membres de ce groupe s'étaient rencontrés un peu par hasard lors des ateliers du 100 NONS qui menaient à la Chicane électrique. Tous avaient participé aux boîtes à chansons dans leur école.

Norman Dugas au *Prairie Theatre Exchange*

À partir de l'automne de 1988, Norman Dugas était retenu comme compositeur en résidence au *Prairie Theatre Exchange*. Il avait la responsabilité de composer la musique originale, d'assurer la direction musicale et d'enregistrer la trame sonore des pièces présentées.

Ce n'était pas là sa première expérience. Il avait déjà donné un coup de main à Rock en ruine, une pièce pour jeunes du Cercle Molière.

Le Hart-Rouge en demande

Le 23 décembre 1988, le groupe Hart-Rouge était à l'affiche à la boîte de nuit de l'hôtel Fort Garry.

Le 30 décembre, les artistes, originaires de Willow Bunch en Saskatchewan, participaient au premier *West End Rock Festival* avec Rocki Rolleti et Monuments Galore au *West End Cultural Centre*.

Le 31 décembre, le même groupe présentait à Ottawa un spectacle qui fut diffusé par Radio-Canada et CBC.

Aux émissions nationales de Radio-Canada

Le 15 janvier 1989, Suzanne Druwé était interviewée et sa chanson *Maladie du mur* était diffusée à l'émission nationale de Radio-Canada «Multipiste».

Le 18 janvier , le groupe Hart-Rouge était l'invité spécial de l'animateur de «Laser 33-45», René Simard, à CBWFT, la télévision de Radio-Canada.

«Hommage à Piaf»

Les 21 et 22 janvier 1989, Patricia Joyal présentait «Hommage à Piaf» au Foyer du CCFM. Ce spectacle fut très applaudi et dut être répété à maintes reprises sur différentes scènes franco-manitobaines.

Pat Joyal, janvier 1989

«Superfixie» au Foyer

Les 26 et 27 janvier 1989, le groupe Superfixie se présentait pour la première fois au Foyer du CCFM. Le directeur du 100 NONS, David Larocque, qui agissait comme tuteur du groupe, appréciait surtout l'énergie et l'enthousiasme de ces jeunes. «C'est l'un des 3 ou 4 groupes qui marchent le mieux au 100 NONS».

Les inconditionnels du rock purent goûter en première partie du même spectacle «Obstak», un groupe de rock de jeunes musiciens faisant également partie du 100 NONS.

Kennelly-Paquin: «Tête-à-Tête»

Les 2 et 3 février 1989, Suzanne Kennelly et Gérald Paquin, tous deux de Radio-Canada, présentaient un spectacle de chansons au Foyer du CCFM. Au programme: Bécaud, Aznavour, Brel, Vigneault, Ferland et Lelièvre.

Les deux chanteurs étaient accompagnés du bassiste Albert Kelsch et de deux musiciens aux claviers: Claude Mousseau et Robert André.

Suzanne Kennelly et Gérald Paquin, février 1989

Au Télé-relais 89

Parmi les nombreux artistes invités au Télé-relais de Radio-Canada, présenté dans le cadre du Festival du Voyageur 1989, on remarquait Hart-Rouge, Gérald Laroche, Monique LaCoste et Gérald Paquin. Était présent également le Voyageur officiel du Festival, David Dandeneau, en compagnie de toute sa famille.

Development Office, offrait un atelier d'enregistrement d'une durée de 8 jours dirigé par Norman Dugas et Jean Loiselle. Cinq jeunes artistes participaient à cet atelier: Daniel Perreaux, Edmond Dufort, Jacques Gagnon, Marc Garand et Yvon Villarceaux.

David Dandeneau, en compagnie de toute sa famille, au Festival du Voyageur, février 1989

Le 100 NONS au Festival du Voyageur

Dans le cadre du Festival du Voyageur, édition 89, cinq différents groupes du 100 NONS étaient chargés des spectacles qui se donnaient tout au cours de la semaine au poste-relais «La Tuque».

«Superfixie» et «Obstak» au Foyer

Les 13, 14 et 15 avril 1989, le 100 NONS présentait les deux groupes «Superfixie» et «Obstak» au Foyer du CCFM. À cette occasion, 13 artistes participaient au tournage de l'ONF dans le cadre des productions Franc-Ouest pour le film documentaire *Entre l'effort et l'oubli*.

Atelier d'enregistrement

Au mois de mai 1989, le 100 NONS, en collaboration avec le *Cultural Industries*

La fête du Canada 89

Le 1er juillet 1989, les Manitobains étaient invités au CCFM pour célébrer ensemble la fête du Canada. Au programme de la Terrasse Daniel-Lavoie (entre autres): Monique LaCoste et The Easy T's, le 100 NONS - Superfixie, Gérald Laroche et Tête de pioche.

À la fête du Canada, 1989

Autres activités du 100 NONS

Le 26 avril 1989, sept artistes participèrent à un spectacle présenté au Foyer lors de la Soirée des bénévoles du CCFM.

Le 27 avril, cinq artistes présentèrent un spectacle d'une heure à l'école Varennes de Saint-Vital.

Le 5 mai, sept artistes animèrent une soirée de danse au gymnase du CCFM dans le cadre du Festival théâtre jeunesse.

Du 8 avril au 13 mai, cinq musiciens/ animateurs du 100 NONS étaient en répétition avec un groupe de 15 élèves de l'école Pointe-des-Chênes pour préparer le spectacle «Graffiti» qui fut présenté le 13 mai à Sainte-Anne-des-Chênes.

Le 19 mai, le 100 NONS faisait une présentation aux animateurs culturels des écoles francophones de la province dans le cadre du congrès des Éducateurs francomanitobains.

Le 20 mai, douze artistes du 100 NONS animèrent une soirée de danse pour les finissants du Collège Matthieu de Gravelbourg, en Saskatchewan.

Auditions pour le Festival de Granby 89

Les 16 et 17 juin 1989, le 100 NONS présentait en spectacle cinq participants aux auditions pour le Festival de la chanson de Granby. Les concurrents étaient Monique LaCoste, Nicole Marion, Marie-Claude McDonald, Andrée Noonan, et Marcel Soulodre.

Monique LaCoste franchit alors avec succès l'épreuve de sélection pour les demi-finales de Granby. Cependant, la finale du Festival devait se dérouler le 7 octobre sans la participation de l'artiste franco-manitobaine.

Superfixie au Foyer-Terrasse

Du 12 au 15 juillet 1989, le groupe Superfixie du 100 NONS présentait un spectacle au Foyer-Terrasse du CCFM.

Conseil d'administration 89-90

Lors de la réunion annuelle du 100 NONS tenue le 21 juin 1989, les personnes suivantes constituaient le nouveau Conseil d'administration: Christian Delaquis (président), Natalie Gagné (vice-présidente), Marc Labossière (trésorier) Michel Forest (secrétaire), Rita Jeanson, Norman Ferraris, Gilles Fournier, André Boucher et Claude Mousseau (conseillers).

Ateliers d'été

En juillet et août 1989, en préparation pour le concours de la Chicane électrique prévu pour l'automne, le 100 NONS offrait des ateliers de musique populaire pour les jeunes musiciens.

Les responsables de ces ateliers: David Larocque et Michelle Grégoire (embauchée comme animatrice pour les mois d'été). Trente-trois jeunes dont huit des régions rurales participèrent à ces ateliers.

Gérald Laroche, juillet 1989

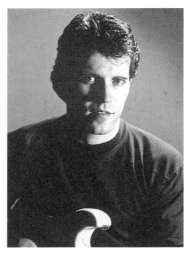

Laurent Roy, août 1989

Roy et Laroche au CCFM

Du 26 au 29 juillet 1989, Gérald Laroche et Laurent Roy, en tournée nationale, donnaient un spectacle au Foyer du CCFM.

Roy – "Jazz on the Roof Top"

Le 24 août 1989, Laurent Roy et le groupe *Serious Business* étaient les vedettes de la soirée au dernier concert de la série *Jazz on the Roof Top* de la Galerie d'art de Winnipeg.

Chicane électrique 1989

Les 31 août et 1er septembre 1989, avaient lieu les préliminaires du 3e concours annuel pour ensembles musicaux «La Chicane électrique» organisé par le 100 NONS au Foyer du CCFM. La finale avait lieu le 2 septembre à la salle Pauline-Boutal au CCFM. Les prix offerts aux lauréats: un équipement d'une valeur de 1 000$.

Cinq groupes se présentèrent au concours:

Superfixie, composé de Joanne et Nicole LaCoste, Marie-Claude McDonald, Sarah Côté, Jacques Gagnon, Gilles Lesage et Dany Joyal;

Obstak, avec Joël Beaudry, Pascal Badiou, Jason Boothe, Kelly Norris, Mireille Guay et Brigitte Therrien;

Toccata, avec Nicole Marion, Noël Vandal, Louise Rioux, Dale Normandeau, Normand Bonneteau et Christine Hitchman;

Pleine lune, formé de Lynne Brémault, Richard et Stéphane Beaudette, Réjean Vermette, Richard Robert, Paul Pattyn, Dominique Reynolds et Brigitte Fillion;

Groupe 5, composé de Dany Rourke, Joseph Guyot, Lisa Tougas, Daniel Perreaux et Robert Gobeil.

David Larocque, directeur du 100 NONS, confiait alors à Philippe Descamps du journal *La Liberté* que «La chanson française est devenue pratiquement naturelle pour les jeunes Franco-Manitobains. Avant, il y avait beaucoup de demandes pour chanter en anglais. Maintenant, il n'y en a pratiquement plus. Les jeunes ont appris à connaître les artistes francophones et attendent même leurs disques avec autant d'impatience que pour

La nouvelle formation de Superfixie encadrée par David Larocque et Michèle Grégoire, les animateurs des ateliers d'été : Jacques Gagnon, Marie-Claude McDonald, Gilles Lesage, Sarah Côté, Nicole LaCoste, Dany Joyal et Joanne LaCoste, septembre 1989

Le groupe Pleine lune : Brigitte Fillion, Richard Robert, Richard Beaudette, Paul Pattyn, Réjean Vermette, Dominique Reynolds et Stéphane Beaudette. (absente : Lynne Brémault)

les artistes anglophones». Cependant, le directeur doit avouer que «les répétitions se font généralement en anglais». Il ajoute que «Les jeunes ont créé une atmosphère nouvelle autour du 100 NONS... Le CCFM est devenu un lieu de rencontre musicale. Presque chaque soir notre local est utilisé».

Pour la deuxième année consécutive, le groupe Superfixie remportait le premier prix du concours. Le second prix allait au

Groupe No 5. Toccata se classait troisième.

Bilan financier 88-89

L'état des revenus et des dépenses pour l'année se terminant le 31 mars 1989 était (en bref) comme suit:

Revenus:
Secrétariat d'État - Canada	38 500 $
Province du Manitoba	13 317
Autres subventions	15 088
Activités et spectacles	10 630
Autres revenus	721
Total	78 256

Dépenses:
Achat d'équipement et de matériel	21 904
Contrats d'emploi et avantages sociaux	13 902
Déplacements et transport	791
Frais d'administration	9 655
Frais de rencontres	1 055
Location d'équipement, salles et loyer	6 581
Publicité et promotion	2 133
Salaires	15 551
Frais de bureau	1 470
Divers	1 320
Total	74 362
Revenus excédant les dépenses	3 894

Si les Campagne ont réussi...

Au début de septembre 1989, alors que Hart-Rouge était dans la course pour le Félix «groupe de l'année» de la chanson française en Amérique, Suzanne Campagne, l'aînée du groupe, confiait à Lucien Chaput du journal *La Liberté* pourquoi elle avait accepté de payer le prix qu'exige le métier d'artiste. «J'ai un caractère très indépendant. J'aime les défis [...] Je suis aussi une personne ambitieuse. Mon père dit que ça vient de ma grand-mère. Ça vient beaucoup du fait que j'ai été élevée dans un milieu francophone. Très jeune, je détestais déjà l'unidimensionnalisme d'un 'One Canada'. Je me suis donné très tôt dans ma vie un mandat d'être très différente. J'aimerais que Hart-Rouge soit le premier vrai groupe bilingue à avoir réussi dans les deux langues, à titre égal».

L'Europe entend Hart-Rouge

En septembre 1989, Hart-Rouge marquait son 3e anniversaire. Ce groupe rock, originaire de la Saskatchewan et maintenant domicilié à Montréal, avait pris naissance au Manitoba en 1986.

Trois ans ont permis au groupe composé de Michelle, d'Annette, de Suzanne et de Paul Campagne «d'établir la réputation d'être l'un des jeunes groupes à surveiller au Québec» affirmait Roland Stringer, le gérant de Hart-Rouge.

Après une semaine dans l'Ouest canadien (Saskatoon, Ponteix et Winnipeg), le groupe terminait le mois d'août au Québec en participant entre autres à un spectacle avec Daniel Lavoie.

En septembre, le premier disque de Hart-Rouge devait être lancé en Allemagne, en Suisse et en Autriche.

Superfixie et Groupe 5 à Foule Faire

Le 29 septembre 1989, deux ensembles musicaux qui venaient de remporter les honneurs au concours la Chicane électrique du 100 NONS participaient à Foule Faire, grand rassemblement des jeunes Franco-Manitobains, organisé par le CJP à Sainte-Anne-des-Chênes. Il s'agissait de

Superfixie et de Groupe 5 qui présentèrent tous deux un spectacle très apprécié des jeunes.

Larocque, lauréat du concours Phonogramme

Chaque fin de semaine, du 10 octobre au 13 novembre 1989, le 100 NONS offrait aux jeunes intéressés un atelier de composition et d'enregistrement avec Norman Dugas. Cet atelier de longue durée, subventionné par le *Cultural Industries Development Office*, des gouvernements fédéral et provincial, se proposait de préparer les artistes au concours Phonogramme de CKSB 1990.

Celui qui devait remporter ce concours annuel fut nul autre que David Larocque, directeur du 100 NONS, avec *Contact*, chanson rock dont il avait écrit les paroles et la musique.

David Larocque, Marcel Soulodre, et Steve Hilliam, gagnants du concours Phonogramme, 1990

Les gagnants précédents du concours Phonogramme avaient été Jacques Lussier, Suzanne Druwé et Jean-Pierre Brunet.

Jours de Plaine

Comme le disait Laurent Gimenez dans le journal *La Liberté* (26 novembre 1989), «Faire vivre la plaine en dessins, en mots et en musique, c'est le défi que les artistes manitobains Daniel Lavoie et Réal Bérard ont décidé de relever ensemble» à l'automne de 1989.

«Tous deux sont d'authentiques fils de la plaine, et c'est pourquoi l'ONF a pensé à eux pour la création d'un film d'animation sur l'Ouest francophone». C'est que, comme l'avouait la productrice Thérèse Descary, «nous avons vite compris que pour parler de la plaine, pour l'exprimer, il faut avoir vécu dans la plaine».

Pour Daniel Lavoie: «La plaine, c'est ce qui me reste de plus précieux au Manitoba, après la parenté et les amis. C'est elle qui me vient d'abord en tête quand je pense à là-bas». «C'est un Réal Bérard enthousiasmé, avec du rêve plein les yeux» qui se rendit à Montréal pour commencer la réalisation de *Jours de Plaine*.

«Ce que j'ai essayé de faire ressortir dans mes dessins, disait-il, c'est l'âme de la plaine. Pour ça, j'ai fait plus confiance à mon intuition qu'à mon intelligence. Dans les arts, ça marche souvent comme ça. La chanson de Lavoie, je la trouve réussie au coton. D'après moi, c'est la première chanson qui exprime aussi bien l'Ouest. C'est pas croyable comme le bonhomme a réussi à mettre le doigt dessus».

Les Franco-Manitobains ne pouvaient être plus d'accord. *Jours de Plaine* pourrait bien être en passe de devenir «l'hymne de la société franco-manitobaine».

La mecque du jazz

Le 24 novembre 89, le Foyer du CCFM accueillait Kelley Fry, une habituée du Centre. Le 28 novembre, c'était Laurent Roy au Mardi Jazz. Les 30 novembre et 1er décembre, Gérald Laroche était l'artiste invité. Les 4 et 5 janvier 1990, Lizanne Lachance présentait à son tour

Lizanne Lachance, janvier 1990

un spectacle au Foyer.

Pour Laurent Roy, «La mecque des amateurs de Jazz de Winnipeg reste le Foyer du CCFM».

Au Festival du Voyageur 90

Du 10 au 16 février 1990, dans le cadre du Festival du Voyageur, le 100 NONS, en collaboration avec le CJP, présentait des spectacles au Poste des Trembles, situé au Parc du Voyageur. Figuraient entre autres au programme: Le Collège Louis-Riel, le groupe Bergeron, Toccata, Superfixie et le Collège Matthieu de Gravelbourg, Saskatchewan.

Le Festival du Voyageur présentait également chaque soir le télé-relais en collaboration avec Radio-Canada. Parmi les vedettes à l'affiche: Daniel Lavoie, Gérald Paquin, Gérard Jean, Gérald Laroche, Monique Fillion et Hart-Rouge.

Enfin, à La Rame de Nuit, l'un des relais du Festival, paraissait sur la scène le «Groupe 5», autre ensemble musical formé par le 100 NONS.

Au Spectacle-bénéfice

Le 12 février 1990, le Collège de Saint-Boniface, en collaboration avec le Festival du Voyageur, présentait un Spectacle-bénéfice au Rendez-vous. Parmi les artistes invités on remarquait plusieurs anciens du 100 NONS: Daniel Lavoie, Monique Fillion, Mona Gauthier, Gérard Jean, Gérald Paquin et Monique LaCoste.

Soirées de sélection pour Granby

Les 20 et 21 avril 1990, le 100 NONS présentait 11 jeunes artistes en spectacle au CCFM. Il s'agissait de soirées de

Le groupe de Joël Bergeron au Festival du Voyageur, février 1990

Jours de Plaine à Cannes

Joël Bergeron et Rachel Therrien au Gala de la chanson d'Edmonton, juin 1990

sélection ou auditions du Festival de la chanson de Granby. Contrairement aux années précédentes cependant, les candidats manitobains sélectionnés lors de ces auditions devaient se rendre au Gala interprovincial d'Edmonton pour concourir avec d'autres artistes de l'Ouest en vue du Festival. L'orchestre qui accompagnait les artistes pour ces soirées était placé sous la direction de Gilles Fournier.

Ces soirées semblent avoir été couronnées de succès puisque selon le directeur du 100 NONS, David Larocque, on avait dû refuser du monde aux auditions.

Les deux artistes choisis pour représenter le Manitoba au Gala d'Edmonton furent Rachel Therrien et Joël Bergeron. Au début de juin, ces deux jeunes artistes se rendirent dans la capitale albertaine pour bénéficier d'une semaine d'ateliers de formation sur la présence en scène, les techniques d'interprétation, etc. Ces ateliers précédaient le Gala du 9 juin, concours organisé par les organismes provinciaux de l'Ouest et la Radio de Radio-Canada.

Le 9 avril 1990, l'ONF apprenait que le Festival international du film de Cannes, le festival cinématographique le plus prestigieux du monde, avait accepté d'inscrire *Jours de Plaine* en compétition dans la catégorie des courts métrages.

Comme le disait Thérèse Descary, productrice de ce chef d'oeuvre, «D'abord, la chanson de Daniel Lavoie est magnifique. Ensuite, avec l'imagerie de Réal Bérard, cela donne une oeuvre très enracinée dans la terre... Sur le plan imaginaire, *Jours de Plaine* représente toute l'histoire de la francophonie du Canada, et de l'Ouest en particulier, à travers une succession éblouissante de tableaux, d'une facture assez novatrice... un film extraordinaire, une synthèse dans un langage très symbolique de notre vie comme peuple».

Être invité à participer au Festival de Cannes, c'était déjà une consécration de qualité, c'était en soi une attestation internationale.

Comme affirmait Bernard Bocquel: «C'est un peu comme si tout le Manitoba français allait à Cannes pour dire à la francophonie mondiale que les créateurs canadiens-français n'étaient pas tous de l'Est».

Jours de Plaine, ode d'amour de Réal Bérard et de Daniel Lavoie ne remportait pas la Palme d'Or le 21 mai. Cependant, comme le faisait remarquer un reportage dans le journal *La Liberté*: «Le choix du jury ne représente qu'une opinion parmi bien d'autres... Des 12 courts métrages, dont 6 dessins animés, présentés en bloc dans l'immense Palais des congrès de Cannes le 18 mai, *Jours de Plaine* a été le seul à recevoir des 'bravos' spontanés de la salle, qui s'est montrée particulièrement impitoyable pour plusieurs films».

Et Réal Bérard d'ajouter: «Ce qui compte, c'est que les 6 minutes, 24 secondes de *Jours de Plaine* soient bien reçues par les enfants de l'Ouest canadien pour lesquels le film a été conçu».

Grâce à sa participation au Festival, *Jours de Plaine* était entré dans le marché international. L'ONF était invité à présenter ce dessin animé à plusieurs festivals internationaux, dont celui d'Uppsala en Suède.

Therrien, gagnante du Gala d'Edmonton

Rachel Therrien remportait les honneurs au Gala interprovincial de la chanson (catégorie Interprète) qui se déroulait le 8 juin à Edmonton. Elle était en concurrence avec trois autres jeunes artistes de l'Ouest.

Laroche, poète de l'harmonica

«Après un spectacle à Thetford-Mines (Québec), nous dit Gérald Laroche, un poète est venu me voir et m'a dit: toi, tu viens d'un endroit où il y a beaucoup d'eau, beaucoup d'arbres et beaucoup d'espace».

La conclusion du poète était frappante pour deux raisons. En premier lieu, elle était juste. Car Gérald Laroche est né et a grandi à Powerview, un endroit où la prairie prend fin et où commence le Bouclier canadien; un endroit très près du lac Winnipeg.

Elle était frappante aussi parce que Gérald Laroche compose des pièces instrumentales seulement. Il raconte ses histoires en utilisant des harmonicas, un arc à bouche indien et une flûte à bec. Les notes musicales sont les mots de ses poèmes.

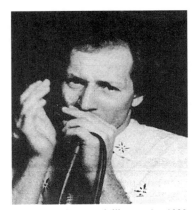

Gérald Laroche, poète de l'harmonica, 1990

Du 5 au 10 juin 1990, Gérald Laroche interprétait la musique qu'il avait composée pour la pièce *The Red River Valley* présentée en première mondiale par *Actors' Showcase* au 8e Festival international des enfants qui se tenait à La Fourche, à Winnipeg.

Activités diverses du 100 NONS

Le 25 avril, Joël Bergeron et son orchestre représentaient le 100 NONS à la Soirée des bénévoles du CCFM.

Les 11 et 12 mai, une vingtaine d'interprètes et de musiciens de l'école Saint-Joachim de La Broquerie, en collaboration avec le 100 NONS, présentaient un spectacle intitulé «Langue de mon coeur» aux gens de la région.

Ce spectacle fut répété le 23 mai pour les élèves de la division scolaire de la Seine à l'école Gabrielle-Roy.

De la fin d'avril à la fin août, les groupes Toccata, Joël Bergeron et Superfixie présentèrent 12 spectacles au Foyer du CCFM.

Lavoie et Hart-Rouge à Radio-Canada

Le 24 juin 1990, la Société Radio-Canada diffusait sur les ondes nationales de la radio une émission de 4 heures dans le cadre des fêtes de la Saint-Jean. Parmi les grands noms de la soirée figuraient le compositeur Daniel Lavoie et le groupe Hart-Rouge.

Fête du Canada

Le 1er juillet 1990, dix interprètes du 100 NONS participaient aux spectacles organisés par le CCFM dans le cadre de la fête du Canada.

Laurent Roy finaliste du Concours de Jazz Alcan

Laurent Roy accédait pour la deuxième année de suite à la finale du Concours de

Laurent Roy, 1990

Jazz Alcan qui se déroulait à Montréal du 29 juin au 8 juillet 1990.

Le musicien franco-manitobain et son groupe (Marilyn Lerner, Gilles Fournier et Rob Siwick) avaient remporté les demi-finales du concours qui s'étaient tenues à Edmonton le 28 avril pour la région Ouest. En tout, 51 formations, incluant 219 musiciens, avaient participé à ce concours.

Hart-Rouge en URSS

Le 28 juillet 1990, Hart-Rouge présentait un spectacle au *Rock Summer Festival* à Tallin, en Estonie. Le site du spectacle était, selon Guiness, le plus grand du monde. L'année précédente, ce Festival avait accueilli plus de 250 000 spectateurs.

La tournée de Hart-Rouge à l'étranger, qui comprenait également un spectacle à Helsinki, en Finlande, était rendue possible grâce à l'aide de *Musicaction* et du Ministère des Affaires culturelles du Manitoba.

Bilan financier 89-90

L'état des revenus et des dépenses pour l'année se terminant le 31 mars 1990 était (en bref) comme suit:

Revenus:

Secrétariat d'État - Canada	38 500 $
Province du Manitoba	10 039
Conseil interculturel du Manitoba	5 000
Autres subventions	15 723
Activités et spectacles	18 235
Autres revenus	1 199
Total	88 696

Dépenses:

Achat d'équipement et autre matériel	14 259
Contrats d'emploi et avantages sociaux	21 070
Déplacements et transport	969

Frais d'administration .... 9 706 $
Frais de rencontres, cotisations,
frais professionnels 2 725
Location, entretien d'équipement,
location de salles 10 396
Frais de bureau 1 507
Publicité et promotion 1 917
Salaires 27 830
Total 90 379
Excédent des revenus (dépenses) .... (1 683)
Surplus au début de l'exercice 4 320
Surplus à la fin de l'exercice 2 637

Conseil d'administration 90-91

Le Conseil d'administration du 100 NONS pour la saison 1990-1991 était constitué comme suit: Christian Delaquis, président; Norman Ferraris, vice-président; Nicole Marion, secrétaire; Raymond Sherwood, trésorier; Monique LaCoste, Paul D'Eschambault, Claude Mousseau et Gilles Fournier, conseillers.

Chicane électrique 90

Au début de septembre 1990, le 100 NONS organisait son 4e concours musical annuel de la Chicane électrique. Les participants présentèrent deux spectacles gratuits

au Foyer du CCFM les 6 et 7 septembre. La soirée de sélection se déroula le 8 septembre à la Salle Pauline-Boutal du CCFM.

Cinq groupes participèrent au concours: «À retenir», composé de Gaétan La Rochelle, Renel Alarie, Chantal Courcelles, Dominique Reynolds, Sylvie Rochon et David Kelly; «Ars Nova», avec Janine et Brigitte Gobeil, Stéphane Joyal, Stéphane Dandeneau, Daniel Roy et Richard Robert; «Groupe 5», formé de Danny Rourke, Joe Guyon, Lisa Tougas, Gilles Lesage et Robert

Le Groupe 5, septembre 1990

David Larocque et Lianne Fournier, responsables des ateliers et les membres du groupe Sans nom, septembre 1990

Gobeil; «Obstak», composé de Pascal Badiou, Jason Boothe, Brigitte Therrien, Richard Quenelle et Marc Arnould; «Export» avec Marc Arnould, Stéphane et Richard Beaudette, Micheline Girardin et Noël Vandal.

Le grand gagnant du concours fut le «Groupe 5» alors que le titre du groupe le plus prometteur alla à «À retenir» et qu'une mention du jury fut décernée à «Ars Nova».

Rachel Therrien l'emporte à Edmonton

Après avoir été proclamés lauréats du concours provincial de la chanson tenu au CCFM, Rachel Therrien et Joël Bergeron représentaient le Manitoba au premier Gala interprovincial de l'Ouest tenu à Edmonton en juin 1990. Rachel y remportait le prix d'excellence dans la catégorie interprète. Ainsi méritait-elle une bourse de 1 500,00$ de la part des organismes culturels provinciaux de l'Ouest et une bourse de 2 500,00$ qui lui était offerte par Musicaction pour l'enregistrement d'un 45-tours. Elle recevait également le Prix de la presse francophone de l'Ouest (valeur de 500,00$) pour la qualité de présentation sur scène et la performance la plus remarquée.

Rachel Therrien à Granby

À la fin de septembre 1990, Rachel Therrien représentait le Manitoba français au Festival de la chanson de Granby. Elle n'y remporta pas de prix mais se dit «pas désappointée du tout». C'est que, comme le disait son père qui l'accompagnait: «La

compétition est très forte là-bas; il y a parmi les candidats des gens de 28, 30 ans qui ont déjà l'expérience de la télé ou des clubs de nuits». Et le Festival, ce n'était pas que les spectacles et la compétition. Il y avait aussi quatre jours d'ateliers destinés à enseigner aux 32 jeunes artistes les ficelles du métier. Aussi, Rachel revint fière de sa performance et heureuse de l'expérience qu'elle avait acquise à Granby.

Foule Faire à La Broquerie

Le 28 septembre 1990 se tenait à La Broquerie le grand rassemblement annuel des élèves des écoles franco-manitobaines, organisé par le CJP. Dans le cadre de cette manifestation, les deux groupes gagnants de la Chicane électrique, Groupe 5 et À retenir présentèrent un spectacle devant les quelque 800 élèves rassemblés.

Programmation régulière du 100 NONS

Au cours de la saison 90-91, le 100 NONS sut présenter au Foyer du CCFM une programmation régulière, témoignant de l'intérêt soutenu des jeunes envers la chanson française.

Ce furent tour à tour les spectacles de Rachel Therrien, des groupes Bergeron, Toccata, Superfixie, Cinq, À retenir et Dominique et les deux mecs. Un groupe de sept artistes du 100 NONS se rendit au Collège Matthieu de Gravelbourg en Saskatchewan pour y présenter un spectacle de Noël. David Larocque se présenta au Foyer du CCFM dans le cadre des mardis jazz. L'école du Précieux-Sang offrit une boîte à chansons au CCFM. Des artistes de plusieurs groupes musicaux unirent leurs efforts pour présenter au CCFM un spectacle intitulé «Étoiles du 100 NONS». Dans le cadre du Festival du Voyageur, le 100 NONS et le CJP présentèrent «La pleine lune», relais pour adolescents. Sept musiciens se rendirent au Collège Earl Oxford de Brandon pour y présenter un spectacle devant un auditoire de 80 étudiants.

Gérald Laroche au Festival des Arts

À la fin de février 1991, Gérald Laroche, maître de l'harmonica, représentait le Manitoba au Festival des Arts des Jeux du Canada qui se tenait à l'île-du-Prince-Edouard.

Carmen Campagne candidate au Prix Juno

Au début de février 1991, le 2e album de Carmen Campagne, intitulé *Une voix pour les enfants*, était en nomination pour le prix Juno, prix d'excellence de l'industrie musicale au Canada. Carmen avait déjà remporté un Juno en 1989 avec *Lullabye Berceuse*.

L'album *Une voix pour les en-*

Carmen Campagne, février 1991

fants, lancé en novembre 1990, comprenait plusieurs chansons traditionnelles dont *Au clair de la lune* avec de nouveaux arrangements et la voix de Daniel Lavoie.

Carmen Campagne présentait ses chansons favorites lors d'un spectacle au Rendez-vous le 16 février devant 600 jeunes enfants et parents.

Gilles Fournier au WECC

Le 24 février 1991, Gilles Fournier présentait un spectacle de jazz au *West End Cultural Centre* de Winnipeg, en compagnie de quelques musiciens rassemblés pour l'occasion.

«J'ai commencé à 14 ans, racontait-il. Je jouais du rock avec les écoles, les boîtes à chansons et le 100 NONS».

Habitué des Mardis Jazz du CCFM, Gilles accompagnait souvent Laurent Roy, Ken Gold, Ron Paley ou David Larocque.

Jacques Lussier au Spectrum

Les 22 et 23 février 1991, Jacques Lussier, autre habitué de la scène musicale manitobaine, qui venait de se produire au Festival du Voyageur, présentait un spectacle au Spectrum de Winnipeg. Il était accompagné de Gilles Fournier.

Hart-Rouge - *Inconditionnel*

Les 15 et 16 avril 1991, Hart-Rouge lançait son deuxième disque *Inconditionnel* au Québec. L'album composé de onze chansons complètement en français présentait entre autres *Le Coeur de dire*, chanson sur la musique de Daniel Lavoie.

Le groupe avait décidé de travailler avec André Lambert et Daniel Lavoie comme réalisateurs. «C'est une belle expérience de travailler avec Daniel, avouait Suzanne Campagne. Il nous aide beaucoup à la promotion... un excellent chanteur-auteur mais aussi un très bon réalisateur... Il a le sens de la mélodie...».

D'ailleurs, au cours du mois d'avril, Hart-Rouge faisait une tournée du Québec avec Daniel Lavoie. Le groupe participait aux spectacles à titre d'invités spéciaux (trois spectacles à Montréal et neuf autres en province).

En juin 1991, la chanson titre *Inconditionnel* se classait première au palmarès de la radio du Québec.

En juillet, les Campagne se rendaient en Estonie pour donner un concert dans le cadre d'un festival rock.

Jeff Staflund et Nicole Marion, lauréats du Gala provincial, avril 1991

«Une langue qui danse»

Fidèles à une tradition qui remontait aux années 1960, les élèves de La Broquerie présentaient à la communauté leur boîte à chansons sur le thème «Une langue qui danse», le 11 mai 1991. Les deux responsables de la soirée: Paulette Fournier et René Courcelles.

Gala interprovincial de la chanson

Le 7 juin 1991 se tenait à la Salle Pauline-Boutal du CCFM le 2e Gala interprovincial de la chanson pour les provinces de l'Ouest. Coproduction du 100 NONS et de Radio-Canada, avec la collaboration du CCFM, ce Gala, organisé par les organismes culturels des provinces de l'Ouest, réunissait huit concurrents des quatre provinces de l'Ouest. Il avait été précédé de cinq jours d'ateliers de formation.

Lors d'auditions manitobaines qui eurent lieu à huis clos le 28 avril, Nicole Marion et Jeff Staflund avaient été sélectionnés parmi les huit concurrents pour représenter le Manitoba au Gala du 7 juin. Jeff Staflund avait déjà mérité le prix Phonogramme 1991 décerné par le poste CKSB pour sa chanson *Le vent d'été*.

Au Gala du 7 juin, Nicole Marion, originaire de Saint-Jean-Baptiste, mérita le titre de meilleure interprète. Le prix d'auteur-compositeur-interprète fut décerné à l'Albertain Yvon Loiselle, alors que Francis Marchildon de la Saskatchewan remportait les prix du public et de la presse.

Superfoire avec Jacques Lussier

Le 14 juin 1991, le Jacques Lussier Band présentait «Superfoire estivale» au Rendez-Vous de Saint-Boniface. Il s'agissait pour le groupe de faire entendre son nouveau répertoire alors que de retour à Winnipeg il préparait son premier disque compact *Shed your Skin* qui devait être lancé en octobre.

Bilan financier 90-91

L'état des revenus et dépenses pour l'année se terminant le 31 mars 1991 était (en bref) comme suit:

Revenus:

Secrétariat d'État-Canada .... 38 500 $
Province du Manitoba 10 039
Conseil interculturel du Manitoba 7 068
Autres subventions 2 500
Activités et spectacles 13 454
Autres revenus 1 716
Total 73 277

Dépenses:

Achat d'équipement et de matériel ..... 1 779 $
Contrats d'emploi et avantages sociaux 16 677
Déplacements et transport 2 549
Frais d'administration 9 033
Frais de rencontres 2 172
Location d'équipement, salles et loyer . 8 262
Publicité et promotion 2 726
Salaires 30 408
Frais de bureau 1 601
Divers 1 645
Total 76 852

Excédent des revenus(dépenses)
pour l'exercice .... (3 575)

Ateliers d'été 91

Du 2 juillet au 30 août, le 100 NONS présentait des ateliers d'été pour les ensembles musicaux. Dirigés par David Larocque et par Lianne Fournier, embauchée comme animatrice, ces ateliers qui, comme pour les années précédentes, préparaient au concours de la Chicane électrique, attirèrent 25 jeunes artistes divisés en cinq groupes à raison de trois heures par semaine par groupe.

Conseil d'administration 91-92

Le Conseil d'administration du 100 NONS pour la saison 1991-1992 était constitué de la façon suivante: Christian Delaquis, président; Norman Ferraris, vice-président; Nicole Marion, secrétaire; Raymond Sherwood, trésorier; Monique LaCoste,

Le Conseil d'administration et les directeurs du 100 NONS, juillet 1992 : David Larocque (directeur musical), Raymond Sherwood (directeur administratif), Paul Lachance (conseiller), Norman Ferraris (vice-président), Gilles Fournier (conseiller), Nicole Marion (secrétaire-trésorière), Christian Delaquis (president) et Monique LaCoste (conseillère). Absent : Paul D'Eschambault, conseiller.

Paul D'Eschambault, Paul Lachance et Gilles Fournier, conseillers. Le 1er avril 1992, Raymond Sherwood démissionnait de son poste pour devenir administrateur de l'organisme. Nicole Marion devenait alors secrétaire-trésorière.

David Larocque – 10 ans au 100 NONS

Parmi les nombreuses personnalités qui ont marqué le 100 NONS, on se doit de souligner la contribution de David Larocque. En 1982, il s'associait à l'organisme comme musicien. Au cours des années suivantes il participait de façon régulière aux différents spectacles de la programmation du 100 NONS. En 1985 et 1986, l'organisme l'employait régulièrement à contrat comme directeur musical de sa programmation. En 1987, le 100 NONS l'embauchait à demi-temps comme directeur musical, l'administration de l'organisme étant alors encore assurée par le CCFM. En 1989, David devenait le directeur du 100 NONS, poste qu'il occupe encore en 1992.

David Larocque

Les jeunes intéressés à la chanson et à la musique lui doivent donc quantité d'heureuses initiatives dont les concours annuels de la Chicane électrique, les ateliers d'été, la participation du 100 NONS à des grands rassemblements d'étudiants franco-manitobains tels que les Shows-sont-nous et les Foule Faire, organisés par le CJP, l'organisation des Galas de la chanson en collaboration avec Radio-Canada, les relais présentés dans le cadre du Festival du Voyageur en collaboration avec le CJP, et nous en passons.

Michelle Grégoire en Floride

Au mois d'août 1991 Michelle Grégoire quittait le Manitoba pour la Floride dans le

Michelle Grégoire

but de poursuivre ses études en musique à l'Université Florida State.

Originaire de Sainte-Anne-des-Chênes, Michelle avait étudié le jazz pendant quatre ans à l'université Saint-François-Xavier d'Antigonish (Nouvelle-Écosse). Après son B.A. en musique, elle se lançait maintenant dans une maîtrise à Tallahasee (Floride) grâce à une bourse offerte par Florida State et un emploi à temps partiel comme *graduate teacher assistant*.

Le 100 NONS à Lourdes

Le 16 août 1991, dans le cadre des fêtes du Centenaire de Notre-Dame-de-Lourdes, sept musiciens du 100 NONS appartenant au groupe Superfixie présentèrent un spectacle lors d'une soirée sociale à laquelle assistèrent quelque 350 jeunes de la région.

Daniel Lavoie à l'écran

Pendant l'été 1991, Daniel Lavoie faisait ses débuts de comédien dans un film long métrage du réalisateur québécois Jean-Pierre Lefebvre. L'artiste franco-manitobain avait également composé la musique du film et la chanson-thème *Quand tu partiras*.

La cinquième Chicane électrique

Le 7 septembre 1991, à la Salle Jean-Paul-Aubry du CCFM, se tenait la 5e Chicane électrique organisée par le 100 NONS. Il s'agissait d'une soirée de compétition annuelle entre les différents groupes musicaux qui mettait le point final à un programme de deux mois de formation dirigé par David Larocque et l'animatrice Lianne Fournier.

Ce concours, coproduction du 100 NONS et du CCFM, était commandité par *Major & Minor Music Supplies* et par le CJP. Le nouveau poste de radio CKXL devait par la suite rediffuser le spectacle.

Cinq groupes firent partie de la Chicane: Soupe du jour (Alain Freynet, Michel Vandal, Louis Perreault et Louis St-Cyr), Valjean (Noël Vandal, Paul Lachance, Dany Joyal, Daniel Lavack et Marc Arnould), Ars Nova (Janine et Brigitte Gobeil, Stéphane Joyal, Stéphane Dandeneau, Daniel Roy et Ian McKay), La Band (Micheline Girardin, Mélanie Brunel, Daniel Bisson, Stéphane Fontaine, Richard Robert et Stéphane Joyal) et Quatro Latéral (Gaétan LaRochelle, Renel Alarie, Chantal Courcelles et David Kelly).

Stéphane Joyal et Micheline Girardin du groupe La Band, septembre 1991

Le groupe Valjean, septembre 1991

David Larocque remarquait que des musiciens plus âgés participaient maintenant à la Chicane alors que depuis quelques années les groupes qui s'inscrivaient étaient de plus en plus jeunes. Il remarquait également que «Cette année il y avait une variété de styles: du jazz fusion instrumental, de la musique danse, du style cabaret et du rock traditionnel». De plus, pour la première fois, la Chicane devait être suivie en deuxième partie par un spectacle que présentaient trois autres groupes du 100 NONS hors concours.

Le grand vainqueur du concours fut le groupe Valjean qui mérita ainsi une bourse de 500$. Quatro Latéral et Ars Nova se classèrent respectivement deuxième et troisième.

Sept Franco-Manitobains dans la course au Félix

À la mi-septembre 1991, on apprenait que sept artistes franco-manitobains étaient en nomination pour un Félix lors du Gala annuel de l'ADISQ (l'Industrie du disque québécois) qui devait se dérouler le 13 octobre. Il s'agissait de Carmen Campagne (meilleur album pour enfants: Une voix pour enfants), Réal Bérard (vidéo de l'année, *Jours de Plaine*, avec Daniel Lavoie), Daniel Lavoie (chanson et vidéo de l'année: *Jours de Plaine* et concert rock de l'année) et Hart-Rouge (Suzanne, Annette, Michelle et Paul Campagne, groupe de l'année).

Au Festival de Granby 91

Du 18 au 21 septembre 1991, Nicole Marion et Marie-Claude McDonald représentaient le Manitoba français aux demi-finales du Festival de la chanson de Granby. Même si elles ne devaient pas se rendre aux finales, elles se dirent toutes deux heureuses de l'expérience dont elles avaient profité.

Le 100 NONS à Foule Faire

Le 27 septembre 1991, dans le cadre du 3e Foule Faire, grand rassemblement annuel des étudiants des secondaires franco-manitobains organisé par le CJP à Saint-Pierre-Jolys, le 100 NONS présentait au cours de l'après-midi et en soirée un spectacle devant un auditoire de 950 jeunes. Trois des groupes ayant participé à la Chicane électrique représentaient l'organisme: Quatro Latéral, La Band et Ars Nova. Le soir, le groupe Valjean s'exécute en première partie d'un spectacle présenté par Les Parfaits salauds.

Edmond Dufort au Festival de paix

Les 27 et 28 septembre 1991, Edmond Dufort participait au spectacle présenté

Edmond Dufort

dans le cadre de la 4e édition du Festival de paix *Earth, Our Country* qui se tenait à l'Université de Winnipeg. «Ce festival rejoint en moi ce qu'il y a de plus profond: l'unité mondiale» mentionnait le jeune artiste manitobain qui chanta alors en français et en anglais.

Valjean au CUSB

Le 28 septembre 1991, le groupe Valjean se présentait en première partie du spectacle des Parfaits salauds au Collège Universitaire de Saint-Boniface.

Au Foyer du CCFM

Au cours de la saison 1991-1992, de nombreux groupes musicaux, dont certains formés par le 100 NONS, se présentèrent en spectacle au Foyer du CCFM. Entre autres: À Retenir, Superfixie, Dominique et les deux mecs, Ratatouille et Valjean.

Le 100 NONS au Prix-Riel

Le 2 novembre 1991, dans le cadre de la Soirée Prix-Riel organisée par la SFM au Rendez-Vous de Saint-Boniface, les artistes du 100 NONS présentèrent un spectacle fort apprécié de l'auditoire. Au programme: Gérard Jean et Gérald Paquin, Marie-Claude McDonald, Nicole Marion, Janine Gobeil et Micheline Girardin.

Lourdes chante son Centenaire

Le 2 novembre 1991, dans le cadre des activités organisées au cours de l'année du Centenaire de Lourdes, un groupe d'interprètes adultes de la localité présentaient une boîte à chansons. Les artistes étaient accompagnés par une équipe du 100 NONS.

Hart-Rouge connaît la renommée

En novembre 1991, le groupe Hart-Rouge dominait le palmarès depuis cinq semaines avec *C'est elle*, deuxième extrait de son album lancé le printemps précédent. Ce succès suivait de près celui de *Inconditionnel*, chanson-thème du deuxième album du groupe.

Au cours des semaines suivantes, Hart-Rouge devait se produire à Charlesbourg, à Rouyn, à Antenne 2 Franco-Vision à Paris, et au Spectrum de Montréal dans le cadre de la série «Espace Francophone» des Francofolies de Montréal.

À la Soirée de CKXL

Le 10 novembre 1991, au Rendez-vous de Saint-Boniface, le groupe Valjean faisait partie du spectacle présenté à l'occasion de la Soirée organisée par le poste de radio CKXL qui célébrait son ouverture officielle.

Gérald Laroche au Festival de Blues

Dans le cadre du Festival de Blues de Winnipeg, Gérald Laroche, «le maître de l'harmonica», présentait «Le Blues à son meilleur» au Foyer du CCFM du 20 au 30 novembre 1991.

Toujours au Festival du Voyageur

Du 10 au 15 février 1992, dans le cadre du Festival du Voyageur, le 100 NONS et le CJP coordonnaient le relais Pleine lune dans la Salle Antoine-Gaborieau au CCFM.

Les groupes Ratatouille, Valjean, Ars Nova, Quatro Latéral, La Band et le Collège Matthieu y présentaient des spectacles musicaux alors que le CJP organisait des scènes d'improvisation.

Gala provincial 92

Les 9 et 10 mai 1992 se tenait au Foyer du CCFM le Gala annuel provincial de la chanson organisé par le 100 NONS en collaboration avec le CCFM et le poste de radio CKSB.

Onze concurrents participèrent aux spectacles: Joël Bergeron et Marie-Claude McDonald, dans la catégorie auteur-compositeur-interprète, Janine Gobeil, Jeannette Gosselin, Paul Lachance, Joanne LaCoste, Colette Lessard, Dominique Reynolds, Brigitte Sabourin et Micheline Girardin dans la catégorie interprète. Nicole Marion ne faisait pas partie du concours mais faisait partie des spectacles, se présentant seulement à l'audition pour le Festival de Granby.

L'équipe d'appui était composée de Nicole Lafrenière (consultante artistique), de Claude Mousseau (claviers), de Léo Bérard (batterie), de Daniel Perreaux (basse) et de David Larocque (guitare et direction).

À la soirée présentée le 10 mai, le jury choisit deux concurrentes pour représenter le Manitoba au Gala interprovincial de Régina. Marie-Claude McDonald l'emportait dans la catégorie auteur-compositeur-interprète alors que Micheline Girardin était proclamée gagnante comme interprète.

Quelques jours avant le grand gala interprovincial, les deux lauréates se rendirent à Régina afin de participer à une série d'ateliers animés par des professionnels de la chanson.

Joël Bergeron   Micheline Girardin   Colette Lessard   Nicole Marion

Janine Gobeil   Jeannette Gosselin   Marie-C. McDonald   Dominique Reynolds

Consultant artistique
Nicole Lafrenière
Claviers
Claude Mousseau
Batterie
Léo Bérard
Basse
David Perreaux
Guitare et direction
David Larocque

Paul Lachance   Joanne LaCoste   Brigitte Sabourin

Les concurrents au Gala provincial, 1992

Le 100 NONS à l'école Pointe-des-Chênes

Le 23 mai 1992, un groupe d'artistes du 100 NONS ainsi que des musiciens locaux accompagnaient une vingtaine de jeunes artistes de l'école Pointe-des-Chênes lors de leur boîte à chansons.

Marie-Claude McDonald grande lauréate

Le 2ᵉ grand Gala interprovincial de la chanson des quatre provinces de l'Ouest se tenait à Régina en Saskatchewan, le 29 mai 1992. Production des organismes culturels des quatre provinces en collaboration avec la radio de Radio-Canada, ce Gala était organisé par la Commission culturelle fransaskoise. Huit artistes, soit deux par province, se présentèrent au concours. Marie-Claude McDonald, de Saint-Boniface, remporta les honneurs, méritant quatre des cinq prix dont le prix du public, le prix de la presse, le prix de la chanson

Marie-Claude McDonald, lauréate au Gala interprovincial, 1992

primée et le prix du meilleur auteur-compositeur-interprète. Outre le trophée Mercure et un lecteur de disque compact, Marie-Claude se vit ainsi recevoir une bourse de 2 500,00$ pour enregistrement sonore par Musicaction et la somme de 2 300,00$ par les autres organismes qui appuyaient le concours.

Roger Pellerin de l'Alberta mérita le prix de meilleur interprète.

En juin, les deux lauréats se rendaient en Colombie-Britannique où ils présentaient un spectacle au Centre culturel francophone de Vancouver.

Alors que nous irons bientôt sous presse, se prépare la Chicane électrique 1992 avec ses ateliers en juillet et août et un grand spectacle en septembre.

Ainsi le 100 NONS, petite boîte permanente créée il y a 25 ans, continue-t-il d'être bien présent au Manitoba français.

Qui aurait dit en 1967 qu'un quart de siècle plus tard les jeunes sauraient encore tant s'intéresser à la chanson française?

Au cours des années, comme il se devait, le 100 NONS a certes connu toutes sortes de transformations. Il n'est peut-être plus aujourd'hui l'organisme qui à ses débuts maintenait des liens étroits avec les institutions scolaires. Il n'est pas non plus le petit local qui tentait d'attirer des jeunes talents pour présenter régulièrement des spectacles et dont le fonctionnement devait entièrement dépendre du bénévolat.

Nous retrouvons par ailleurs aujourd'hui un 100 NONS qui consacre plus d'énergie à la formation des jeunes artistes, qu'ils soient musiciens ou chanteurs. L'organisme travaille également en plus étroite collaboration avec le CCFM et le

CJP pour présenter des spectacles toujours d'incontestable qualité.

Si le 100 NONS a évolué au cours de ses 25 ans d'existence, il a su conserver le même mandat, celui de promouvoir la chanson française chez les jeunes afin que par là ils redécouvrent leur identité culturelle francophone.

CHAPITRE VII

Journal de bord

En guise d'épilogue à l'historique du 100 NONS, nous avons cru bon de nous adresser aux personnes qui ont oeuvré au sein de l'organisme afin de connaître leurs opinions quant au rôle qu'a pu jouer cette boîte à chansons dans leur vie.

Tout en devant abréger, nous avons tenté de reproduire ci-dessous l'essentiel des commentaires qu'une cinquantaine d'anciens et de nouveaux ont bien voulu nous faire parvenir.

«Je suppose qu'il faudrait dire que je suis des premiers temps du 100 NONS. Et même d'avant. Je me souviens de ces temps où je découvrais la vérité sur moi (je suis francophone). J'avais seize ans. Ma vie s'est construite sur le socle du 100 NONS... Il y avait là une fraîcheur que donne l'innocence... Le plus important de la vie de la boîte se passait en un sens avant et après les spectacles: les pratiques et surtout les fameuses soirées interminables où nous chantions toute la nuit... Je crois que le 100 NONS m'a fait un bien énorme, mais je crains que pour ce qui est de la collectivité, son effet (bénéfique ou autre) ait été bien maigre... Lorsque l'argent du fédéral est entré, n'y a-t-il pas eu une sorte de chute?... Le Québec est devenu mon chez moi... j'y enseigne la philosophie...».

Gérald Allard

«À cause du 100 NONS j'ai pu faire partie de différents groupes musicaux. Mes parents ont été fiers de moi. J'ai toujours aimé chanter et je continue encore aujourd'hui. Je n'ai rien à regretter mais si le 100 NONS pouvait agir comme impresario, cela pourrait ouvrir quelques portes. Il devrait continuer à présenter des spectacles et travailler auprès des jeunes».

Marc Allard

«Ce qui est inévitable pour le 100 NONS, et j'oserais dire souhaitable, c'est que les choses seront toujours à refaire et à requestionner. Il demeure que l'organisme est un élément essentiel pour la communauté franco-manitobaine».

Gérard Auger

«Le 100 NONS a été une porte ouverte pour un paquet de jeunes avec du talent dans la chanson et pour la musique, un divertissement pour les spectateurs, un éveil au rock et à la chanson en français.

J'apprends que des groupes de jeunes musiciens font des enregistrements en anglais avec l'équipement du 100 NONS. À mon avis, si des jeunes francophones veulent s'épanouir en 'anglais', qu'ils trouvent ces services ailleurs.

Le 100 NONS devrait se faire connaître davantage dans les écoles, à partir du présecondaire déjà, peut-être à travers les radios scolaires...».

Denis Beaudette

«À l'époque, les techniciens devaient partager leur temps entre le Centre culturel, le Cercle Molière et le 100 NONS. Il fallait 'recycler' tout l'équipement... même les parachutes!

Il faudrait que le 100 NONS soit plus présent dans la communauté».

Georges Beaudry

«Le 100 NONS m'a permis de garder un contact étroit avec ma culture, de maintenir et de créer des amitiés. Cela m'a aussi donné l'occasion de côtoyer des gens de talents.

Je crois que le 100 NONS a redonné ou entretenu la fierté chez nos gens et a ouvert des portes à nos jeunes artistes.

L'organisme doit jouer un rôle de promotion continuelle et de formation auprès des jeunes».

Paul Bélanger

«Le 100 NONS m'a permis d'apprécier à quel point il fallait lutter contre l'assimilation puisque ces jeunes avaient tendance à parler en anglais. Il m'arrive d'en revoir de temps en temps et de constater que les admonestations n'ont pas été en vain. Ces jeunes parlent encore français et d'ailleurs insistent pour que leurs enfants le parlent, ou encore militent dans les organismes franco-manitobains. C'est au 100 NONS que j'ai pu voir et apprécier la vitalité de cette communauté.

À mon avis, le 100 NONS a joué un rôle très important dans la communauté parce qu'il a assuré une présence permanente pour la musique chez les jeunes. Tous ceux qui ont chanté au 100 NONS l'ont fait parce qu'ils ont trouvé là un endroit pour exprimer ce que ressent l'adolescence. Certains, sans le savoir, absorbaient en même temps une bonne dose du patrimoine».

Jacqueline Blay

―――――――――

«J'aimerais souligner comment fier j'étais de la confiance que nous témoignait l'adulte responsable alors que nous les jeunes acceptions d'aider à réaliser ce rêve de local permanent pour la chanson française. On se sentait apprécié et encouragé. C'est dans la certitude de l'amitié qu'on a participé.

Le 100 NONS a éveillé en moi et chez plusieurs de mes amis le goût de la chanson française et cela s'est transformé en intérêt pour la langue et la culture. Si je ne suis pas assimilé aujourd'hui, c'est en grande partie parce que j'ai passé par le 100 NONS.

Dans la collectivité, le 100 NONS a été l'organisme le plus important pour faire valoir chez les adolescents la fierté d'être francophones».

Gérald Bohémier

―――――――――

«Le 100 NONS a été un endroit où chanter, jouer de la musique, pratiquer et perfectionner la technique de la performance. On pouvait aussi y apprendre la collaboration dans tous les aspects de la préparation d'un spectacle: décor, son, éclairage, chorégraphie. C'est là que j'ai fait mes premiers concerts et cela m'a ouvert la route vers d'autres performances et expériences plus professionnelles.

C'est là le rôle du 100 NONS. Il doit être un lieu où on peut s'amuser. Il doit demeurer amateur/semi-professionnel. Je ne crois pas qu'il devrait mettre l'accent sur la préservation de la culture ou d'être Franco-Manitobain ou non. Il faut laisser la politique culturelle hors du portrait.

C'est seulement un endroit où les jeunes partagent une expérience musicale».

Gilberte Bohémier

«Le 100 NONS a été une partie importante de ma jeunesse. Ce qui m'avait frappé au début c'était le sens d'organisation et d'équipe. On avait vraiment l'impression d'être dans le 'Big Time'.

Bien qu'on chantait seulement en français nous étions bien reçus partout, même dans les milieux anglophones.

Parce que nous étions plusieurs chanteurs, il n'y avait pas de place pour des vedettes. Tout le monde avait sa place dans les spectacles».

Michel Boucher

«Selon moi, le 100 NONS a joué un rôle de catalyseur de toutes nos énergies créatrices qui étaient à fleur de peau et qui nous permettaient de nous exprimer. Y a-t-il quelque chose de plus fascinant qu'une bande de jeunes pleins de rêve et de folie qui se mettent à nu devant tout le monde, dans le seul but d'exprimer une espèce de bouillonnement intérieur?

Grâce à la complicité d'éducateurs, j'ai eu le courage d'aller jouer sur une scène et d'apprendre le métier d'accompagnateur. De plus, ça m'a permis de connaître la chanson française et de l'apprécier à sa juste valeur. J'avais vraiment l'impression de participer à une vie culturelle importante».

Claude Boux

«Quand j'ai pris la 'job' de directeur, il n'y avait plus de 100 NONS. Avec l'aide d'un nouveau groupe nous l'avons ressuscité. L'organisme m'a appris à travailler en équipe. Il a assuré chez les jeunes l'intérêt dans la chanson francophone. Nous pourrions regretter pour le 100 NONS le parrainage du CCFM. Pour mériter un avenir prometteur, le 100 NONS doit organiser des spectacles avec des professionnels et les jeunes».

Guillaume Boux

«Le 100 NONS m'a donné un sens d'appartenance à ma communauté et m'a fait mieux apprécier mon héritage culturel.

Ce qui est peut-être à regretter, c'est la diminution dans le nombre de bénévoles pendant certaines années».

Lucille Cenerini

«Il est essentiel pour le jeune Franco-Manitobain de connaître et d'aimer la musique et la chanson françaises qui doivent être partie intégrale de sa culture. Je vois le rôle du 100 NONS comme primordial à l'intérieur de notre future division scolaire homogène».

Maria Chaput

«Je suis fier d'avoir participé à la fondation du 100 NONS. L'organisme m'a permis de connaître et d'apprécier la chanson française. Il m'a aussi donné la chance de faire valoir et de perfectionner mes talents d'organisateur. C'est probablement grâce au 100 NONS que j'ai décidé de faire carrière en radiodiffusion. Cette boîte à chansons a agi comme tremplin dans la carrière de plusieurs artistes franco-manitobains.

Le 100 NONS doit demeurer fidèle à sa première vocation, celle de découvrir des jeunes talents et de participer à leur développement dans le domaine de la chanson française».

Denis Collette

«Le 100 NONS a joué un rôle dans le lancement de ma carrière et en partie dans la sauvegarde de mon identité francophone. Il a créé un milieu dans lequel j'ai pu me faire des amis pour la vie. Il a aussi aidé à donner aux jeunes une fierté collective.

J'aurais aimé que le 100 NONS continue à donner plus de spectacles, au moins un par mois».

Dennis Connelly

«Le 100 NONS a été pour moi un moyen d'expression pour la chanson française lorsque j'ai quitté l'école. Au début, j'ai trouvé que le 100 NONS était trop centré sur Saint-Boniface. Maintenant il a élargi un peu plus ses cadres et ça me semble un organisme provincial. Le 100 NONS doit continuer à former de nouveaux talents».

Gérard Curé

«Le 100 NONS a été pour moi un partenariat entre mon besoin de chanter et le désir de mon professeur de français de me faire apprendre la langue française. Il se servait de la chanson comme outil de motivation. C'était certainement plus intéressant que certains romans et exercices de grammaire. Peut-être était-ce la passion qu'avait mon professeur pour la chanson qui m'a tant fait aimer chanter au 100 NONS, un espace si intime que l'on sentait l'auditoire respirer avec nous.

Le 100 NONS a été fondé par un leadership bénévole, par l'enthousiasme, par le don de soi, par l'amour d'une langue et d'une culture.

C'est peut-être ce qui manque aujourd'hui. Le 100 NONS est devenu un organisme bien structuré, avec employés rémunérés. Sa mission actuelle semble être de fournir aux jeunes des occasions de performance musicale. Certains jeunes trouvent étrange que ceux qui les entraînent puissent surtout parler l'anglais. Avec cette approche, les jours du 100 NONS sont comptés. Pour assurer l'avenir de l'organisme, il faudrait revenir à la formule du bénévolat, quitte à l'occasion de donner à contrat des tâches spécifiques à des musiciens professionnels. De plus, les liens entre les écoles et le 100 NONS devraient être rétablis».

David Dandeneau

«Voilà près de dix ans que le 100 NONS fait partie de ma vie. J'ai été tantôt musicien, tantôt membre du Conseil, et à présent président.

Je suis arrivé au 100 NONS, comme tant d'autres, pour rencontrer des jeunes qui comme moi voulaient simplement faire de la musique. J'avoue que ce fut là une expérience qui demeure pour moi parmi les plus chères. Ce que je retiens de plus du 100 NONS : un groupe d'amis-musiciens que je vois encore à ce jour. Des liens inséparables. Et toujours de la musique, de la musique en français.

Voilà où le 100 NONS joue un rôle de prime importance dans le ralentissement de l'assimilation. Ces jeunes n'arrivent pas au 100 NONS conscients du fait qu'ils veulent à tout prix parler le français. Il ne faut pas s'illusionner, mais le 100 NONS pénètre un peu par la 'porte arrière'. Ce qui attire les jeunes, c'est la musique, et petit à petit ils s'identifient à la francophonie.

À titre de président et d'ancien du 100 NONS, au nom de tous ceux et celles qui ont fait leur bout de chemin au 100 NONS, je rends hommage au fondateur pour la vision qu'il a eu il y a 25 ans.

Ceux et celles qui ont passé par les portes du 100 NONS ne sont pas tous devenus grandes vedettes, ni n'ont-ils tous poursuivi une carrière dans le domaine de la chanson. Mais chacun, j'en suis convaincu, a su comme moi apprécier davantage sa culture française.»

Christian Delaquis

«Les jeunes savent répondre et souvent vont plus loin que ce qu'on attendait d'eux. Chacune des boîtes à chansons organisées dans les écoles durant les quatorze années que j'y étais a démontré de la fantaisie, de la persévérance, et très souvent de l'audace.

La chanson a été un moyen privilégié de faire valoir notre culture auprès des jeunes. Dans le temps cela ne coûtait pas cher.

Encourager les jeunes à s'identifier à la francophonie. Il ne semblait pas tellement nécessaire d'avoir ce concept en tête, c'était une conséquence naturelle.

Le 4 février 1966 eut lieu la première boîte à chansons [voir ch.II]. Quel souvenir qui me fait vibrer encore! Puis une deuxième boîte dans la Seine. Très peu de temps après, Saint-Boniface accueillait la province entière pour une boîte à chansons mémorable [Feu roulant]. Et je crois que l'idée du 100 NONS a surgi à ce moment-là. J'ai eu un peu peur en voyant surgir ce géant. Peur que les efforts déployés dans les écoles soient destinés aux oubliettes, en qualifiant de petits amateurs ceux qui osaient se présenter en public avec une préparation trop hâtive. Mais tel n'a pas été le cas. Il s'est établi parmi les jeunes artistes une espèce d'idéal: être accepté un jour pour chanter au 100 NONS. Grâce au 100 NONS, nos jeunes de partout se sont forcés davantage, quelques-uns y ont mis le paquet, et se sont retrouvés à l'échelon supérieur, encourageant les autres à faire pareil».

Onil Dépôt

«Sans le 100 NONS, je crois que je n'aurais jamais fait de la musique. Le 100 NONS nous a donné un lieu pour nos répétitions, les ressources nécessaires pour nous organiser et préparer des spectacles, nous a mis en contact avec d'autres musiciens et chanteurs.

Les jeunes Franco-Manitobains sont réellement choyés. On ne pourrait jamais rêver de se présenter en public aussi souvent sans cet organisme.

Le 100 NONS a permis aux jeunes de différentes communautés de se rencontrer. Mes meilleures amies, je les ai rencontrées au 100 NONS... Notre identité comme Franco-Manitobaines a grandement été formée à travers la chanson, la musique française.

Les activités du 100 NONS (telle que la Chicane électrique) auxquelles je n'ai jamais eu l'occasion de participer, m'impressionnent énormément».

Suzanne Druwé

«J'aimerais tout d'abord rendre hommage à nos parents et à certains professeurs qui nous ont donné le goût du français et de la chanson.

Je suis très fier d'avoir été de l'équipe des premiers ouvriers. Je me souviens avec quelle fierté nous avons ouvert le 100 NONS, avec quel enthousiasme la 'Boîte' fut accueillie et combien de jeunes ont pu s'y épanouir.

C'est à travers les expériences acquises au 100 NONS que j'ai cultivé le désir de continuer de mes propres ailes dans la chanson».

Louis Dubé

«Le 100 NONS a donné aux jeunes dans la collectivité la possibilité de se rencontrer, de partager leurs aspirations, d'avoir recours aux personnes-ressources, de découvrir leur potentiel, de s'amuser en français, d'avoir l'occasion de se produire en public.

Au début, l'organisme a eu tendance à l'élitisme et aux TLM (toujours les mêmes).

Pour assurer son avenir, le 100 NONS devrait travailler à une plus grande visibilité [des artistes] en impliquant la radio, la télévision, faire endosser les gagnants [des concours] par des compagnies, des organismes communautaires, des clubs sociaux. Il devrait devenir impresario, organiser des débouchés (congrès, festivals, émissions, etc.)».

Monique Ducharme

«Ces années-là, il nous fallait un 'home' avec musique, avec copains, un endroit qui serait notre invention, où on pourrait s'évader de l'anxiété quotidienne.

J'ai de très beaux souvenirs de cet orchestre maison qui a su patienter avec ce jeune débutant que j'étais, bourré d'énergie, un peu trop même, mais qui, hélas!, avait un problème de mémoire».

Léo Dufault

«Le 100 NONS a été une bouffée d'air frais, d'oxygène. Il m'a permis de fréquenter des gens comme moi et de vivre des beaux moments en musique et d'être fière du français pour la première fois. Ça m'a donné la force de croire en l'art et en la beauté malgré la société opprimante de Saint-Boniface des années 60».

Denise Dufresne

«J'ai assisté à plusieurs boîtes à chansons dans les années 60 et 70. À chaque fois, ce furent des expériences inoubliables; des chanteurs et des musiciens d'un talent et d'une énergie extraordinaires. On sortait de ces soirées le coeur en fête. Je suis très fier d'avoir été associé au 100 NONS comme membre du Conseil d'administration».

Normand Dupasquier

«C'était en 1983. Le 100 NONS passait par des temps très difficiles. On m'a demandé d'assister à la réunion annuelle. On m'a proposé comme candidat à la présidence. Il y a eu un peu de controverse parce que je venais de la campagne et aussi parce que je n'étais pas familier avec l'organisme. À ma surprise, j'ai été élu président.

L'année a été très difficile pour le 100 NONS. Nous avons passé beaucoup de temps à clarifier nos objectifs et justifier notre raison d'être auprès du Secrétariat d'État.

J'ai fait ce que j'ai fait pour m'assurer que le 100 NONS continue à exister pour mes enfants et les autres».

Omer Fontaine

«Je n'oublierai jamais le sentiment de fierté et d'appartenance que j'ai vécu le soir du spectacle de Gerry et Ziz lors de leur retour comme gagnants du Festival de Granby.

Le 100 NONS m'a inspiré à faire un effort pour maintenir mon héritage canadien-français. Il m'a introduit au monde de la musique et de la chanson et a fait naître des amitiés qui durent encore après plus de vingt ans.

Je regrette que les activités du 100 NONS n'aient pas été institutionnalisées à l'intérieur du programme scolaire quand j'étais jeune. Le 100 NONS se doit de devenir plus visible et de présenter plus de jeunes sur les scènes de nos centres communautaires et culturels».

Roger Fontaine

«Les boîtes à chansons ont été très importantes pour les jeunes. Elles leur ont permis de se développer dans le domaine musical. Le 100 NONS m'a donné la chance de m'exercer dans un métier dont je fais ma vie aujourd'hui et de m'exprimer par la chanson française.

Le 100 NONS devrait encourager les jeunes artistes à se présenter dans des boîtes aussi souvent que possible. Au temps où j'étais au 100 NONS, il y avait une boîte tous les mois».

Gisèle Fredette

«Les jeunes cherchent à s'identifier. Au 100 NONS, ils ont éprouvé un sentiment d'appartenance par la musique et les autres jeunes qu'ils y ont rencontrés. On se sentait chez soi au 100 NONS. Les portes étaient ouvertes.

Le 100 NONS a été pour moi une espèce d'école mais je m'y sentais bien chez moi. Je dis école parce qu'il fallait travailler et que j'y ai appris tellement de choses au sujet de la musique, de la chanson et du spectacle. J'ai aussi appris à me méfier des titres. Ainsi, au 100 NONS, plus les titres étaient prestigieux, plus les tâches étaient onéreuses et diversifiées. Lorsque j'ai été promu au titre de directeur artistique, je suis devenu en plus secrétaire, téléphoniste, musicien, rédacteur d'horaires, huissier et concierge...».

Norman Dugas

«Le 100 NONS a été pour moi un lieu de rencontres et surtout d'épanouissement. Grâce à cet organisme, plusieurs comme moi ont pu connaître les chansonniers français et québécois qui aujourd'hui occupent encore une place très importante dans ma vie.

Même si la culture continue à évoluer, et que les 'goûts musicaux' changent, il y aura toujours besoin d'un lieu où les gens qui aiment la musique pourront se rendre pour mieux vivre qui ils sont».

Mona Gauthier Hutchings

«Si je préfère chanter en français, si j'ai toujours trouvé de l'emploi chez les francophones et si je tiens mordicus à ce que mes enfants parlent français, c'est parce que la fierté de ma culture a été ancrée en moi pendant mon enfance et mon adolescence. Des fleurs à mes parents et au 100 NONS.

Mes cinq années au 100 NONS sont dans mes souvenirs comme un manège d'événements qui remplissait ma jeunesse, qui comblait mes besoins et mes rêves.

Je me rappelle ma première audition. Je voulais mourir tellement j'étais gênée. Mais le groupe d'artistes est vite devenu ma deuxième famille. L'adulte-responsable était le 'papa'. On l'aimait beaucoup. Il nous laissait toute liberté en ce qui concernait la musique, mais au besoin nous remettait sur le piton de façon subtile. Vingt-cinq ans plus tard, je sais qu'il avait des buts très concrets pour nous. Moi, mon but, c'était de faire ce que j'aimais le plus au monde et avoir du plaisir... sans me rendre compte que c'était ma façon à moi de faire valoir ma culture, de m'identifier à la francophonie.

Pauvres musiciens! Je les entends encore dire: 'Ah non: Pas encore Mireille Mathieu!'.

Après cinq ans au 100 NONS, ce fut 'Non, rien de rien, non je ne regrette rien' d'Édith Piaf. C'était ma dernière chanson à la boîte. J'en garde le meilleur souvenir».

Joanne (Gosselin) Rasmussen

———————————————

«Souvent comme un enfant on a peur de rien; mais devenir adolescent, ça, c'est tout une autre 'paire de manches'. Il me semble que mille craintes m'ont alors hanté, et je ne trouvais aucune porte de sortie.

Un jour, dans mon cours de français une lueur m'est apparue sous forme de question. 'Veux-tu chanter?' m'a demandé mon professeur. Je n'avais jamais chanté et je ne savais pas trop ce que cela voulait dire. Tout ce que j'y voyais c'était une porte de sortie, ou bien, aujourd'hui, je dirais plutôt une porte d'entrée. Alors, sans trop réfléchir, j'ai répondu 'oui'. Et par cette simple porte j'ai découvert tout un monde... J'en suis très reconnaissant».

Marcel Gosselin

———————————————

«Le 100 NONS a été une école de formation, un lieu d'échange, une alternative aux stéréotypes, une découverte d'identité, un encouragement à se dévouer, une invitation à prendre des initiatives. Il a été un aimant, en même temps qu'un rayonnement. Le fait français était perçu comme donnant des privilèges que d'autres ne possédaient pas.

Le 100 NONS doit redécouvrir son charisme du début, surtout interpeller les jeunes».

Tom Ivory

———————

«L'engouement général pour les boîtes à chansons à travers la province, largement inspiré par le 100 NONS en 1967, devait entraîner le groupe 'Les Fugitifs' (dont je faisais partie) dans l'orbite de l'organisme. Et quelle découverte ce fut! Les décors de Marcel Gosselin, la chanson française en pleine effervescence, des artistes en nombre surprenant qui n'attendaient que leur moment de gloire sous les feux, des publics enthousiastes, composés de tous les âges qui pardonnaient tout. Quelle conjoncture passionnante!

Le 100 NONS que nous avons découvert lors de notre retour du Québec en 1971 avait bien évolué. L'organisation revêtait un professionnalisme grandissant et a fourni à Gerry et Ziz une occasion rêvée de se faire entendre et valoir».

Gérard Jean

———————

«Je dois tout d'abord tenter de retrouver l'essentiel de l'adolescente que j'étais, qui avait tellement besoin de s'identifier à quelque chose. À l'âge où l'on se réfugie et s'isole dans le silence et la solitude, j'ai eu l'unique chance de me réfugier dans la chanson avec le 100 NONS. La chanson, et le 100 NONS surtout, m'ont ouvert une porte sur le monde.

Le 100 NONS et les enseignants encourageaient l'initiative, merveilleuse qualité créatrice qui nous permettait de bâtir plein de projets.

Le 100 NONS, en nous donnant l'occasion de chanter sur scène, nous offrait la possibilité de découvrir notre personnalité et nos talents, de développer des aptitudes d'organisation. Et tout ça en français! Cette formation m'a soutenue tout au long de ma carrière.

Le 100 NONS doit assumer sa propre administration. S'il y a des musiciens en herbe, il y a aussi des comptables et des

gestionnaires qui méritent de se développer dans le cadre de cet organisme. Je me souviens de l'encadrement souple mais ferme des débuts, une présence amicale qui donnait beaucoup d'assurance. On apprenait à vivre ensemble, à reconnaître ses talents et ceux des autres. De grandes amitiés ont ainsi pris racine, amitiés encore vivantes aujourd'hui, 25 ans plus tard.

Ce que nous avons vécu pendant ces tendres années doit être vécu par d'autres jeunes. Par le biais de la chanson, on a découvert la poésie, l'humour, le dramatique, la culture française souvent absente de notre quotidien.

Tant de souvenirs, de joies, de peines étaient habilement cachés dans les ombres des murs peints par Marcel Gosselin. Ces murs ne sont plus, comme notre jeunesse d'ailleurs. Le 100 NONS, c'était notre jeunesse. Comment ne pas l'aimer...

Après avoir vécu dans d'autres communautés francophones et anglophones, je reconnais le caractère unique du 100 NONS. Rares sont les endroits où les jeunes dans un contexte minoritaire peuvent avoir accès à de tels services et à de telles opportunités de développement sur le plan culturel.

Lorsque j'ai été directrice, j'aurais voulu ne pas avoir besoin de dormir. Le travail me passionnait. Évidemment, je me trouvais seule car j'allais trop loin et m'attendais trop à ce que les autres jeunes veulent autant que moi. Nous étions en train de bâtir quelque chose de neuf. Personne ne savait au juste où tout cela allait nous mener... Sans le savoir, à tour de rôle, nous avons établi la base d'un organisme qui fête aujourd'hui ses 25 ans».

Suzanne Jeanson

«Le 100 NONS m'a permis de poursuivre un rêve de mon adolescence, celui de faire de la musique. La musique, disons plutôt la chanson populaire prise dans un sens large, me faisait 'vibrer' et représentait pour moi une activité 'le fun', 'in', qui pouvait mener à la célébrité, au succès, à la gloire. Et oui, pourquoi pas, puisque cela avait été maintes fois prouvé, et allait justement l'être encore une fois par Daniel Lavoie.

La musique parvient toujours à faire comprendre, même au plus borné, qu'elle ne se laisse pas apprivoiser comme ça, qu'il faut y mettre de l'effort, de la discipline, de l'intelligence et, comme de raison, cet autre ingrédient plutôt insaisissable, appelons-le de l'âme, préférablement nourri d'ailleurs.

Le 100 NONS m'a donc permis de l'apprendre cette leçon qui m'a été toujours utile jusqu'ici, et que je n'avais pas alors apprise à l'école.

Sur le plan culturel, l'apport du 100 NONS est sans doute plus tangible. Par la chanson, j'ai véritablement pu mieux connaître le Québec, mon domicile à présent et peut-être bien ma future patrie, ainsi que la France, ma mère-patrie lointaine.

Enfin, il ne faut pas oublier que le 100 NONS a été pour moi une source de camaraderie et d'amitié de longue durée».

Philippe Kleinschmit

«Le 100 NONS a joué un rôle énorme dans ma vie. Il m'a d'abord incitée à perfectionner mes connaissances musicales. Et aujourd'hui, si je suis devenue animatrice à la radio, c'est un peu à cause du 100 NONS aussi. En faisant de la scène, j'ai développé le goût de l'animation. C'est parce que j'étais chanteuse que j'ai obtenu mon premier emploi à CKSB.

Ce que j'apprécie le plus du 100 NONS, ce sont les amitiés qu'il m'a permis d'y faire.

Les jeunes sont plus attirés par des organismes culturels que politiques. C'est un moyen plus sûr de les intégrer à la francophonie.

On a qu'à faire le tour des organismes francophones pour trouver des anciens du 100 NONS. Je ne crois pas que ce soit une pure coïncidence.

Je regrette qu'à l'époque où je faisais de la chanson, on mettait l'accent sur un(e) chanteur(euse) et non sur un groupe comme c'est le cas aujourd'hui. Comme je devais toujours me trouver des musiciens à la pige, le processus d'organisation prenait beaucoup de mon temps.

Le 100 NONS doit retourner à ses débuts, être non seulement un lieu de formation et de spectacle mais un lieu de rencontres aussi. Il faudrait impliquer les jeunes dans tous les domaines entourant les activités du 100 NONS: technique, vente de billets, etc.».

Monique LaCoste

«APPRENDRE SON MÉTIER GRÂCE AU 100 NONS»

«J'ai entendu parler du 100 NONS une première fois à l'occasion des sorties scolaires avec l'école de Powerview. Nous allions voir des spectacles de Daniel Lavoie, Gerry et Ziz, Suzanne Jeanson, des boîtes à chansons, etc... C'était dans les années 70.

En 1978, au moment où je déménage en ville, j'ai déjà en tête d'orienter ma carrière vers la musique (je jouais de l'harmonica depuis l'âge de 12 ans). C'est alors que je reçois un appel de David Larocque. Quelques années auparavant, David et moi avions fait de la musique ensemble à Powerview.

Il m'invite à jouer quelques pièces de blues avec son orchestre créé par le 100 NONS pour le Festival du Voyageur.

J'ai aussi à cette période rencontré Claude Aubin, directeur du 100 NONS. Claude a vu le spectacle du Festival et a tout de suite été enthousiasmé. Il s'est organisé pour que je présente un spectacle à CKSB, alors que je n'avais pas encore de musiciens. J'ai dû former un orchestre au plus vite. On a présenté notre concert à la radio et ça a fait boule de neige: les spectacles se sont succédé, les invitations à la télévision et à la radio aussi, bref ce coup de pouce de Claude Aubin a lancé ma carrière!

Comme le 100 NONS vivait des moments financiers difficiles, Claude se chargeait de nous apprendre l'art de la scène, le show-business, l'organisation de concerts et de tournées. Et les profits des spectacles que nous donnions allaient au 100 NONS.

On peut dire que si j'ai réussi à faire carrière en musique c'est surtout grâce aux conseils et à l'enseignement de Claude Aubin.

Dans le métier, j'étais jeune, timide et sans expérience et il m'a fait confiance.

Il disait de moi que j'étais la seule personne qui pouvait se cacher derrière un harmonica!!!».

Gérald Laroche

«Mon association avec le 100 NONS a été l'événement le plus important de ma vie. La richesse d'une vie remplie d'amitiés profondes et inestimables. J'ai rencontré des centaines de jeunes à travers le Manitoba et dans tout le pays par l'entremise de mon travail. Les bénéfices de ces contacts tant sur le plan personnel que professionnel portent continuellement fruit.

Sans le 100 NONS, je n'aurais jamais eu la formation que je possède dans les domaines de la musique, de la production et de l'administration.

Le 100 NONS est un organisme capable d'attirer les jeunes. Qu'ils soient conscients de leur culture, de leur identité ou non, les jeunes adorent se rassembler et s'amuser. Leur vie sociale est centralisée dans la musique et la chanson. En leur permettant de vivre leur culture de façon naturelle, en leur permettant de s'exprimer, on assure ainsi la survie de notre culture.

Le 100 NONS doit donc continuer à promouvoir la formation des jeunes artistes franco-manitobains».

David Larocque

«Le 100 NONS avant d'être une boîte, un lieu, une entité, c'était une centaine de jeunes passionnés qui adoraient ce qu'ils faisaient. C'était un beau feu dansant qui rayonnait chaleur et lumière, manifestation d'une vitalité et non engendreur de vitalité.

Comme en amour, les premiers jours sont les meilleurs. Ainsi en fut-il pour les chanceux qui ont connu les débuts du 100 NONS.

C'est sûrement au 100 NONS que j'ai pu me rendre compte que j'avais un réel talent pour la musique et surtout que c'était 'ça' que je voulais faire.

Le 100 NONS, du moins à l'époque où j'y étais, constituait, avec le Cercle Molière, le centre de l'univers culturel franco-manitobain. Ceux qui y étaient en tiraient grande fierté, qu'ils communiquaient aux autres. C'était un des rares éléments réellement 'vivants' de la francophonie dans un milieu tant et tant anglais.

Je me souviens surtout du spectacle hebdomadaire que l'orchestre se tapait par coeur en six heures de répétition avec encore un peu de temps pour un ou deux morceaux pour les entractes. Et combien nous étions frustrés quand l'artiste s'accompagnait seul et que nous devions passer la soirée derrière les projecteurs.

Je suis certain que j'étais moins excité et heureux le soir de ma première à l'Olympia que le soir d'ouverture du 100 NONS.

Ce qu'il y avait de merveilleux avec cette salle, c'est qu'avec environ 60 places assises, il était difficile de ne pas faire salle comble.

Un des grands souvenirs que je garde du 100 NONS, c'est la visite de Bécaud à notre Boîte, puis l'invitation d'aller boire un verre avec lui au Fort Garry. Que ça devait être charmant pour cet artiste, habitué à la lumière et l'intensité de la renommée parisienne et française, de découvrir au fond du Canada ces passionnés fans que nous étions».

Daniel Lavoie

«Le 100 NONS a contribué à ma formation artistique, m'a initiée au travail de groupe et à celui de la créativité. Il a participé à la continuité de la culture française chez nous. Il a servi de tremplin pour plusieurs artistes. Il se doit de promouvoir davantage les talents franco-manitobains à travers tout le pays».

Lina LeGal

«En 1976, on est venu me demander: Veux-tu chanter?... C'était un honneur. On allait au 100 NONS pour avoir du plaisir.

C'était aussi un défi. Le 100 NONS gardait encore l'esprit du début. Il y avait alors beaucoup d'activités. Après 1980, les choses ont changé. Ça ressemblait plus à une job. Ça devenait business. Il fallait remplir un vide. L'artiste se sentait garroché d'un côté et de l'autre. Il fallait être artiste, il fallait être bon. Alors certains se sont retirés.

Le 100 NONS doit continuer à attirer les jeunes en leur laissant pleine liberté de faire leur numéro. Ils doivent y vivre comme dans une famille et se faire des amis».

Madeleine Lépine

«Le 100 NONS a joué un grand rôle dans ma vie puisqu'il m'a permis de m'exprimer en français par la chanson et la musique.

Je regrette que le 100 NONS n'ait pas touché à tous les styles de musique, particulièrement le classique».

Nicole Marion

«Ma participation au 100 NONS en tant qu'artiste et spectateur demeure toujours une expérience spéciale dans ma vie. J'en souhaite autant à la jeunesse d'aujourd'hui. Il m'a donné un certain sens d'appartenir à quelque chose d'important, d'intéressant, et certainement d'amusant. Il a été le milieu de rencontre préféré pour l'adolescence franco-manitobaine de mon époque. Il doit continuer à promouvoir l'épanouissement de notre jeunesse musicale, de lui offrir un milieu pour l'expression de son considérable talent».

Gabriel Masse

«Le 100 NONS a été un instrument de travail pour m'améliorer dans tous les aspects de la chanson: interprétation, mise en scène, musique et technique. Ce fut surtout la joie d'entendre la musique se propager partout. Le 100 NONS m'a donné le goût de chanter en français sans peur ou sans besoin de m'en excuser.

Le 100 NONS doit jouer le rôle d'initiateur à la chanson française, la chance pour chacun de se produire sur scène ou travailler en coulisse pour apprendre de façon non régimentée, un endroit où les jeunes se rassemblent pour partager l'amour de la musique et de la chanson françaises».

Hélène Molin-Gautron

«Les boîtes à chansons ont sauvé la culture francophone au Manitoba. Plusieurs interprètes de ces boîtes travaillent aujourd'hui dans la culture, qu'ils soient musiciens ou techniciens, que ce soit dans la publicité, la presse écrite ou l'audiovisuel.

Nous nous sommes fait des amis dans la musique et avec eux nous partageons le même respect pour l'art et la culture. Je suis fier de ce mouvement-là».

Gérald Paquin
(Interview avec Stéphane Jarre,
La Liberté, 7 novembre 1986)

«Dans les débuts du 100 NONS, j'étais étudiant au Collège de Saint-Boniface. Mon professeur, le père Surprenant, nous a initiés à la chanson française. C'est lui et le 100 NONS qui m'ont donné le goût de la musique française... l'écouter, la chanter et la composer. Ainsi j'ai découvert mon âme française.

Le 100 NONS a été pour les jeunes un lieu de rencontre. On était en party de famille où tous avaient la chance de fredonner sa petite chanson. Il a créé chez les jeunes une appartenance, une identité française et une fierté face à notre belle culture.

Ce serait bon de revoir les talents de jadis se produire sur scène au 100 NONS comme dans le bon vieux temps des boîtes à chansons».

Edwin Prince

«À l'époque où j'ai travaillé au 100 NONS j'ai regretté de constater un manque de continuité au niveau de la direction. Ainsi on ne connaissait pas les problèmes de l'organisme et il était difficile d'y mettre son coeur. Il aurait également fallu plus de bénévolat».

Béatrice Provencher

«Le 100 NONS et la chanson ont apporté aux jeunes de beaux moments de création et de nouvelles amitiés dont certaines durent encore. C'est là que j'ai appris le besoin qu'avaient les créateurs/trices de personnes qui, tout en n'oeuvrant pas dans le même domaine qu'eux/elles, pouvaient travailler à leur apporter le support de démarches qui ne devaient pas les préoccuper: des administrateurs qui croyaient en ce qu'ils faisaient et harnachaient leurs efforts afin d'assurer le succès de l'organisme et le développement des talents».

Jean-Guy Roy

«Le 100 NONS m'a d'abord donné le goût de la musique française, et ainsi de la langue française. J'y ai appris un sens d'appartenance et de responsabilité, ainsi qu'une énorme fierté d'être Français et Franco-Manitobain. Il m'a donné une formation dans l'organisation de spectacles, la mise en scène, l'administration et les relations publiques. Plus tard j'ai postulé pour un poste à Radio-Canada, et l'expérience et la formation acquises au 100 NONS étaient les qualifications nécessaires pour le poste.

Le point le plus positif du 100 NONS c'est la façon dont on passe le flambeau.

Dû au manque de financement, le 100 NONS n'a pas toujours pu accomplir ce qu'il devait faire. On travaillait jusqu'à l'épuisement et c'était encore insuffisant. Ainsi, plusieurs jeunes n'ont pas eu l'occasion de participer et c'est regrettable».

François Savoie

«Ce qui m'impressionnait le plus au 100 NONS, et ce qui m'impressionne encore aujourd'hui, c'était la compétence inégalée des techniciens. Plusieurs d'entre eux se retrouvent maintenant avec des carrières très intéressantes dans ce domaine.

Lorsque je devins coordonnatrice-administrative du 100 NONS, ce fut une expérience extrêmement décevante car l'organisme était alors en difficulté financière. Notre mandat (avec Hélène-Claire Emond, coordonnatrice culturelle) fut bientôt transformé en celui d'amasser des fonds. Ce n'était pas facile de vivre le stress de cette période, moi qui voulais apporter une contribution culturelle au 100 NONS. Quatre mois après notre embauche, on nous annonça que le 100 NONS devait laisser aller tous ses employés et possiblement fermer ses portes, au moins temporairement.

Je ne regrette pas l'expérience cependant. Bien au contraire. Cela m'a permis de faire volte-face et me lancer dans le domaine financier dans lequel j'oeuvre depuis 9 ans.

Si j'ai une seule chose à dire sur l'avenir du 100 NONS, c'est qu'il doit choisir un bon administrateur, capable de faire un bon travail de marketing et d'administration.

Le 100 NONS a trop souvent pris la banquette arrière par rapport à [d'autres organismes francophones] en ce qui concerne les subventions gouvernementales. Avec tout le respect que je dois à [ces organismes], le 100 NONS a beaucoup plus profondément touché ma vie et celles des autres autour de moi. Il faudrait lui donner une plus grande part du gâteau. Les jeunes sont l'avenir du Manitoba français. Et la voie au coeur des jeunes, c'est par la musique.

Le 100 NONS continue à affecter la vie [de certains jeunes] de très près. Aucune journée ne se passe au Québec sans qu'on entende Daniel Lavoie ou Hart-Rouge à la radio ou à la télévision. Le talent existait déjà en eux, mais qui sait combien le 100 NONS a pu contribuer à les encourager.

Je réalise maintenant l'importance que le 100 NONS et la musique franco-manitobaine ont joué dans ma vie».

Joanne Therrien Sabourin

«Le groupe de jeunes du 100 NONS nous a donné l'occasion de nous faire des amis et de nous entraider comme artistes. Le directeur du 100 NONS, David Larocque, a été un appui pour nous tous.

J'aurais aimé voir plus d'ateliers offerts aux jeunes, performances sur scène, renseignements plus précis dans le domaine artistique, réalisation d'un microsillon, etc.

Le 100 NONS doit être un support et une porte ouverte pour tous les jeunes francophones. Il doit aider à réaliser des spectacles, des boîtes à chansons, des tournées, et ainsi donner confiance aux jeunes artistes dans l'épanouissement de leurs talents musicaux».

Rachel Therrien

_____

«Le 100 NONS m'aura fourni la chance d'augmenter mes capacités en tant que directeur musical et d'approfondir mes connaissances comme arrangeur. Les diverses associations avec de talentueux musiciens tels que Laurent Roy et Russel Martin ont raffiné mon propre talent musical. Mes expériences au 100 NONS m'ont apporté plus de crédibilité aux yeux du public comme directeur et musicien.

Enfin, l'avènement de mon embauche comme directeur musical pour la Cathédrale de Saint-Boniface est dû en forte partie à cette expérience acquise à travers le 100 NONS. J'y ai vécu des moments très intenses d'apprentissage autant au plan musical qu'humain, et cela avec des bonnes gens qui sont devenus de bons amis».

Normand Touchette

Achevé d'imprimer sur les presses de Hignell Printing Limited,
Winnipeg (Manitoba), pour le compte des Éditions du Blé
en octobre mil neuf cent quatre-vingt-douze.